U0455369

高雪姬 著

创新教育文库

主编／杨钋

三岁看『大』

学前教育与经济增长的
作用机制

SEEING POTENTIAL
AT AGE THREE:
THE ROLE OF EARLY CHILDHOOD EDUCATION
IN ECONOMIC GROWTH

社会科学文献出版社
SOCIAL SCIENCES ACADEMIC PRESS (CHINA)

本书系教育部人文社科重点研究基地"十四五"规划重大项目"教育与高质量发展研究"（编号：22JJD880003）的研究成果

十年树木，百年树人
教育要从娃娃抓起

"创新教育文库"编委会

专业顾问　　闵维方　　文东茅　　陈洪捷　　尚俊杰
　　　　　　　　哈　巍　　郭建如　　卢晓东　　吴重涵
　　　　　　　　姜　华　　李　伟　　霍丽娟

主　　编　　杨钋

成　　员　　井美莹　　陈　洁　　屈　静　　张　华
　　　　　　　　林心颖　　解启健　　熊　慧　　高雪姮
　　　　　　　　郭　峰

为了教育的创新

周虽旧邦，其命维新。

《诗经·大雅·文王》

　　创新是高质量教育发展的立足点和目标。党的二十大报告提出，必须坚持科技是第一生产力、人才是第一资源、创新是第一动力，深入实施科教兴国战略、人才强国战略、创新驱动发展战略。创新是社会发展的驱动力，教育领域的创新是全社会创新的新动能来源。

　　教育创新的社会价值高，形式多元。在我国当前的语境中，教育创新是教育供给侧改革的驱动力，可以不断开辟发展新领域、新赛道，不断塑造发展新动能、新优势。根据开放式创新理论，网络共生创新包含内部合作、消费者合作、价值网络合作、开放式合作和生态合作等五个层次，可以支持丰富、复杂和多元化的教育创新。教育创新的核心在于价值的创造，既可以采用持续创新的方式，以教育领域已经得到业界认可的方式来创新教育服务供给方式；又可以采用颠覆创新的方式，引入新的教育产品或服务以创造新的教育需求。

　　当前社会缺乏普遍认可的教育创新。过去数十年来，国际组织、政府和非政府组织积极支持教育领域创新，拉美国家的"新学校运动"、我国农村地区的"一村一幼"等获得了多项国际大奖。然而，为何具有巨大社会和公共价值的教育创新并不多见？这可能与教育创新的理念、策略和支持方式有关，这三者分别对应颠覆式创新理论缔造者克里斯坦森提出的创新三要素——价值观、流程和资源。

首先，教育创新的价值观需要获得社会认可。国家公共教育体系的目标是满足社会的基本公共教育服务需求。20世纪以来，学校教育承载了越来越多的社会职能，从提供公共教育，到提高国家和地区的竞争力，再到消除贫困、促进社会公平和实现可持续发展。教育创新只有能够帮助学校和其他教育组织有效地承担新社会职能的创新，才有机会获得社会层面的认知合法性。

其次，教育创新需要符合公认的具有规制合法性的教育流程。与其他组织不同，公共教育体系内部存在行业垄断，新的供给和消费模式很难在较高的行业壁垒下出现。在教育领域中，创新可以在产业链的各个环节以及在学校、教育系统和社会等层面出现，但多数创新出现在公共教育供给尚未全面覆盖的群体、地区和服务领域之中。

最后，教育创新需要资源的支持。创新需要新的观点、新的客户、新的供给者和新资源的支持。除了采用新的观点来思考公共教育服务需要解决的问题，教育创新还需要获得用于解决问题的资源，既包括教师、设备设施、经费等有形资源，也包括课程、信息、声誉等无形资源。成功的创新能够充分调动政府与社会资源。

更多教育创新的出现需要学术研究的支持。近年来，创新理论被广泛应用于指导教育领域的创新以及对教育创新的研究。教育经济学、教育管理学、教育学原理、教育技术等领域的博士研究生已经对我国丰富的教育创新实践进行了大量研究。"创新教育文库"收录的优秀博士学位论文敏锐地识别出教育领域的创新性组织、创新性学习方式和教育组织的创新性功能，并综合应用组织学、管理学、经济学和教育学等多学科理论，对教育创新的价值观、流程和资源进行了分析。这些研究虽然来自教育研究领域，但它们不约而同地与开放式创新理论进行了对话，凸显了通过实践共同体进行创新的重要性和巨大潜力，拓展了教育创新研究的新方向。

　　教育创新研究的推进离不开学术共同体的发展，具有集合影响力的文库可以有效促进学术共同体的形成。我国不同历史时期出版了不少具有创新性的教育文库，如民国时期的"新中学文库"和"国民教育文库"。这些文库激发了社会对教育历史和实践中创新的关注，形成了有价值的系列研究成果。"创新教育文库"旨在继承和发扬文库在知识创新和知识共享方面的优势，以发掘和推荐对教育领域的创新性组织、创新性学习方式和教育组织的创新性功能的研究为己任，致力于支持我国的教育创新研究和教育事业的高质量创新发展。

　　编委会倾力谋划，经学界通人擘画，终以此文库呈现于读者面前。文库草创，难免有不成熟之处，诚盼专家学者和广大读者共襄助之。

杨　钋

北京大学教育学院教育经济与管理系主任

2023 年 6 月于燕园

目录 CONTENTS

第三章
学前教育对劳动力素质提高的影响

第六章
学前教育的社会效益和对经济增长贡献率的测算

第七章
学前教育投入的国际比较与普惠性学前教育的发展

第八章
逐步建立满足高质量发展需要的优质学前教育体系

序

现代人力资本理论自诞生后不断丰富和完善，经历了众多理论挑战，并在挑战中不断充实和发展，已经成为经济增长理论的核心要素之一。人力资本思想揭示的教育在经济和社会发展中的作用，得到深入研究和广泛传播。世界各国普遍认识到，大力发展教育、提高人力资本质量对促进经济增长和繁荣的决定性作用，增加人力资本投资的政策取向已经成为全球共识。

我通过从事教育经济学研究，深刻认识到教育对国家发展、民族进步和经济增长的重要性。教育经济学是研究教育和经济之间关系的学科，主要研究对象是教育在经济社会发展中的作用、教育投资的有效利用及其经济收益等。学前教育是国民教育体系的重要组成部分，它不仅是终身学习的开端，也是国民教育体系的起始阶段。学前教育的影响极其广泛，涉及个体、家庭、社会等各个层面，既有短期影响又有长期效应。一个国家的教育水平尤其是学前教育的水平，关系到国家的人力资源质量和创新能力，进而对经济增长和社会进步产生长期影响。

我国已开启全面建设社会主义现代化国家新征程，经济由高速增长阶段转向高质量发展阶段，转变发展方式、优化经济结构、转换增长动能，都需要更高水平的人力资本作为支撑，也对学前教育提出了新的更高的要求。在这个大背景下，有许多问题值得我们深入研究，比如：学前教育到底是如何作用于经济增长的？作用的主要路径和内在机理是什么？如何对这些机制进行实证的检验？学前教育如何满足高质量发展的需要？等等。高雪姬博士将学前教育对经济增长的作用机制作为研究对象，并做出细致的量化分析，眼光敏锐，思路清晰，切入点准，既顺应了时代需要，又另辟分析路径，具有较强的现实意义和理论价值。

在专业研究领域，发现问题是成功的起点。一名博士生要想在教育经济研究领域有所建树，不仅需要下功夫熟读经典原著，夯实专业功底，还要具备发现问题的独特眼光，高雪姬博士就具备这种资质。在此书的撰写过程中，高雪姬博士展现了很高的学术热情和专业素养，深入研究了国内外的学前教育政策和实践，每一个观点都有充分的证据支持，每一项分析都严谨扎实。

发现问题固然很重要，但更重要的是将问题概念化、系统化、条理化，并为之构建一个完整的理论框架；然后再用现实检验理论，不断地丰富、充实和完善它；并将理论付诸实践，改造现实世界。高雪姬博士在继承和发展现代人力资本理论的基础上，深入探讨了学前教育与经济增长之间的内在联系，以独特的视角建立了自己的框架体系，从多个维度分析了学前教育如何在个体、家庭、社会等层面产生影响，以及这种影响如何转化为经济增长的动力。在此基础上，又通过大量的实证研究和理论分析，揭示了学前教育在提高劳动生产率、增加劳动供给、拉动和扩大内需、促进经济增长和社会公平等方面的积极作用。本书主题聚焦、观点鲜明、逻辑严密、论证有力、体系完整，以其创新性的研究视角和严谨的分析方法，为学前教育领域的研究者提供了宝贵的参考。同时，书中提出的政策建议和实践案例，也对教育工作者的实践具有一定指导意义。

我相信，凭借在此书中展现的才华和潜力，高雪姬博士将在职业生涯中取得更大的成就，也希望她能够继续保持对知识的渴望和对研究的热情，不断探索新领域，为教育事业的发展做出更大的贡献。

闵维方

北京大学原党委书记

北京大学教育学院名誉院长，教授

2024 年 8 月于燕园

前　言

　　学前教育是指由家长和教师运用各种方法和对象，系统、有计划地对学龄前儿童的大脑进行科学刺激，逐步改善和健全儿童大脑各部分功能的教育。目前学界对学前教育的重要性已达成基本共识，但研究学前教育与经济增长关系的成果大多是定性分析，量化分析明显不足。本书以人力资本理论、内生增长理论、新人力资本理论等经典理论为支撑，按照学前教育相关主体，从个体、家庭和社会三个层面分析学前教育对经济增长的影响和作用机制。本书突破了传统单一的基于微观层面的人力资本解释路径，在其基础上，将劳动经济学视角的婚育女性劳动参与率、教育消费的经济驱动逻辑等纳入分析视野，从而建构了"个体—家庭—社会"的综合性分析框架，推进了学前教育对经济增长驱动机制的研究。

　　学前教育能提高个体的受教育程度、高层次教育的获得机会和质量，积累人力资本，进而提升劳动者的劳动生产率。学前教育直接作用于儿童，培养和提升儿童的认知能力，从而提高未来劳动者的素质和劳动生产率，促进经济增长。通过分析学前教育如何影响个体高中阶段的学业表现、高等教育阶段的综合表现以及工作后的薪资收入和工作满意度，本书发现学前教育对个体发展有长远影响。在高中阶段，接受过学前教育的个体进入学校重点／示范班的概率更高，在大考中的班级排名和年级排名也更加靠前。在高等教育阶段，接受过完整学前教育的个体就读于本科院校的概率更高，专业排名更高，也更有可能担任学生干部。进入劳动力市场后，接受过学前教育的个体薪资水平更高；而对于初次工作的人来说，接受过完整学前教育的劳动者对当前工作更加满意。

学前教育可以通过服务家庭，将孩子父母尤其是母亲从看护中解放出来，提高婚育女性的劳动参与率，增加全社会的劳动力供给。通过研究学前教育对婚育女性劳动参与的影响发现，如果家中适龄儿童全部接受学前教育，其母亲就可以从看护子女的劳动中解放出来，有利于提高女性的劳动参与率。该积极作用随家庭收入的增加而变得显著，尤其高收入家庭中的女性拥有更强的重返职场的意愿和能力，学前教育对她们的帮助也更大。子女接受学前教育后，广大女性尤其是农村女性的劳动参与时间得以延长，有利于增加全社会的劳动力供给，缓解人口红利衰退的负面影响。

学前教育还可以作用于社会消费与投资，改变家庭消费行为，影响社会投资，扩大内需，促进经济增长。学前教育属于准公共产品，发展学前教育投入大、乘数效应高，能在短期内增加投资、刺激消费，拉动当地经济增长。学前教育投入也是教育总投入的重要组成部分，从全社会角度看，学前教育产业可以通过完善教育基础设施扩大内需，对经济增长产生促进作用。

作为一种准公共产品，学前教育有很强的正外部性，尤其是在消除教育起点不公平和阻断贫困的代际传递方面具有先导性、基础性作用。然而这种社会效益对经济增长的贡献很难通过微观的数据进行测算，因此本书借鉴教育对经济增长贡献率的测算方法，验证了学前教育整体对经济增长的促进作用。研究发现，学前教育与经济增长之间存在正向关系：增加学前教育经费投入和扩大儿童入园规模对经济总量增长有重要作用；扩大学前教育师资队伍，有利于人力资本积累，对经济发展产生长期影响。以上促进作用也存在地区差异：增加东北地区和西部地区的学前教育经费总量对提升地区学前教育水平更有效；而对东北地区扩大学前教育在学规模的促进作用尤其明显。

　　由于各国政治经济体制、历史文化传统、经济发展水平、人口规模及分布的差异，其学前教育的发展模式明显不同，但改善学前教育的通行做法，比如提高学前教育财政投入、加强制度建设等，值得研究和借鉴。随着我国经济增长和人民生活水平的提高，政府应当在学前教育发展中发挥主导作用，强调学前教育的公益属性，加大公共投入，不断扩大我国普惠性学前教育的覆盖面并提高其质量。

　　最后，本书从我国学前教育的特点出发，简要分析了当前学前教育面临的问题，提出了一系列有针对性的政策建议，包括促进学前教育发展的基本要求以及如何建立服务于高质量发展的学前教育体系等，并展望了中国学前教育的前景。

第一章

绪　论

中国有句谚语："三岁看大，七岁看老。"老一辈的人生经验告诫我们，一个人的早期经历对其整个人生的发展都具有深远影响，"染于苍则苍，染于黄则黄"。学前教育阶段是人格培养和终身发展的关键期，好比是给房子夯地基，关乎其人生的起点、方向、成长轨迹和质量。从国家发展和社会进步的角度看，学前教育对于儿童的智力开发以及身心健康发展具有重要的价值，对国民综合素质的提升有着非常重要的作用，是积累人力资本水平、推动国民经济增长的内生动力。作为基础教育的起点和终身学习的开端，学前教育既是教育大事，也是民生大事，关系亿万儿童和家庭的切身利益，关系国民经济可持续增长和社会长治久安，在整个教育体系中占据不可替代的重要位置。

第一节　改革开放以来我国学前教育的发展过程

学前教育又称幼儿教育，是指实施幼儿教育的机构根据一定的培养目标和幼儿的身心特点，对入小学前的幼儿进行有计划的教育。广义学前教育是指从出生到学龄前（0 岁到 5 岁或 6 岁）儿童实施的保育和教育，狭义学前教育是指由幼儿园等学前教育机构对 3 周岁到入小学前的儿童实施的保育和教育。学前教育的形式灵活多样，既包括城市中的公办与民办幼儿园，也包括偏远农村地区的托儿所、寄宿制学校、流动幼儿园、游戏中心、儿童活动站等。

学前教育这个概念最早出现于 18 世纪。18 世纪下半叶，法国启蒙思想家卢梭（Jean-Jacques Rousseau, 1712~1778）的著作《爱弥儿》（Émile,ou De l'éducation, 1762）问世，这部著作认为教育应当以儿童研究为前提，反映了自然主义教育思想，阐述了性善论，论述了儿童在生理和心理发展过程中的客观规律，揭开了"发现儿童"的序幕。卢梭认为，教育要适应自然，给儿童提供宽松的学习环境和自由的成长环境，并尊重儿童的特性。

德国教育家弗里德里希·福禄贝尔（Friedrich Fröbel, 1782~1852）继承和发展了卢梭"发现儿童"的教育事业，最早提出学前教育的概念。他在卢梭和捷克教育家夸美纽斯（Jan Amos Komenský）的影响下，接受了瑞士教育家裴斯泰洛齐（Johan Heinrich Pestalozzi）的儿童教育思想，于 1837 年在勃兰根堡创设了一所收托 3~7 岁儿童的教育机构，并在 1840 年将其命名为幼儿园（Kindergarten）。这在当时是一个新词，意思是"幼儿园如同花园，幼儿如同花草，教师犹如园丁，儿童的发展犹如植物的成长"。此后自然科学的发展，尤其是进化论学说、胚胎学说的出现，也为儿童研究提供了条件。19 世纪 80 年代初，美国心理学家霍尔开始倡导儿童研究，并于 1883 年发表了《儿童心理的内容》（*The Contents of the Children's Minds*），被视为美国儿童研究运动的开端。此后欧美学术界、教育界迅速响应，出现了一批儿童研究学者和众多研究成果。

与西方发达国家相比，我国学前教育起步较晚。从 20 世纪初湖北巡抚端方创办一个学前教育机构至今，我国学前教育的发展历史有 120 余年。按照清末以来社会制度的演进和学界的主流看法，可将我国学前教育的发展历程大体划分为四个阶段：（1）新中国成立前：从产生到初步中国化；（2）20 世纪 50 年代至 70 年代末期：探索发展、遭遇挫折；（3）20 世纪 80 年代初期至 2010 年：变革和市场化；（4）2010 年至今：大规模扩张与普惠性学前教育的发展。

下面重点介绍第三、第四阶段。

1. 20 世纪 80 年代初期至 2010 年：变革和市场化

改革开放之初，为了满足群众的托幼需求，国家提倡机关、部队、学校、工矿、企事业等单位积极恢复和建立哺乳室、托儿所、幼儿园，延续学前教育的福利属性。但在农村家庭联产承包责任制和城市国有企业改革的影响下，一些依托集体或单位的托幼组织开始解体，学前教育的供给主体开始分化，0~3 岁婴幼儿托育照料服务呈现"隐家庭化"倾向，幼儿教育在园人数和入园人数均呈现"滑坡现象"。随着改革开放和经济高速发展，社会对劳动力的需求大幅增长，我国家庭中父母的劳动参与率也不断提高，双职工家庭越来越普遍，再加上房地产市场化，城市人口的居住地日益分散，不再聚集在工作单位附近，职工上班需要投入更多时间和交通成本，因此许多双职工家庭因工作需要而不断减少看护子女的时间，对学前教育的总体需求不断增加，政府层面也日益重视学前教育问题。

1979 年 10 月，中共中央、国务院转发《全国托幼工作会议纪要》（中发〔1979〕73 号）。1980 年 1 月，国务院成立了托幼工作领导小组，这是中国有史以来最高级别的学前教育领导机构。该小组由国务院副总理陈慕华任组长，并由教育部、卫生部等 13 个部门的成员任组员，由教育部牵头，办事机构设在全国妇联。同年，卫生部出台了 2 份针对幼儿保育和教育服务的管理规定，其中《城市托儿所工作条例（试行草案）》规定托儿所是 3 岁前儿童集体保教机构，承担教养 3 岁前儿童及解放妇女劳动力的双重任务。该条例确定了我国现行的托儿所制度。

1981 年 10 月，教育部颁发《幼儿园教育纲要（试行草案）》，改进和调整了 1952 年的《幼儿园暂行教学纲要（草案）》，提出幼儿园教育要"为入小学打好基础"，并规定幼儿园一般应按年龄分班进行教育，同时防止幼儿园教育小学化、成人化。

1986 年 6 月，国家教委颁布《关于进一步办好幼儿学前班的意见》（〔1986〕教初字 006 号），对学前班的办班指导思想，教育活动的内容与组织、教师培训、办班条件、领导和管理等方面做出了明确、细致的规定。

1987 年，政府和学界联手在全国范围内推广优质幼儿教师培训，编写幼儿园课程手册和教材，并研究如何改进幼儿教育。同年 10 月，《国务院办公厅转发国家教委等部门关于明确幼儿教育事业领导管理职责分工的请示的通知》（国办发〔1987〕69 号）强调，幼儿教育是一项社会公共福利事业，各级政府都应重视幼儿教育事业的改革和发展。

1988 年 8 月，国务院办公厅转发国家教委等部门《关于加强幼儿教育工作的意见》（国办发〔1988〕38 号），对学前教育发展做出了明确规定。该意见指出，"幼儿园不仅有全民性质的，大量应属集体性质的，以及由公民个人依照国家法律及有关规定举办的"，并要求动员和依靠社会各方面力量，多渠道、多形式发展幼儿教育，并把重点放在城市以及经济发展快、教育基础比较好的农村地区。

1989 年,《幼儿园工作规程（试行）》（国家教育委员会令第 2 号）和《幼儿园管理条例》（国家教育委员会令第 4 号）的颁布规范了幼儿园的内部管理和教育，初步确立了相对完整的学前教育政策体系。

1996 年 3 月，国家教委发布的《幼儿园工作规程》（国家教育委员会第 25 号令）提出，幼儿园是对 3 周岁以上学龄前幼儿实施保育和教育的机构，幼儿园教育是基础教育的重要组成部分，并要求加强幼儿园的科学管理，规范办园行为。

1997 年,《全国幼儿教育事业"九五"发展目标实施意见》(教基〔1997〕12 号)重申"幼儿教育既是教育事业,又具有福利性和公益性的特点"。

2001 年 9 月,教育部发布《幼儿园教育指导纲要(试行)》(教基〔2001〕20 号)推进幼儿园实施素质教育,提出:"幼儿园应与家庭、社会密切合作,综合利用各种教育资源,共同为幼儿的发展创造条件。"该纲要提出幼儿园必须把保护幼儿的生命和促进幼儿的健康放在工作的首位,幼儿园教育应当以游戏为基本活动,保教并重。

以上各种纲要、意见、条例等都要求对儿童施加保育服务和教育影响,提高民族素质。

这一时期,农村学前教育也逐渐受到重视,主要是因为随着大量农民外出务工,很多农村孩子或与父母一同进城,或在农村留守,这部分孩子的看顾需求无法由农村家庭满足,所以对学前教育的需求日益增长。1983 年 9 月,国家教委发布了《关于发展农村幼儿教育的几点意见》(〔1983〕教初字 011 号),提出坚持"两条腿走路"的方针,创造条件有计划地发展农村教育,并指出要在农村办幼儿园,在基础好的地方基本满足学前一年幼儿入园的需求。1986 年的《关于进一步办好幼儿园学前班的意见》(〔1986〕教初字 006 号)指出,开办学前班是农村学前教育的重要途径,提出"农村幼儿教育经费由乡(镇)人民政府通过各种渠道进行筹措"。

从 20 世纪 80 年代开始,政府大力加强幼师专业培训,建立完整的幼师专业培训体系,提高幼师的专业技能。1984 年,北京师范大学学前教育专业开始招收和培养硕士研究生,标志着我国(除港澳台外)学前研究生教育的开始;1989 年《幼儿园工作规程(试行)》(国家教育委员会令第 2 号)对园长、教师、保育员和医务人员提出了基本要求,幼儿园实行园长负责制,教师职务实行聘任或任命制;1996 年国家教委对这些要求进行细化,我国学前教育的师资水平得到提高。

20 世纪 80 年代,学前教育作为学校教育的预备阶段,与其他各级教育相比,政府投入较少。另外,不同地区幼儿教育课程的数量和质量差异较大，许多贫困家庭或不发达地区的儿童很难获得优质的学前教育服务。当时我国学前教育的一个重要特点是和单位绑定，孩子接受的学前教育质量取决于家长所在单位，这使得有实力的大企业和机关的幼儿园办学条件好，生师比低，课程设置和用餐结构科学合理；而小单位的托儿所师资缺乏，大多只能尽到看护义务。由此产生了很多问题，比如那些以看护为主的幼儿教育机构不仅对有老年人照管的城市家庭来说需求不大，在农村地区的需求也不旺盛。到 1988 年，我国学前三年毛入园率[①]仅为 28.2%，之后虽有所增长，但到 1995 年也仅为 41.0%（杜玮等，2018）。

20 世纪 90 年代中期之后，学前教育受到市场经济大潮的冲击。随着我国计划经济体制向市场经济体制转轨和国有企业等改革深入推进，众多企事业单位不再承担办园责任，一批幼儿园划转给地方或关停。1997 年，国家教委发布《全国幼儿教育事业"九五"发展目标实施意见》（教基〔1997〕12 号），提出"探索适应社会主义市场经济的办园模式和内部管理机制，逐步推进幼儿教育社会化"，"探索民办幼儿园的发展机制"等。2003 年，国务院办公厅转发的《关于幼儿教育改革与发展的指导意见》（国办发〔2003〕13 号）提出"积极鼓励和提倡社会各方面力量采取多种形式举办幼儿园"。

在这一时期，随着我国从计划经济体制向市场经济体制转轨，财税体制改革使得"财权上移、事权下移"，地方政府财力有限，而主要由地方政府承担的学前教育也逐渐走向市场化、社会化的道路。公共部门把学前教育的公共责任推向市场，意味着此时学前教育的福利性和普惠性相应降低，保障水平有所下降，各地出现大量幼儿园转制、变卖和政府"甩包袱"的现象，导致这一时期公办学前教育发展停滞不前，学前教育也成为我国教育体系的薄弱环节。

20 世纪末，民间资本大量进入学前教育领域，促进了民办学前教育

---

① 毛入园率是指在园人数占全国 3 周岁以上 6 周岁以下儿童总人数的比例。

的发展，形成了以"民办园为主，公办园为辅，多种力量办学"的办园格局。民办园的兴起有助于减轻政府承担的学前教育负担，弥补政府对学前教育投入的不足，但学前教育的公益性、普惠性也受到损害。在市场经济作用下，我国民办幼儿园数量增长很快，占全国幼儿园总数的七成，公办幼儿园约占三成。即便如此，学前教育需求仍未能得到满足，到 2009 年我国学前三年毛入园率仅为 50.9%。另外，由于民办幼儿园两极分化严重，3~6 岁儿童"入园难""入园贵"的问题成为彼时学前教育事业发展的巨大障碍（吴荔红，2010）。

2. 2010 年至今：大规模扩张与普惠性学前教育的发展

2010 年是我国学前教育发展的重要转折点。从 2010 年开始，随着经济体制改革的深入、政府和市场关系的不断理顺，政府高度重视学前教育并扩大投入，尤其是一系列政策和法规的颁布和实施，为学前教育事业发展提供了强有力的支撑和保障（见表 1-1）[①]，推动学前教育朝着"公平且有质量"的方向发展。

表 1-1　2010 年至今国家出台的与学前教育相关的重要政策

发布时间	名称	政策内容
2010 年 7 月	《国家中长期教育改革和发展规划纲要（2010—2020 年）》	明确三大任务：基本普及学前教育、明确政府职责和重点发展农村学前教育
2010 年 11 月	《国务院关于当前发展学前教育的若干意见》（国发〔2010〕41 号）	明确学前教育公益性、普惠性的发展方向，把发展学前教育放在更加重要的位置；多种形式扩大学前教育资源；多种途径加强幼儿教师队伍建设；多渠道加大学前教育投入；加强幼儿园准入管理；强化幼儿园安全监管；规范幼儿园收费管理；坚持科学保教促进幼儿身心健康发展；加强组织领导；实施学前教育三年行动计划

① 　最近 5 年重要的学前教育政策见附录 1。

续表

发布时间	名称	政策内容
2011年 9月	《财政部 教育部关于建立学前教育资助制度的意见》（财教〔2011〕410号）	按照"地方先行，中央补助"的原则建立学前教育资助政策体系切实解决家庭经济困难儿童入园问题
2012年 6月	《国家教育事业发展第十二个五年规划》	落实各级政府发展学前教育责任，推进《学前教育法》起草工作；多种形式扩大学前教育资源；多种途径加强幼儿教师队伍建设；提高学前教育保教质量基本建立"广覆盖、保基本、多形式、有质量"的学前教育体系重点发展农村学前教育
2015年 7月	《财政部 教育部关于印发〈中央财政支持学前教育发展资金管理办法〉的通知》（财教〔2015〕222号）	由中央财政设立学前教育发展资金、通过一般公共财政预算安排、用于奖补支持各地扩大学前教育资源、开展幼儿资助
2016年 5月	《国务院办公厅关于加快中西部教育发展的指导意见》（国办发〔2016〕37号）	积极发展农村学前教育；扩充公办幼儿园资源；支持普惠性幼儿园发展；补充学前教育师资队伍；改革学前教育管理体制
2017年 5月	《国务院办公厅关于印发对省级人民政府履行教育职责的评价办法的通知》（国办发〔2017〕49号）	要鼓励和支持普惠性学前教育发展；评价结果作为对省级人民政府及其有关部门领导班子和领导干部进行考核、奖惩的重要依据
2018年 1月	《中共中央、国务院关于全面深化新时代教师队伍建设改革的意见》	全面提高幼儿园教师质量，建设一支高素质善保教的教师队伍。办好一批幼儿师范专科学校和若干所幼儿师范学院，支持师范院校设立学前教育专业，创新幼儿园教师培养模式，优化幼儿园教师培养课程体系。建立幼儿园教师全员培训制度，创新幼儿园教师培训模式，鼓励师范院校与幼儿园协同建立幼儿园教师培养培训基地
2019年 1月	《国务院办公厅关于开展城镇小区配套幼儿园治理工作的通知》（国办发〔2019〕3号）	着力构建以普惠性资源为主体的学前教育公共服务体系，聚焦小区配套幼儿园规划、建设、移交、办园等环节存在的突出问题开展治理，进一步提高学前教育公益普惠水平，切实办好学前教育
2019年 5月	《国务院办公厅关于印发教育领域中央与地方财政事权和支出责任划分改革方案的通知》（国办发〔2019〕27号）	学前教育实行以政府投入为主受教育者合理分担其他多种渠道筹措经费的投入机制，中央与地方共同财政事权，所需财政补助经费主要按照隶属关系等由中央与地方财政分别承担，中央财政通过转移支付对地方统筹给予支持

续表

发布时间	名称	政策内容
2020 年 9 月	《中华人民共和国学前教育法（草案）》（征求意见稿）	保障适龄儿童接受学前教育的权利，促进学前教育事业普及普惠安全优质发展，规范学前教育实施，提高全民素质，迈出了我国学前教育法制化的重要一步
2021 年 3 月	《教育部关于大力推进幼儿园与小学科学衔接的指导意见》（教基〔2021〕4 号）	坚持儿童为本、双向衔接、系统推进、规范管理，转变幼儿园和小学教师及家长的教育观念与教育行为，基本建立幼小协同的有效机制，基本形成科学衔接的教育生态
2021 年 12 月	《"十四五"学前教育发展提升行动计划》（教基〔2021〕8 号）	进一步推进学前教育普及普惠安全优质发展，补齐普惠短板，完善普惠保障机制，全面提升保教质量。到 2025 年，全国学前三年毛入园率达到 90% 以上，普惠性幼儿园覆盖率达到 85% 以上，公办园在园幼儿占比达到 50% 以上
2022 年 1 月	《幼儿园保育教育质量评估指南》（教基〔2022〕1 号）	要坚持以儿童为本，从办园方向、保育与安全、教育过程、环境创设、教师队伍等 5 个方面，共 15 项关键指标和 48 个考查要点评估幼儿园
2023 年 12 月	《幼儿园督导评估办法》（教督〔2023〕5 号）	确立幼儿园督导评估工作基本原则、内容与方式、组织实施、工作要求等内容

资料来源：根据财政部、教育部、新华网等相关网站信息整理得出。

　　针对我国学前教育领域普遍存在的"入园难"和"入园贵"两大问题，2010 年出台的《国务院关于当前发展学前教育的若干意见》（国发〔2010〕41 号）（以下简称"国十条"）指出，"发展学前教育，必须坚持公益性和普惠性，努力构建覆盖城乡、布局合理的学前教育公共服务体系，保障适龄儿童接受基本的、有质量的学前教育"，同时明确规定，"积极扶持民办幼儿园特别是面向大众、收费较低的普惠性民办幼儿园发展。采取政府购买服务、减免租金、以奖代补、派驻公办教师等方式，引导和支持民办幼儿园提供普惠性服务"。2010 年 5 月，国务院常务会议通过的《国家中长期教育改革和发展规划纲要（2010–2020 年）》提出，要建立政府主导、社会参与、公办民办并举的办园体制。由此，普惠性成为我国学前教育发展目标，强调以政府为主导、市场为依托的方式规范幼儿园的发展，逐步建立起以公办园为主体的办园体制，同时民办学前教育也作为不可或缺力量被政府认可。

加大资金尤其是财政资金投入是促进学前教育事业健康发展的重要保障。《国家中长期教育改革和发展规划纲要（2010-2020 年）》提出，要"加大政府投入，完善（学前教育）成本合理分担机制"。"国十条"中明确指出，"各级政府要将学前教育经费列入财政预算；新增教育经费要向学前教育倾斜；财政性学前教育经费在同级财政性教育经费中要占合理比例，未来三年要有明显提高；各地根据实际研究制定公办幼儿园生均经费标准和生均财政拨款标准。"《中央财政支持学前教育发展资金管理办法》（财教〔2015〕222 号）中进一步提出要设立学前教育发展资金，该资金由中央财政设立，通过一般公共财政预算安排用于奖补支持各地扩大学前教育资源、开展幼儿资助。

幼师队伍是发展学前教育的关键。《关于全面深化新时代教师队伍建设改革的意见》中指出，要"全面提高幼儿园教师质量，建设一支高素质善保教的教师队伍""办好一批幼儿师范专科学校和若干所幼儿师范学院，支持师范院校设立学前教育专业""创新幼儿园教师培养模式，前移培养起点，大力培养初中毕业起点的五年制专科层次幼儿园教师""优化幼儿园教师培养课程体系，突出保教融合，科学开设儿童发展、保育活动、教育活动类课程，强化实践性课程，培养学前教育师范生综合能力""建立幼儿园教师全员培训制度，切实提升幼儿园教师科学保教能力""加大幼儿园园长、乡村幼儿园教师、普惠性民办幼儿园教师的培训力度"等。针对学前教育资源短缺的问题，教育部会同各有关部门，共同就公立幼儿园的人员编制问题、财政支持问题以及公办幼儿园教师的岗位工资待遇问题进行规划，集中解决幼师待遇差、工资低的困难，对公办幼儿园的在编教师执行全国统一的教师岗位绩效工资制度，按照国家人力资源部的有关规定进入社会保障体系，对长期在艰苦地区工作的公办幼儿园教师的工资待遇给予政策倾斜，还为长期在农村基层从事幼儿教育的公办教师提供保障房，稳定了幼儿教师队伍，提高了学前教育质量。

为了保证每个儿童都能获得公平的学前教育机会，国家也出台了一系列政策对弱势群体和偏远落后地区给予资源上的倾斜。《国家中长期教育改革和发展规划纲要（2010—2020年）》提出，要加大政府投入，完善成本合理分担机制，对家庭经济困难幼儿入园给予补助。"国十条"提出，各级政府多种渠道加大学前教育投入，将学前教育经费列入财政预算，新增教育经费要向学前教育倾斜；各地研究制定公办幼儿园生均经费标准和生均财政拨款标准；建立学前教育资助制度，资助家庭经济困难儿童、孤儿和残疾儿童接受普惠性学前教育等。2011年9月，财政部印发《教育部关于建立学前教育资助制度的意见》（财教〔2011〕410号），要求各级财政建立学前教育资助制度，采用"地方先行，中央补助"的配套政策，鼓励地方加大学前教育投入，着力解决家庭经济困难和孤残儿童的"入园难"问题。《国务院办公厅关于加快中西部教育发展的指导意见》（国办发〔2016〕37号）中提出，要积极发展农村学前教育，重点向中西部革命老区、民族地区、边疆地区、贫困地区农村倾斜，因地制宜加强园舍建设、师资培训和玩教具配备，加快推进农村学前教育发展。

发展学前教育需要强有力的法制保障。2020年9月，教育部公布《中华人民共和国学前教育法（草案）》征求意见稿，该《草案》是我国学前教育法制化的重要标志，要求发展学前教育以政府举办为主，大力发展普惠性学前教育资源，鼓励、支持和规范社会力量参与；还给营利性资本进入学前教育领域的一系列行为亮起了"红灯"，要求社会资本不得通过兼并收购、受托经营、加盟连锁、利用可变利益实体、协议控制等方式控制公办幼儿园、非营利性民办幼儿园；同时禁止任何组织或个人利用财政经费、国有资产、集体资产等，举办或者支持举办营利性幼儿园；禁止公办幼儿园转制民办幼儿园；禁止幼儿园直接或者间接作为企业资产上市等。2023年8月，十四届全国人大常委会第五次会议对《中华人民共和国学前教育法（草案）》进行了审议，并向公众征求意见。

在政府多项政策接连出台、学前教育投入不断扩大等各种因素的共同推动下，我国学前教育事业迅速发展，目前已基本建成广覆盖、保基本、有质量的学前教育公共服务体系，完善了学前教育的管理体制、办园体制和政策保障。我国学前教育经费投入总量增长迅猛，其增速多年超过全国教育经费总投入增速。教育部、国家统计局、财政部《关于2020年全国教育经费执行情况统计公告》的数据显示，2020年全国学前教育经费总投入达到4203亿元，占全国教育经费总投入的比例为7.9%，学前教育事业得到了前所未有的大发展。从幼儿园数量这一衡量学前教育发展的重要指标看，我国幼儿园的数量处于逐步攀升的趋势，2010~2020年我国幼儿园数量从15.04万所增至29.17万所，增长近1倍（见图1-1）。教育部发布的《2020年全国教育事业发展统计公报》显示，2020年我国普惠性幼儿园[①]达到23.41万所，占全国幼儿园总量的80.25%。

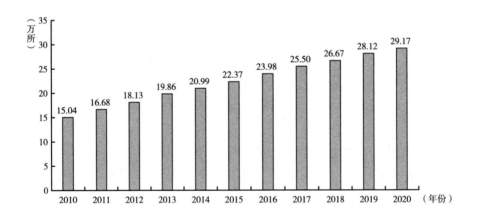

图1-1　2010~2020年中国幼儿园数量

资料来源：教育部网站、《中国教育统计年鉴》。

---

① 普惠性幼儿园是指以政府指导价收取保育费和住宿费的幼儿园，包括教育部门办园、其他部门举办的公办性质幼儿园、普惠性民办幼儿园。

与此同时，越来越多的家长把适龄幼儿送到幼儿园接受教育，学前教育在园人数大幅提高，我国在园幼儿数从 2011 年的 3424.0 万人增加到 2020 年的 4818.3 万人，增长 40.7%。学前教育毛入学率从 2011 年的 62.3% 增长到 2020 年的 85.2%（见图 1-2），其中 2020 年普惠性幼儿园在园幼儿 4082.8 万人，占全国在园幼儿总数的比例 84.7%。从 2020 年学前教育毛入园率这一指标看，我国学前教育的规模和覆盖率已接近经济合作与发展组织（OECD）国家水平，增长速度很快。2021 年 12 月，教育部等九部门联合印发《"十四五"学前教育发展提升行动计划》（教基〔2021〕8 号），强调学前教育的公益性，提出到 2025 年要进一步健全覆盖城乡、布局合理、公益普惠的学前教育公共服务体系，同时提出了很多硬性指标，比如要保证全国学前三年毛入园率达到 90% 以上、普惠性幼儿园覆盖率达到 85% 以上、公办园在园幼儿占比达到 50% 以上等。该行动计划为进一步推进学前教育普及普惠安全优质发展指明了发展方向。

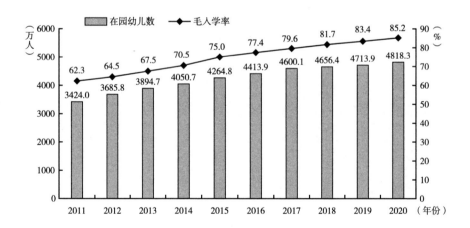

图 1-2 2011~2020 年我国学前教育在园幼儿数及毛入学率

资料来源：教育部网站、《中国教育统计年鉴》。

当然，在充分肯定成绩的同时，我们也应看到，我国学前教育总体比较薄弱，普惠性幼儿园供给相对不足，幼儿教师待遇较低，区域间、城乡间发展不平衡不充分问题仍然突出，建立满足社会主义现代化国家需要的高质量学前教育体系，依然需要各方的不懈努力。

第二节 研究问题与研究意义

近年来，我国学前教育取得跨越式发展，这是经济繁荣和社会发展的成果，也是多方努力的结果。比如，全社会对于学前教育的重视，政府职责的回归以及各级财政的大规模投入，市场力量、社会组织积极参与学前教育供给，等等。其中对学前教育重要性及受益认识的统一，为其快速发展营造了良好的学术和舆论环境，也坚定了社会各界尤其是政府部门加大对学前教育投入的决心，有效助推了我国学前教育的蓬勃发展。

学前教育的影响极其广泛，涉及个体、家庭、社会等各个层面，这种影响既有短期的又有长期的。对于个体来说，学前教育可以培养儿童的能力，让他们提前适应学校生活，使他们在未来学习中表现更优秀，获得更高的受教育程度，掌握更复杂的知识技能；可以让儿童更加健康，促进其身体素质提高；还可以让儿童在性格上更加自信、独立、自律，使其在成年后有更杰出的表现。从家庭的角度来讲，孩子的父母尤其是母亲和其他家人可以从照顾孩子的家务劳动中解放出来，拥有更高的工作效率和更广阔的职业发展前景。从社会和国家的层面来看，学前教育有利于提升个体的受教育水平，提高劳动者素质和劳动力供给总量，有助于全面提升劳动生产率；能够通过加大政府和民间投资，扩大社会总需求，提高居民消费意愿；能够有效降低家庭的教育成本，优化生育政策，促进人口长期均衡发展，从而长期降低社会总抚养比，有助于更好地应对人口红利消失和日益严重的老龄化问题。

随着我国开启全面建设社会主义现代化国家新征程，进入"以人民为中心"的高质量发展的新时代，国民经济和社会发展对整个教育体系包括学前教育都提出新的更高的要求，需要我们深入探讨学前教育作用于经济增长的内在规律和发展趋势。因此，值得我们精细研究的问题还有很多，比如：学前教育到底是如何作用于经济增长的？作用的主要路径和内在机理是什么？如何对这些机制进行实证的检验？学前教育如何满足高质量发展的需要？这些问题都亟须找寻令人信服的答案，并通过审慎的理论和实证研究以及严谨的量化分析，为学前教育事业的发展提供科学的理论依据和数据支撑。而现实情况是，与其他教育阶段相比，学界对学前教育的研究总体比较薄弱，定性分析多、定量分析少，笼统描述多、深入剖析少，迫切需要给予高度重视并加大研究投入。统一学前教育对经济增长影响的认识，不仅有助于进一步阐明发展学前教育的积极影响，还有助于完善学前教育公共服务体系，补齐学前教育短板，解决学前教育发展中面临的诸多不平衡不充分问题，有助于实现"幼有所育、幼有善育、幼有优育"的目标。本书从学前教育对经济增长产生影响的路径入手，通过严谨的实证研究和量化分析，旨在揭示学前教育与经济增长之间的内在联系，以及学前教育对个体、家庭和社会各个层面的影响，为制定更加科学的学前教育政策提供依据。

第三节 本书结构

本书将以学前教育对经济增长产生影响的三个层面——个体、家庭、社会——为主线进行分析，深入探讨学前教育如何作用于经济增长，并对其影响（包括微观影响和宏观影响、当期影响和长期影响等）机制开展定量分析和实证研究。围绕这一研究主题，本书的篇章结构如下。

第一章绪论，介绍本书的研究背景，梳理 1980 年后我国学前教育的发展历程、政策演变脉络和现状，阐明该研究的理论和现实意义。

第二章系统地介绍了人力资本理论，之后从个体、家庭、消费、社会效益等角度，论述了学前教育可能对经济增长产生促进作用的几条路径，为后续的实证研究奠定理论基础。

第三章至第六章是本书的定量分析和实证研究部分，也是本书的核心。

第三章从个体的角度论证接受学前教育可能会通过提高个体的学业表现，进而提高其受教育程度，提高个体人力资本水平。对于已经工作的个体，接受学前教育的益处会反馈到劳动力市场，为其带来更高的薪资水平。本章将通过构建计量模型，检验学前教育对劳动者素质和人力资本水平的影响。

第四章从家庭的角度关注学前教育与劳动力供给的关系。通过发展学前教育，可以将父母尤其是母亲从看顾孩子的劳动中解放出来。作为劳动力的重要组成部分，婚育女性可以借助学前教育的帮助增强重返职场的可能性，并延长劳动参与时间。因此，学前教育不仅能够提高家庭的劳动力供给、增加家庭收入和消费，还能增加全社会的劳动力供给，为经济增长提供来源和动力。

第五章侧重学前教育的消费属性，重点讨论学前教育是否可以通过促进合理消费、扩大内需实现经济增长。本章从家庭和社会两个维度，借助微观和宏观视角，通过将家庭消费行为细分为提高消费水平和优化消费结构，以及以教育产业建设为社会消费的中介变量，对"学前教育—消费—经济增长"的传导路径进行检验。在此基础上本章将构建中介效应模型，进行全样本分析和分地区差异性分析等，并对以上路径进行细致刻画。

第六章从学前教育的准公共产品属性出发，构建模型，分析学前教育投入对经济增长的贡献，并测算了学前教育对经济增长的贡献率。学前教育不仅能在短期带来经济效益，还可以通过消除教育起点不公平[①]、缩小贫富差距和维护社会稳定等，对经济产生长期的促进和保障作用。

本书第三章到第六章的研究框架用图1-3表示。

第七章从OECD国家学前教育投入与经济增长之间的相关性出发，梳理了发达国家学前教育投入的基本情况，并与我国学前教育财政投入情况做了对比分析，探讨政府如何在普惠性学前教育发展中更好地发挥主导作用。学前教育在欧洲已有两百多年的历史，积累了丰富的经验，发达国家学前教育的成功经验对我国具有一定的参考价值。

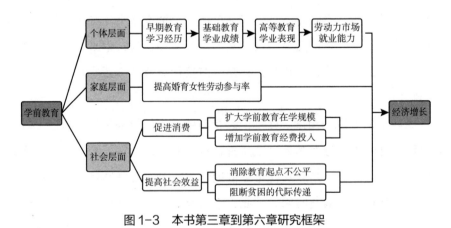

图1-3 本书第三章到第六章研究框架

---

① "起点公平"是学前教育的前提和基础。学前教育起点公平是为了确保每个儿童都享有平等接受学前教育的权利和机会，指每个婴儿不受性别、种族、出身、经济地位、居住环境等条件的影响，均有接受早期学习和教育的机会。

　　第八章梳理了当前我国学前教育发展面临的主要问题，针对制约我国学前教育高质量发展的主要障碍，提出具有可操作性的政策建议，并展望了我国学前教育的前景。

第二章

学前教育对经济增长的作用机制

在科学技术突飞猛进、网络社会蓬勃兴起、知识经济高速发展的今天，通过教育形成的各种知识和能力，为个体、家庭和社会带来的经济价值和社会价值比以往任何时代都要大、都要多。学前教育作为基础教育的起点和终身教育的开端，是整个教育体系中不可或缺的一环，无论是从微观还是从宏观，对个体、家庭、社会乃至整个国家都具有重要意义。大量发达国家的案例和经验已经证明学前教育的普及与经济增长存在明显的正相关关系，但目前对学前教育促进经济增长的作用机制和具体路径的研究却很薄弱，也不甚清晰。当前我国正处于全面建设社会主义现代化国家的特殊历史时期，因此我们更有必要厘清学前教育促进经济增长的有效路径，探寻学前教育促进经济增长的内在机制，进一步完善服务高质量发展的学前教育公共服务体系。

第一节 人力资本理论的诞生与发展

本书在遵循教育规律一般性中探寻学前教育规律的特殊性，在尊重既有研究的基础上，用人力资本理论（Human Capital Theory）的最新成果和方法分析学前教育对经济增长的促进作用、路径和机制，争取丰富和发展人力资本理论并使之中国化。因此，只有通过梳理和展示人力资本理论、教育与经济增长关系等与本书相关的研究，探讨这些理论和成果对本书研究的借鉴意义，才能为全书提供理论支撑。现在社会各界普遍认识到人力资本是经济增长内生动力的重要源泉，各国纷纷发展教育事业，大力积累和提高人力资本的数量和质量，人力资本理论已成为世界主要国家制定经济社会发展政策的重要参考和理论依据，备受推崇。本节将较为全面地介绍人力资本理论，为后文的路径分析做铺垫，也为深度剖析中国学前教育对经济增长的促进作用提供理论支撑。

一 舒尔茨：现代人力资本理论的构建者

传统经济学把物质因素作为国民财富和经济增长的唯一源泉，认为"劳动是财富之父，土地是财富之母"，古典学派认为，只有不断增加物质资本和劳动力投入才能促进经济增长，收入分配理论的基础也是土地、资本和劳动三要素。这一理论逻辑上看似成立，但由于构建的生产函数过于简单，计算结果往往与现实差异较大，难以阐释经济运行中的很多实际问题。这主要是因为经济增长作为最基本、最复杂的经济学问题之一，涉及的自变量太多，这些变量有直接的，也有间接的，有的自变量对因变量产生影响的中间环节较多，致使抽象的数学逻辑将问题简单化，很难反映波诡云谲的经济现实和运行。另外，古典学派还忽视了劳动的差异性，即劳动是不同质的，不同质的劳动对经济增长的贡献是不同的，尤其是随着科技进步，知识对经济增长的贡献越来越大，如果还简单将所有劳动一刀切，测算就会出现巨大的偏误。

第二次世界大战结束后，世界各国经济迅速复苏，科技快速发展，新古典经济学的研究对象发生了日新月异的变化，需要面对很多用传统方法无法解释的"经济之谜"，比如，当专家使用各种生产函数模型计算经济增长时，发现国民经济生产增长率高于国民经济资源投入增长率，在回归的计算结果中竟然出现了一个很大的"剩余"。一些学者发现了这个"剩余"并开始质疑传统生产函数的科学性，由此开创了现代人力资本理论的研究，形成了第一代人力资本理论。其中诺贝尔奖获得者西奥多·舒尔茨（Theodore W. Schultz, 1902~1998）被公认为人力资本理论的构建者。1960年，舒尔茨当选为美国经济学会会长并发表以"人力资本投资"（*Investment in Human Capital*）为题的演讲，这标志着现代人力资本理论的诞生，"人力资本"也成为教育经济学的基本概念。之后，舒尔茨又对人力资本理论进行了系统分析和探讨，为人力资本理论的发展做出了巨大贡献。

（一）舒尔茨提出人力资本理论

在比较美国1957年和1929年国民收入的增长情况后，经济学家发现，增加的1520亿美元国民收入中有710亿美元不能用资本和劳动力数量的增加来解释，如何找出这个"剩余"产生的缘由，并寻找经济增长的新源泉，引发了许多经济学家的思考和深入探索（江涛，2008）。舒尔茨1961年在《论人力资本投资》（*Investment in Human Capital*）一书中提出，国民产量的增幅比土地、按人时计算的劳动量和能再生产的物质资本的增幅更大，该差额普遍存在的原因是对人力资本的投资。舒尔茨（1990）在此后的研究中发现，"人所获得的能力是尚未得到解释的生产力提高的一个重要原因"，以前的评估过于重视非人力资本，没有考虑人力资本及其在现代经济生产中所起的重要作用。至此，舒尔茨阐述了他的代表性概念——人力资本。在他看来，人力资本作为资本的一种形式，是相对于物质资本存在的，具体表现为人们所拥有的知识、技能、经验、健康等。舒尔茨认为人力资本的显著标志和基本属性为：它属于人类，表现在人身上，拥有它就拥有了未来满足或未来收入的源泉。

如果认同教育是一项投资活动，那么教育投入就和资本形成及国民收入密切关联，在这一假定前提下，舒尔茨从测算教育资本储量[①]入手，推算教育对国民收入增长的贡献。在比较 1957 年和 1929 年美国教育投资总额时，舒尔茨认为，提高教育水平对美国国民经济增长的贡献率高达33%，而人力资本投资是经济增长的主要来源。

（二）舒尔茨人力资本理论的要点

舒尔茨对人力资本理论的系统论述体现在其众多著作中。1961 年，舒尔茨发表了《教育与经济增长》（*Education and Economic Growth*），分析了使用传统的经济理论和经济计量模型解释许多国家的经济增长不理想的原因，指出教育的发展即对人力的投资是经济增长的主要原因。1963 年，舒尔茨发表了《教育的经济价值》（*The Economic Value of Education*），认为教育的经济价值是这样体现的：人们作为生产者和消费者通过对自身投资提高经济能力，而学校教育是这种投资发生的最主要的渠道。这意味着人们拥有的绝大部分经济能力不是先天的，而是通过后天教育形成的，后天教育对获得经济能力的影响很大，大到可以改变储蓄与资本形成的标准，进而改变工资结构和劳动与财产收入的比率。在舒尔茨引进人力资本这一概念后，人们终于解释了长期以来在经济增长、工资结构变化和个人收入变化等方面面临的诸多困惑（Schweinhart et al., 1963）。舒尔茨还有很多著作，比如《人力资本投资：教育和研究的作用》（*Human Capital Investment: The Role of Education and Research*）、《对人进行投资：人口质量经济学》（*Investing in People: the Economics of Population Quality*）等，他对人力资本的认识也是不断演化和完善的。舒尔茨根据经验统计资料进

---

① 所谓教育资本储量，就是一个国家在某一时期内的教育支出总额。

行计算得出的一个重要结论是"同样的投资，用在教育上要比用在其他方面的收益率更高"，该结论无疑振聋发聩，影响诸多政府的教育政策制定和投资资源分配。

舒尔茨对本书研究学前教育具有重要启发的思想很多，其中比较有代表性的为以下几个。

（1）人力资本具有异质性。舒尔茨反对古典政治经济学关于劳动同质的观点，他认为人力资本和非人力资本是具有异质性的，随着身体素质、知识、技能的改变而改变。这种异质性是客观存在的，要予以承认，最好采用两分法进行分类（舒尔茨，1990）。本书认为，正是由于人力资本的异质性，对人力资本的投资回报也会出现差异，而这种差异有利于市场竞争，推进经济增长。

（2）人力资本的积累是经济增长的源泉。人力资本投资与物质资本投资是相互关联的，它们的相对投资主要由回报率决定，当人力资本投资回报率与物质资本投资回报率不等时，就需要追加投资量相对不足的一方的投资。另外，在各种生产要素之间，人力资本的作用很特殊，能发挥替代和补充其他生产要素的作用。舒尔茨认为人力资本是一切资源中最重要的资源，他通过自己创造的"经济增长余数分析法"，证明了人力资本是经济增长的主要源泉。他还指出，教育促进经济增长是通过提高人们处理不均衡状态的能力[①]来实现的。这意味着，随着现代经济的发展，我们不能再单纯依靠自然资源和体力劳动投入来推动经济增长，需要重视教育，通过增加人力资本投入来代替其他生产要素投入（江涛，2008）。

（3）人力资本包括量与质两个方面。人力资本量的方面是指人力资本的多少，而质的方面是指人的技能、知识、熟练程度以及其他能够影响人们从事生产性工作能力的事物，每个劳动者的人力资本都不相同，即便

[①] 舒尔茨所说的"处理不均衡状态的能力"是指人们对于经济条件的变化、更新所做出的反应及提高其效率，即人们根据经济条件的变化，重新考虑合理分配自己的资源，比如财产、劳动、时间和金钱等。

是同一个劳动者，在经教育和训练前后，其劳动质量、工作能力和熟练程度也不相同。舒尔茨认为人力资本的质量很重要，是稀缺资源（舒尔茨，1990），对经济增长更重要。该理论给我们的启发为：人口质量是一种稀缺资源，我们在研究人力资本时，不仅要关注人口数量，还要更多地关注人口质量。

（4）形成人力资本需要投资。人力资本投资的渠道主要有各级学校教育、培训、针对成年人的学习项目、营养及医疗保健、变换工作和家庭迁移等（姜猛，2016）。舒尔茨还比较了人力资本的两种投资方式——正规教育和有组织的研究活动，他认为后者对现代经济增长更重要（宋占美和刘小林，2013），需加大投入。

（5）教育能促使个体收入趋于平等。通过人力资本投资，教育可以提高个体受教育水平，进而提高个体的收入能力和水平，缩小收入差距，影响社会收入分配。舒尔茨认为，随着义务教育的普及和受教育年限的延长，中等教育和高等教育升学率的提高，社会个体收入不均衡状态将趋于减轻；在国民收入中，财产收入的比重已相对下降，劳动收入比重相对提高（江涛，2008）。

（三）舒尔茨的人力资本理论对学前教育研究的借鉴意义

舒尔茨认为教育投入不是单纯的消费行为，因为与食物等消费品明显不同的是，教育投入是投资，不会被消耗，反而会推动经济增长，创造更多收益，因此增加公共教育投入不会增加国家的负担，更不会降低储蓄量。教育投入是人力资本投资的最主要渠道，能够提高人们的知识和技能，能增加其未来的就业机会和收入。从学生接受正规教育能丰富精神内涵并摄取生活资料的角度看，学校教育是一种消费行为，而这是次要方面；从学生接受教育提升能力进而提高未来收益的角度看，学校教育是一种投资行为（李丹等，2019），这才是主要方面。

舒尔茨还从宏观角度实证检验了教育在促进经济增长中的重要作用，从1900年到1957年美国的实物资本投资增长了约4.5倍，而对劳动力的人力资本投资（包括教育和训练）增长了 8.5 倍，接近前者的 2 倍；在同一时期，美国实物资本投资利润增长了 3.5 倍，而人力资本投资利润增长了 17.5 倍，是前者的 5 倍（Schultz，1961）。这就意味着，在美国国民收入中，财产收入占比相对下降，劳动收入占比相对提高，人力资本投资对经济增长的贡献也在增大。舒尔茨还分析了 1929~1957 年美国教育投资与经济增长之间的关系，发现美国各级教育投资的平均回报率为 17%。舒尔茨研究教育投资采用的是一种宏观分析方法，拓展了经济学的研究领域，推动了教育经济学发展，并搭建了人力资本的理论框架。

合乎现实的数据最有说服力。舒尔茨从人力资本出发，定量分析了教育对经济增长的巨大贡献，引起广泛关注。随着传统人口红利的消失和刘易斯拐点的到来，我国迫切需要提高劳动力人口质量，舒尔茨的人力资本投资理论对中国发展学前教育有如下启示：应当扩大义务教育的范围，不断向学前教育延伸，积累更高质量的人力资本，拉动经济增长；加强对西部地区、落后农村的教育投入，提高弱势群体的受教育水平，促进社会公平。当然，严谨科学的定量分析更有助于以上启示被有关部门认可、采纳和落实。

二 贝克尔对人力资本理论的贡献及研究方法

舒尔茨对人力资本理论的贡献主要体现在教育对经济增长作用的宏观分析，但忽视了微观分析，缺乏微观支持，略显单薄。继舒尔茨之后，芝加哥经济学派代表人物之一加里·贝克尔（Gary S. Becker, 1930~2014）把经济理论扩展到对人类行为的研究，他被认为是现代西方经济学最富独创思维的学者之一，其人力资本理论成就主要体现在其从 1960 年开始发表的众多著作中，《生育率的经济分析》（1960）、《人力资本》（1964）和《家庭论》（1981）等是其代表作。他在《人力资本》中分析了正规教育的成本和收益、在职培训的经济价值以及人力资本投资与个人收入分配之间的关系等（周新芳，2008）。在人力资本形成方面，贝克尔非常重视正规教育和在职培训支出的作用，他对正规教育和在职培训的支出和收入展开了深入的理论分析，做了系统的实证研究，分析了人力资本投资对个人就业和经济收入的各种重大影响，提出了各种估算人力资本投资量及其收益的方法，从微观层面为人力资本理论奠定了基础。

总体而言，贝克尔对人力资本理论的贡献主要体现在微观分析方面，相当于为舒尔茨的宏观分析构筑了微观基础，为人力资本理论这座大厦奠定了更加扎实的根基（Becker，1962）。当然，贝克尔的研究也有不足之处，他主要是延续了舒尔茨对人力资本概念的界定，没有分析人力资本的本质。

本书吸收借鉴了贝克尔的分析方法，重视对学前教育的微观分析，从个体、家庭、社会三个层面，多角度分析学前教育对经济增长的促进作用，努力丰富研究视角和作用路径，尤其是结合中国发展不平衡的实际，注重地区差异和城乡差距，尽量让本书研究贴近现实。

三 丹尼森对人力资本理论的贡献及研究特色

舒尔茨侧重人力资本的宏观分析，贝克尔专注人力资本的微观分析，而美国经济学家爱德华·丹尼森（Edward F. Denison）注重人力资本的计量分析。

丹尼森根据美国的历史统计资料，分析和估计经济增长因素，并度量了各因素的作用，以此作为推动美国经济增长的参考。丹尼森对人力资本理论的贡献主要体现在他对人力资本要素作用的计量分析中，其代表性研究成果是 1962 年出版的专著《美国经济增长源泉和我们的选择》（*The Sources of Economic Growth in the United States and Alternative before Us*）。在该书中，丹尼森通过精细计算得出结论：美国在 1929~1957 年的经济增长中，教育发展的贡献率高达 23%，主要是由人力资本投资积累实现的。这一研究发现解释了前文中用传统方法估算劳动力和资本对国民收入增长贡献时出现的"剩余"。在这一时期，美国通过提高教育水平使劳动力的平均质量提高了 0.9%，使国民收入增长率提高了 0.67 个百分点（王明杰和郑一山，2006）。丹尼森的计算结果还显示，1948~1982 年，美国国民生产总值（GNP）年均增长 3.2%，在这 3.2% 的增速中约有 1/3 是通过提高劳动力素质取得的，约有一半是通过技术革新取得的，而这两个最重要的因素都与人力资本质量的提高密切相关。

丹尼森的研究从另外一个角度验证了教育的重要性，通过延长正规教育年限来提高劳动者的受教育水平，不仅可以从学理上阐释过去经济增长的"剩余"，更重要的是发现了推动未来经济增长的现实力量和源泉。丹尼森的精细计算验证了舒尔茨人力资本理论的科学性，引发各国对教育的重视并加大投入，为推动全球教育事业发展做出了重要贡献。

历史和现实表明，通过教育扩展和延续知识，向人们传授更多、更好、更有用的信息，提高学生收获知识的质量，以及发挥教师言传身教、示范引导等积极作用，都能增进知识，教育对促进经济增长会发挥重要作用。当然，教育的作用不仅是促进经济增长，而是全方位的、潜移默化的、深远的，也是难以度量的。

四 明瑟在收入分配领域的研究成果

雅各布·明瑟（Jacob Mincer,1922~2006）的著作《人力资本投资与个人收入分配》（*Investment in Human Capital and Personal Income Distribution*）是他于 1957 年完成的博士论文。在该文中，明瑟运用人力资本投资理论建立计量经济模型，分析了个体的收入分配与其接受的教育培训水平之间的相关性。此后明瑟还研究了劳动者个体收益率的差别，并估算出美国在职培训的投资总额及收益率。

1974 年明瑟又出版了《教育、经验和收入》(*Schooling, Experiences and Earnings*)，从微观角度把个体受教育年限纳入收入方程式，建立了著名的"明瑟收入方程"（Mincer Income Equation），即工资收入的对数值与受教育水平、工作经验的一次项及工作经验的二次项等变量为线性函数关系。明瑟根据该方程计算了教育投资的收益率，揭示了劳动者收入的差距与其受教育年限和工作经验等因素之间的关系，认为劳动者收入增长和个体间收入差距缩小的最重要原因是人们受教育水平的普遍提高，而受教育水平提高又主要归功于人力资本投资，由此说明了人力资本的重要性（明塞尔，2001）。许多学者运用"明瑟收入方程"进行实证分析，多项研究承诺表明通过教育积累起来的人力资本确实能够增加个人的经济收入。这也和大家观察到的现实相吻合。

1962 年，明瑟还发表了题为《在职培训：成本、收益与某些含义》(*On-the-Job Training : Cost,Returns and Some Implication*) 的论文，通过实证分析得出：在人力资本中，在职培训的投资回报率很高，不低于正规教育，且投资量也很大。该研究的重要启示为：在重视正规教育的同时，也需要重视在职培训，并加大在职培训投入，不宜厚此薄彼。

综上所述，以舒尔茨为代表的现代人力资本理论的创立，不仅催生了教育经济学，也极大地丰富了教育学的研究方法和视角，拓展了如教育成本效益分析、教育政策分析、教育管理学等教育学科体系，并发展了用来分析教育资源利用率和经济效益的新方法、新理论（闵维方，2020）。人力资本理论的形成和发展肯定了人在生产中的决定性作用，尤其是具有专业知识和技能的高质量的人是推动经济增长的真正动力。本书分析学前教育就是以人力资本理论为支撑，借鉴其理念和方法，并运用于具体的量化研究中。

第二节　学前教育与个体素质的提升

儿童的成长与发展就像盖房子，学前教育则像搭建这座房子的地基，唯有高度重视学前教育并持续不断地投入，才能保证我们的孩子茁壮成长。根据生命周期理论，在儿童早期的投资收益最高、回报最大，而该观点是有相关生理科学研究作支撑的。脑生理学的研究发现，儿童脑重的增加并不单纯是由脑细胞大量增殖带来的，还是脑细胞生长（神经纤维分支增多、变粗和长度伸长）的结果。个体生命最初的 1000 天经历大脑的快速发育、突触修剪和髓鞘形成等过程，是大脑可塑性最强的时期，也是多数能力（听觉、视觉、语言和认知等）的最佳发展期（岳爱等，2019）。丰富多彩的适宜环境的刺激是促进早期脑细胞迅速生长的重要条件，而高质量的学前教育是促进脑发育充分和完善的最有效的环境刺激元素。

另外，由于在学前教育期儿童大脑的发展尚未定形、可塑性强，因此这一时期大脑还具有良好的修复性。所以脑细胞的生长不同于身体细胞，一旦发育完成就不会再大量增殖，一般而言，成人脑损伤是难以弥补的，而对婴幼儿脑损伤的研究发现，其大脑左（右）半球受损后，通过某种适宜的学习和训练过程，另一侧半球可以产生替代性的功能，从而使脑损伤获得一定程度的修复。例如，5 岁以前任何一侧半球的损伤都不会导致永久性的语言功能丧失，这是因为语言中枢可以通过适宜的早期语言训练较快地移向另一侧半球，以克服言语障碍。由此可见，抓住学前教育期这一关键阶段为儿童提供良好、适宜的教育，可以刺激儿童的大脑发育，为儿童的未来发展打下良好的基础，对个体的发展和国民素质的提高具有重要而长远的作用。

从学前教育促进个体发育的具体表现来看，主要包括以下几个方面。

一 学前教育有助于儿童良好个性的发展

学前教育能够提高儿童的社会认知能力。婴儿出生时往往只有自我意识，当他们的内在世界与外在世界发生联结并开始知道他人的存在时，社会性发展（Social Development）[①]也就随之开始了。社会性发展是孩子学会与他人建立联系并互动的过程，也是儿童健全发展的重要组成部分。人际互动是社会意识的核心，孩子通过观察他人和他人的行为，知道自己和他人之间的联系，并逐渐学会如何理解他人的想法、行为、感受和动机，在这个过程中学习如何适应社会并对他人的行为做出推断。目前，我国大部分学龄前儿童与家人相处的时间更多，在家里大多以自我为中心，而少子化的趋势也对儿童的社会性发展产生诸多不利影响，这就导致很多儿童在进入小学开始集体生活时自我意识较强，难以适应。但学龄前儿童的年龄比较小，具有很强的可塑性。学前教育正是在这个特殊时期连接家与社会的纽带，它既能消除儿童对社会未知的恐惧，又能帮助儿童学习进入社会的最基本的知识和技能，促进儿童形成社会认知能力。很多儿童在刚进入幼儿园与周围人互动时会存在一些问题，例如有的儿童在其他儿童排队玩滑梯时没有排队意识，自顾自地抢先登上滑梯；有的儿童因为同伴的拥挤或对陌生事物的恐惧而哇哇大哭；还有的儿童因为个性强而对同伴大打出手；等等。这时，幼儿园教师通过对儿童进行耐心的讲解和安抚，让其明白规则的重要性，应该遵守规则次序，不能随意而为，朋友之间需要友爱互助等。在这个过程中，儿童逐渐建立起社会意识，他们的社会认知能力也得到了培养和发展。

学前教育也有助于儿童良好性格的形成和发展。所谓性格决定命运，

[①] 社会性发展主要是指个体在毕生发展过程中，在与他人关系中表现出来的观念、情感、态度和行为等随着年龄的增长而发生的变化。

一个人得到的机遇和遇到的挫折都与其性格息息相关。学前教育期是个体性格养成的重要时期，对个体一生的发展都极其重要。作为除家庭以外的第一个幼儿性格培养基地，幼儿园有助于在儿童先天性格的基础上，通过同伴、教师等社会环境的约束影响培养其后天性格。作为进入小学接受正式教育与家庭生活之间的桥梁，学前教育可以通过知识技能和非智力因素等，为儿童未来发展奠定基础。每个儿童都有自己独特的性格和想法，如果能在教育教学过程中根据儿童的性格特征因材施教，以不同的教育方式对不同性格的儿童进行情感培养，可以引导儿童形成良好的品性和健康的人格。因此，普及高质量的学前教育不仅对儿童形成良好个性有很大的推动作用，还有助于个体未来的全面健康发展。

二 学前教育有助于提高未来劳动者的能力和素养

人力资本是驱动经济发展的根本动力，劳动者的知识、技能以及创新能力等可提升物质资源的利用效率，决定着一国经济发展的速度和质量，所以各国都很重视人力资本的投入。但不可否认的是，高质量人力资本的培养是一个极其漫长的过程，投入巨大。学前儿童是否做好入学准备会直接影响其进入小学后的表现，间接影响其后续教育阶段的培养质量与效果，从而对人力资本的开发产生持续且无法替代的重要影响。

幼儿园中的很多课程是为儿童接受正规教育做准备的。在学前教育中，通过游戏、互动、实验等形式能够激发儿童的学习兴趣，培养儿童的求知欲。比如，运用视觉、听觉和触觉等多种感官刺激，可以让儿童在探索中学习，不断培养其发现新事物和新问题的欲望和能力，从而提高儿童的求知欲和学习热情（见图2-1）。学前教育能够培养儿童对生活的热爱和对世界的好奇心，让他们在日常生活中不断观察、不断发现，从而激发他们对生活和学习的兴趣。与此同时，学前教育也可以通过各种技巧和方法来帮助儿童记忆知识和学习技能，比如通过歌曲、动画和卡片等，让儿童在轻松愉快的氛围中记忆学习内容，从而提高其记忆力。这种结构化的学习环境，可以激发儿童的探索欲和对学习的热情，这种探索欲和热情甚至可以延续至成年，使他们在追求学习和个人发展中获得持久动力。作为终身教育体系中的第一个阶段，学前教育为个体接受基础教育乃至高等教育奠定了基础，也为个体获得更好的职业机会、增加收入打开了大门。因此，接受过学前教育的儿童更有可能在之后的教育阶段取得更好的学业成绩、获得更高的教育水平，从而提高其劳动技能、生产力和创新能力，进而促进经济增长。

图 2-1 儿童在教室中认真听讲

注：本书照片均系作者在调研中拍摄。

高质量的学前教育还可以使儿童具备基本的认知、社交和情感技能，也会对其未来学业和事业的成功产生促进作用。学前教育能帮助儿童形成正确的学习态度与价值观，从而使其在学习过程中变得更加积极主动。例如，让儿童体会到成功的乐趣和失败的滋味，教育他们如何接受各种挑战、正视各种失败，培养他们的自信与勇气。学前教育可以在活动和游戏中培养儿童解决问题的能力、批判性思维和创造力等，这些技能对人们在整个职业生涯中应对挑战、做出明智决定、提出创造性解决方案等具有至关重要的长远影响。

通过学前教育，儿童可以在与同龄人的互动中掌握各种社交技能和沟通能力，这可以帮助其在未来获得更健康的人际关系、更高的团队协作能力。学前教育的经历有助于培养儿童的自信心，增强其自我价值感，有助于其树立远大的志向并在前进道路上坚持不懈地应对各种困难和挑战。学前教育还有助于儿童培养责任感、集体观和价值观，提高其时间管理能力和简单的生活技能，这些品质和能力可以在未来转化为较高的社会责任感和职业素养。

综上所述，学前教育有助于个体培养一系列优良品质和能力，这些品质和能力会在个体未来进入劳动力市场后转化为较高的职业素养，从而提高整体劳动力素质，发展新思想和新技术，进而从根本上提高整个社会的生产力和国家的竞争力。

三 学前教育能对个体良好习惯的培养产生深远影响

培根有句名言："习惯是一种顽强而巨大的力量，它可以主宰人生。"从人的一生看，生命早期获得的经验和基本技能可以塑造个体在成年后的生活轨迹，坏习惯拖累其一生，好习惯使其终身受益。因此，学前教育对于个体整个人生习惯的形成都具有非常深远的影响。学前教育可以帮助儿童养成良好的卫生习惯，例如注重个人卫生、饮食卫生、环境卫生等。而鼓励儿童参与体育活动，不仅可以预防疾病，还能增强其体质，这使得个体更有可能在日后的生活中保持健康的生活习惯，对保障其整个人生的健康都具有重要意义。学前教育包括对儿童情感和社交技能的培养，使其在成年后具备适应不断变化的环境的能力，从而能够更有效地应对生活中的挑战和压力。学前教育通过培养儿童对学习的热爱和对世界的好奇心，为其终身教育奠定基础。有研究表明，对 0~3 岁婴幼儿早期人力资本投资的回报率最高，投入早期儿童发展的回报率可高达 1∶17（Heckman，2000）。因此，从个体的童年及其终生的健康、经济和社会性结果的角度来看，怎样强调学前教育的重要性都不为过。

总之，接受高质量学前教育的儿童更有可能获得高水平的教育，从而在成年后获得更好的职业机会和更高的收入。而个体收入越高，缴纳的税款就越多，消耗的福利支出越少，这不仅能从微观上提高个体的收入和生活质量，还能从宏观上减轻社会负担，为政府开辟税源。如此一来，政府也就有更多的资源用于公共服务的改善和其他经济领域的投资，保障宏观经济的长期繁荣。

卡片 2.1 高瞻 / 佩里学前教育项目

国外开展了许多学前教育项目，这些项目通过对儿童早期成长进行科学干预、追踪儿童发展情况，利用长期数据探索学前教育对儿童发展的影响及规律，例如著名的高瞻 / 佩里学前教育项目（The High /Scope Perry Preschool Program）。高瞻 / 佩里学前教育项目是第一个将学前教育与儿童日后成就相联系并计算早期教育经济收益的项目，也是考察学前教育对弱势儿童影响的首批代表性研究之一（吴春颖和王晓芬，2020）。尽管与后来的 HeadStart 项目或者 FreePre-kid 项目相比，高瞻 / 佩里学前教育项目在参与人数上不是最多的或者在覆盖范围上不是最大的，而且鉴于当时的时代背景可能存在对学前教育作用高估的成分，但高瞻/佩里学前教育项目仍然为后续有关项目的开展提供了重要参考。

高瞻/佩里学前教育项目始于20世纪60年代初，是一项针对社会处境不利儿童的长期干预和追踪计划，以美国佩里小学（Perry Elementary School）学区附近筛选出的123名非裔美国儿童为研究对象。这些儿童在3~4岁时被随机地分为计划组和无计划组，并通过以下方式对其进行干预。

第一，设置相对密集和结构化的课程。项目的生师比较低，约为5：1。教师在每个工作日的早晨为儿童教授2.5小时的课程，在每个周末还要对儿童及其父母进行家访。

第二，聘请优质教师并采用科学的教育理念。项目组聘请的教师均有丰富的学前教育经验，而且经常与聘请专家开展研讨和磋商，共同开发项目课程。课程以皮亚杰的儿童发展思想为基础，把儿童作为有较强主观能动性的学习者，并采用开放式框架促进儿童认知和社会情感的发展。

第三，与家庭密切沟通合作。高瞻/佩里学前教育项目为父母提供了详细的育儿计划，设置以周为单位的家访，与父母讨论孩子的发展情况。项目还为父母、社区工作人员和家庭护理人员提供适当的培训，鼓励父母与教学人员合作，共同制定合适的育儿计划。

在进行学前教育干预之后，高瞻/佩里学前教育项目对两组儿童进行了系统、持续、长期的回访记录，在这些儿童3~11岁时进行年度数据收集，并在其15岁、19岁、27岁及40岁分别收集有关个体的教育、就业、收入、犯罪、个人发展等信息，损耗率较低，最终对儿童的长期发展做出了持续的追踪刻画。

高瞻/佩里学前教育项目对研究对象的状况进行了长期追

踪。该项目能够追踪的年龄最大的成员为40岁，与未接受学前教育干预的控制组相比，被干预组的样本在上学期间测试成绩更高，未来受教育程度更高，工作之后的工资水平更高，而且拥有家庭的可能性更高；同时需要特殊教育的可能性更低，领取社会救助福利和被监禁的可能性也更低。接受过学前教育的儿童的认知能力和非认知能力都得到了更好的发展，因此有更突出的规划、理解和表达能力，工作技能和能力更加突出。

从社会进步和经济增长的角度看，儿童早期干预可以有效地解决收入再分配问题，可以通过综合考虑和调节收入再分配来增强社会流动性。在促进社会包容、提高经济效率和劳动生产率方面，借助资源的预先分配来改善弱势儿童的生活，比简单的收入再分配效率更高，从长期看，能够带来更好的教育和经济成果。被干预组样本的学业成就、工资水平及置业率较高，被逮捕率以及对福利的依赖程度较低，能有效降低政府的社会福利开支。学前教育还为社会输送了高质量劳动者，他们接受教育、就业和培训的机会更大，工作能力更优秀，工作态度也更加积极。由此赫克曼认为，对幼儿进行早期教育干预是提高经济生产率最容易、最高效的方法。

在对项目数据进行成本收益分析后发现，高瞻/佩里学前教育项目的整体收益率为7%~10%，非常有效（Rolnick et al., 2003），其投资回报率甚至比美国自第二次世界大战结束到2008年这60多年的股市平均回报率还高，且这个投资回报率还未将身心健康方面的经济回报计算在内，因此是比较保守的估计。赫克曼又对个体的追踪数据进行分析，发现在高瞻/佩里学前教育项目中每投入1美元，在参与者27岁时会有5.15~8.74美元的收益，投资回报率为1:7.16，年化成本收益比率为6.3%，总体回报率为13.0%，比其他各阶段教育的投资回报率都高；在参与者 40 岁时，该投资回报率为 1:17.1，即该计划具有很强的持续性（Heckman，2000）。该项目收益存在一定的性别差异，由于男性外出工作的概率更高，因此比女性获得了更多的收益。另外，男性更多从身体健康层面受益，女性更多从精神健康层面受益。项目团队还计算了高瞻/佩里学前教育项目的社会效益，发现接受学前教育干预的样本依赖社会福利度日的可能性较低、缴纳的税款较多、犯罪行为显著减少，这些正向行为带来的公共收益平均每人为 105144 美元，而每名参与者只花费了 14716 美元的成本，因此净现值收益为 90428 美元，是成本的 6 倍多。尽管有学者对这些项目的效果提出诸多质疑，比如学前教育对个体能力的提升程度存在异质性或者不能持久等，但总体来看，学前教育对儿童发展、社会进步和经济增长的重要推动作用和积极影响在学界已基本达成共识（Goelman et al., 2008）。

第三节 学前教育对生育率与劳动力 供给的影响

建立完善的学前教育体系，普及高质量的学前教育，不仅能提高生育意愿，还能提高婚育女性的劳动参与率，从而增加整个社会的劳动力供给，更好地应对人口老龄化等社会疑难问题。

一 学前教育对提高女性生育意愿、增加女性劳动力供给的促进作用

研究证明，人力资本是经济发展的重要驱动力，经济持续发展需要大量的劳动力支撑，人口数量和结构的变化会直接影响经济增长。如果一个经济体出现劳动力短缺，会从供给端推高劳动成本，那么从短期看会抑制企业的竞争力和生产效率，从长期看会压缩该经济体的增长潜力和国际竞争力。

随着我国人口结构的不断变化，人口老龄化趋势明显加剧，生育率的下降也使得人口总量增长缓慢，在不久的将来很可能会出现劳动力供给的短缺。目前，在我国一些劳动密集型行业已经出现招聘难、"用工荒"等现实问题，直接影响企业的生产和经营。另外，一切生产最终都是为了满足消费者需求，消费需求不足是有效需求不足的根本原因，而投资不足是消费不足的派生现象。消费市场的繁荣对促进经济增长有重要作用，人口总量和消费者结构对消费市场的发展也有直接影响。随着生育率的下降，未来消费市场的需求量和消费者数量都将会受到限制，明显不利于企业发展和市场扩张。

计划生育政策实施以来，我国生育率持续走低。早在 20 世纪 90 年

代中期，中国育龄妇女总和生育率^①就已经降至 2.1 的世代更替水平，标志着中国正式进入低生育国家的行列。进入 21 世纪后，我国的育龄妇女总和生育率一直保持在较低水平且持续走低。第五次和第六次全国人口普查数据显示，我国育龄妇女总和生育率分别只有 1.22 和 1.18，而 2015 年全国 1% 的人口抽样调查结果显示育龄妇女总和生育率已降至 1.05。为了应对持续的低生育率给经济社会发展带来的挑战，政府从 2011 年开始逐步放宽生育政策，并于 2016 年全面放开"二孩"生育。但是，"全面二孩"政策未能带来出生人口的持续增长，人口生育小高峰仅维持了一年。根据国家统计局的数据，在政策实施的第一年，新出生人口为 1883.2 万人，此后出生人口便呈现持续下降趋势。2021 年 8 月 20 日，全国人大常委会会议表决通过了《关于修改〈中华人民共和国人口与计划生育法〉的决定》，规定一对夫妻可以生育三个子女，然而 2022 年出生人口仅为 956 万，创 1949 年以来的最低。随着生育政策的全面放开，出生人口不增反降，生育意愿持续低迷，说明"全面二孩"政策效果未能达到预期，其中学龄前儿童照料问题已经成为限制生育意愿的重要原因。2017 年国家卫计委发布的《2015 年生育意愿调查》发现，限制生育意愿的因素主要是儿童照料问题（田艳芳等，2020）。随着女性劳动参与度的提升，在当前夫妻"双就业"模式下，父母外出工作使得家庭无法为孩子提供足够的照料。"全面二孩"政策实施之后，因照料支持的不足和照料资源的短缺而引发的"照料赤字"问题进一步凸显，在这种情况下，女性的生育意愿很难得到提高（金锐锋，2021）。我们可以大胆预测，如果不能很好地改善并普及学前教育，女性的生育意愿将很难得到进

---

① 总和生育率（The general fertility rate）也称一般生育率，是按全部育龄妇女计算的生育率，表明育龄妇女的生育水平。总和生育率等于出生人数与育龄妇女人数之比，通常按年计算并用千分数表示。计算结果说明每千名育龄妇女在一年中生育的婴儿数。育龄妇女通常是指 15~49 岁的妇女，不论其是否结婚和具有生育能力。总和生育率受各年龄组育龄妇女的生育率和各年龄组育龄妇女占全部育龄妇女比重的影响。

一步提升，甚至有可能成为困扰我国经济可持续增长的难题，必须予以重视。

儿童照料难题不但会影响生育率，而且会对女性的劳动参与率造成负面影响。根据成本效用理论，儿童抚养除了会带来大量费用支出，还会显著占用家庭成员的时间。家庭时间分配理论认为，个体在家务劳动中花费的时间越多，其在市场或休闲方面的时间就越少，进而会降低生产率和工资。由于女性承担着更多养育幼儿的家庭责任，家庭规模小型化趋势减少了大家庭在儿童照料上的支持，使得女性就业与学龄前儿童看护责任产生冲突，而在"全面三孩"政策实施背景下，生育和养育责任与女性就业的矛盾更加凸显。职业女性在工作之余仍然承担了大部分的育儿任务，这在很大程度上加剧了她们"育儿—工作"的冲突。当原子化的小家庭不能独自担负起儿童照料的职能时，便会形成对学前教育的强烈需求。在公共托幼服务短缺或者社会化托管方式成本过高的情况下，部分无法协调工作与家庭的职业女性尤其是低收入女性就会倾向于选择家庭看护的方式，退出就业市场全职照顾幼儿。根据国际劳工组织统计，20 世纪 90 年代以来，中国女性的劳动参与率虽然始终高于世界平均水平，但已从 1990 年的 73.2% 降至 2021 年的 61.6%。而女性一旦退出劳动力市场，职业生涯就会中断，再就业往往更加困难。随着人口老龄化加剧，我国人口红利优势消耗殆尽，劳动年龄人口数量呈下降趋势，女性参与就业不仅可以缓解我国劳动力不足的问题，而且有助于促进社会公平（徐晓，2021）。当社会能够为学龄前儿童提供可靠和高质量的学前教育时，婚育女性就可以寻求就业机会，从而提高劳动参与率和经济产出。因此，学前教育的价格与质量对女性就业有重要影响。价格实惠、质量可靠的学前教育使家长尤其是母亲更倾向于选择社会化看护方式，能有效促进女性生育后回归工作岗位，从而提高全社会的劳动参与率，增加全社会的经济活动。

由此可见，学前教育对提高生育率和女性劳动参与率有至关重要的作用，不仅关乎家庭的生活质量，更关乎国家和民族的未来。《国家人口发展规划（2016—2030 年）》指出，为了解决当前生育率持续低迷的状态，促进生育水平的提升，国家应为儿童照料提供政策支持和配置儿童照料服务。为学龄前儿童照料提供支持不仅是服务"全面二孩"政策的落地、提高人口数量的要求，而且是响应"幼有所育"的民生福祉之所在，保障儿童接受照料的权利，在提高人口数量的同时提升人口的质量，有助于释放人口红利、人才红利，促进经济增长。

相比发达国家，我国对于学龄前儿童的照料支持力度较小，无论是在规模还是在覆盖面上都明显落后，尤其是社会化的照料服务供给发展缓慢。在生育率持续走低、鼓励生育的有关政策遇冷的现实背景下，提高对学龄前儿童的照料支持力度，扩大照料资源供给以提高女性生育水平，就显得日益紧迫。

二 学前教育对于不同女性的支持作用存在差异

在老龄化日趋严重的背景下，学前教育不仅是一项重要的人力资本投资，还具有促进女性就业、提高女性劳动参与率、优化劳动力年龄结构的重要作用。学前教育公共服务水平的提升对于缓解女性生育压力与降低家庭养育成本、保障女性就业权益等具有重要作用。当然，这种作用很可能会因为女性所在地区的经济社会发展水平、受教育水平和自身工作能力等个体特征、家庭成员尤其是祖辈对儿童照料的支持力度等因素的不同而存在一定差异。因此，在分析学前教育对女性就业的支持作用时，需要根据女性的个体特征分类型进行讨论，而这方面的分析比较薄弱，有待更丰富和深入的研究。

就个体而言，受教育水平不同的女性就业意愿存在差异，在劳动力市场上的竞争力也有不同。一般来说，受过良好教育的女性往往能够获得较好的就业机会和较高的工资水平，这类女性选择全职看护幼儿的机会成本更高，因而倾向于选择社会化的看护方式以降低生育与看护幼儿对就业的负面影响。还有研究表明，不同行业和职业的女性对学前教育的需求也有所不同，某些领域的职业可能更容易适应灵活的工作时间，从而使女性容易兼顾家庭和工作。另外，如果女性在生育之前就参与劳动，那么相关的工作经验会成为其生育后再次工作的重要基础。

由正式机构提供的学前教育可以在婚育女性工作时照顾其子女，与此类似，如果家中的老人可以协助照料孩子，则同样对婚育女性进入劳动力市场起到促进作用，这就是隔代照料。隔代照料又称（外）祖父母照料、隔代抚育等，属于非正式照料的方式之一，通常是指出于各种原因孩子的父母在照料上缺席，而由孩子的祖父母或外祖父母承担部分或全部抚养责任甚至充当监护人的情况（见图 2-2）。由于原生父母履行亲职及（外）祖父母提供隔代抚养的时间和程度、代际居住安排、（外）祖父母监护权等均存在显著差异，国内外对隔代照料概念的界定并不统一。张杨波（2018）依据祖辈和子女在共同育儿中可能出现的摩擦和冲突，将祖辈和子女合作育儿划分为协商式合作育儿、对抗式合作育儿、主导式合作育儿和退让式合作育儿四种照料类型。王晶和杨小科（2017）基于当下隔代照料类型的差异，提出了"候鸟型照料"和"留守型照料"两种隔代照料方式，其中第一种是祖辈前往子女所在地提供照料支持，第二种则是将儿童留守由祖辈照料，两种照料方式都是出于降低儿童照料成本的需要。学前教育与隔代照料之间存在相互替代的作用，因此有研究认为，学前教育对于那些能够获得孩子的祖辈隔代抚育帮助的婚育女性重回劳动力市场可能不会产生太大影响。史薇（2019）通过调查城市双职工家庭对托幼服务的需求发现，祖辈提供照料支持对城市双职工家庭的托幼服务需求有明显的挤出效应，由祖辈提供照料支持的家庭对公共儿童照料服务的需求仅为非隔代照料家庭的32.6%。

图 2-2　放学后祖辈从幼儿园接孩子回家

　　学前教育的价格也是影响女性在生育后能否重新进入劳动力市场的关键因素。工作和子女照料之间的冲突可能会使一部分女性从劳动力市场中退出，减少市场上的劳动力供给，对经济增长产生不利影响。但也有研究表明，如果机构照料的费用较贵，那么女性也有可能为了子女能够获取更优质的教育资源，重新回到劳动力市场以增加收入、维持家庭开支，从而提升女性的劳动参与率（彭雅南等，2021）。因此，即便学前教育能提供安全、有教育性的托幼服务，但其能否满足家庭需求，也取决于很多具体情况，不能一概而论，也有待深入分析。

　　学前教育对于不同经济社会发展水平地区的女性重回劳动力市场的促进作用也存在一定的差异。就不同经济社会发展水平地区而言，经济发达地区产业结构先进，第三产业在地区生产总值中占比较高，对女性就业吸纳能力更强（Ngai et al.，2017），能够为女性提供更多的就业机会与多元化的职业晋升路径，女性在服务业的比较优势也增强了女性进入劳力市场的意愿（刘斌等，2020）。尤其是在经济发达地区的中心城市，女性受教育水平普遍较高，性别平等意识较强，也有较强烈的意愿参与工作。与之相对应，在经济欠发达地区，女性可获得的就业机会较少，即使女性从照顾幼儿的家务劳动中解脱后，她们能够进入劳动力市场就业的概率也低于经济发达地区的女性。因此，学前教育对女性重回劳动力市场的促进作用在经济欠发达地区可能相对较弱。学界对这种地区间的差异虽然有些研究，但是总体比较笼统且不甚清晰，因而该问题也是本书的关注点之一。

第四节　学前教育对投资与消费的拉动作用

经过多年高速增长后，我国经济体系日趋成熟，经济增速开始放缓，步入经济中高速增长的新常态。在国际形势错综复杂的大环境下，2021年3月，十三届全国人大四次会议通过了关于国民经济和社会发展第十四个五年规划和2035年远景目标纲要的决议，提出在全面建设社会主义现代化国家的新阶段要贯彻新的发展理念，加快构建以国内大循环为主体、国内国际双循环相互促进的新发展格局，强调把握扩大内需这一战略基点。

扩大内需是我国经济发展的基本立足点和长期战略方针，而学前教育消费可以开拓国内市场，挖掘和培育新的经济增长点，是激活经济的有效手段，能为经济的可持续增长提供空间。如果能延长学前教育时间，扩大学前教育覆盖面，那么会大幅增加学前教育需求和在学规模。比如，我们每新建一所幼儿园，都会产生大量的基建投资和物资支出，包括教学行政用房、食堂、课桌椅、玩具、图书等，同时儿童因接受学前教育所带来的诸如伙食、交通、学习用品等额外支出，也可看作相应行业（如饮食业、交通运输业、造纸印刷及文教用品制造业）最终需求的增加。除此之外，学前教育需求的扩大还会直接或间接地创造新的就业岗位，例如幼师、保育员、驾驶员等。尤其是实施"双减"政策之后，大量教培从业者进入劳动力市场，增大了教培行业的就业压力，引起社会的广泛关注。而通过发展学前教育的有关产业，可以吸纳有关人员进入学前教育培训行业，能部分缓解相关人员的就业矛盾和压力。

近年来，我国学前教育发展迅速，学前教育教职工人数和在园幼儿数均不断增加，城区、镇区和乡村的园所数均在持续增加。2020年，城区、镇区和乡村的园所数基本持平，城区园所数达到9.5万所，镇区园所数也达到9.5万所，乡村园所数达到10.1万所；城区学前教育教职工达266.7万人、镇区达174.1万人、乡村达79.0万人。这从一个侧面显示，学前教育在我国各层级地区发展很不平衡，乡村学前教育的发展空间还很大。

2010 年之后我国学前教育的迅速发展离不开政府财政投入的重要推动作用。总体而言，2010 之后，我国财政性学前教育经费投入总量和财政性学前教育经费投入占财政性教育经费投入的比例逐年提高，其中，财政性学前教育经费投入从 2010 年的 244.4 亿元增加到 2020 年的 2532 亿元，财政性学前教育经费投入占财政性教育经费投入的比例从 2010 年的 1.7% 提高到 2020 年的 5.9%。从生均经费情况来看，自 2011 年起，学前生均公共财政预算教育经费和生均教育支出经过消费者物价指数（CPI）平减后仍逐年提升，学前生均公共财政预算教育经费从 2011 年的 2488 元提高到 2019 年的 6777 元，生均教育支出也从 2011 年的 4440 元提高到 2019 年的 9969 元[①]。这为我国学前教育规模快速扩大、普及水平稳步提升、普惠程度不断提高，尤其是新建幼儿园数量持续增加提供了重要推动力。但客观来讲，这也表明在 2010 年之前我们学前教育的公共投资不足。如何拓宽学前教育的投资渠道和促进投资主体的多元化也值得我们认真思考。

除了政府投入，民间资本也是学前教育发展的重要力量，我国近六成幼儿园为民办幼儿园。民办幼儿园园所数、教职工数和在园儿童数自 2011 年起持续上升，民办幼儿园园所数从 11.5 万所不断增长到 2019 年的 17.3 万所；2020 年有所下降，为 16.8 万所，占全国幼儿园总数的 57.6%。2020 年民办幼儿园教职工数为 307.6 万人，占全国幼儿园教职工总数的 59.2%。2020 年民办幼儿园在园儿童数为 2378.6 万人，占全国幼儿园在园儿童数的 49.4%。民办幼儿园的快速发展也表明我国学前教育的需求很旺盛。作为一种普惠性、公益性教育事业，学前教育过多依赖民间资本，且其投资主要由民间资本来承担，表明学前教育的投资结构还有待优化。

---

① 2012~2020 年《中国教育经费统计年鉴》，数据以 2011 年为基期进行了 CPI 平减处理。

除了公共投资和民间投资，学前教育还是家庭的重要消费和投资对象，并且已经成为我国教育市场的重要组成部分。根据《2017年中国家庭教育消费白皮书》，2017年，学前教育支出占家庭年收入的26.4%，其中，89.9%的儿童上过辅导班，约10%的儿童每年学费花费在10000元以上。还有一组数据显示，目前我国66.1%的学前儿童每年花费在辅导班的费用为2001~10000元。其中，2001~5000元是我国学前儿童在辅导班花费的主要区间，占比36.1%；5001~10000元区间占比居其次，为30.0%。此外，上海地区的抽样调查显示，参与早幼教培训的家庭每年平均花费更是达到了17832元。由此可见，当下我国家长对于子女学前教育的十分重视，他们都希望孩子能早点开发智力，不希望自己的孩子"输在起跑线"上。目前，民众逐步认同学前教育培训服务消费观念，新一代家长对学前教育的重视和人均收入持续提升，使得学前教育逐步成为家庭教育的必需品，为学前教育市场提供了巨大的发展潜力。事实上，目前与学前教育相关的下游消费需求也很旺盛，学前教育市场规模迅速扩大。很多教培机构对我国学前教育市场发展情况进行了初步统计，有分析报告称，2022年我国幼儿教育市场规模达到5434亿元。其中，幼儿园教育规模为1839亿元，占比33.8%；幼儿培训及服务规模为3595亿元，占比66.2%。[1]还有报告对学前教育市场的发展前景进行了初步预测，认为知识产权是幼儿教育行业企业核心竞争力的主要组成部分，幼儿教育课程和幼儿教育产品的开发以及幼儿培训及服务需要大量具有相应教育背景和技术背景的专业人员，这些人员在未来会转变为学前教育培训人员，形成巨大的劳动力需求。虽然以上统计和预测比较粗糙，但相关行业企业已看到我国学前教育的巨大潜力和前景，跃跃欲试。

另外，居民储蓄的重要动机之一是为子女的教育支出做准备。根据北京大学教育财政科学研究所2017年的调查，全国学前教育和基础教育阶

---

[1] 《中国幼儿教育行业发展前景预测报告（2023-2029年）》，www.chyxx.com。

段居民家庭的私人教育支出已高达 19042 亿元，相当于当年国内生产总值的 2.5%。[①] 国家统计局和中央广播电视台等单位联合开展的《中国经济生活大调查（2019—2020）》显示，教育培训成为我国居民消费的最大热点，2020 年在居民支出排行中位居榜首，占比 32.4%。[②] 有研究表明，提高消费水平和质量、扩大内需是教育拉动经济增长的重要中介机制，其中教育对于提升居民消费能力的传导作用最为突出，无论是以人均教育年限还是生均教育经费加以衡量，或是针对不同层次教育的分析这都已得到证明（闵维方等，2021）。为了满足不断增长的教育需求，教育系统内部也需要配备规模更大、质量更高的教育工作者队伍，建设更多更好的物质基础设施，由此投入的人、财、物也会进一步扩大消费需求和投资需求。

以上分析表明，学前教育对投资和消费的拉动作用比较明显，这方面的研究很多，学界也达成了共识。但我们也要看到，以上分析是比较笼统的，对具体路径的研究也不清晰，需要更精确地测算学前教育的投资乘数效应和对经济增长的贡献率。

---

① 《2017 年中国教育财政家庭调查：中国家庭教育支出现状》，http://ciefr.pku.edu.cn。
② 《中国经济生活大调查（2019—2020）》，https://cj.sina.com.cn。

第五节　学前教育的社会效益

有关学前教育的社会效益的分析已有很多，大量研究表明，在生命早期的营养健康、刺激环境和关爱等会对儿童的身体发育、心理健康和社会发展产生非常重要的影响（Martorell，1997；National Research Council，2000）。如果儿童能得到科学的养育、健康的饮食、及时的医疗保障和良好的学习环境，那么其各方面能力都会得到充分发展，未来也会更容易适应社会环境，成为更有效率的劳动者。研究还表明，接受过学前教育的儿童在之后的教育阶段学业成绩更好、受教育程度更高，青少年犯罪行为更少（Heckman，2006）。通过学前教育进行早期干预有助于解决儿童发育迟缓的问题，所以接受过学前教育的儿童更有可能接受完整的教育、顺利找到工作，并获得稳定的薪资，不但可以为社会创造经济价值、促进经济增长，还能够减少对福利和失业救济等公共援助项目的依赖。高质量学前教育还能够降低犯罪和刑事司法成本，有追踪研究表明，接受过学前教育的个体成年之后从事犯罪活动的可能性较小，这不但降低了犯罪率，还减少了执法、诉讼和监禁相关的政府开支，从而为经济的发展创造和谐稳定的社会条件。基于此，世界主要国家和地区纷纷将提高入园率、全面普及学前教育作为学前教育发展战略的基本方向，致力于扩大学前教育的覆盖面，为有需要的儿童提供学前教育服务。

国外研究显示，发展学前教育还有助于维护社会公平。儿童早期发展情况可以显著影响其之后的人生经历，而良好的家庭环境在幼儿发展成长过程中起着关键作用。家庭生活的质量是决定孩子是否能够处于有利地位的首要因素。然而从全球范围来看，目前还有数亿儿童由于家庭环境对其成长较为不利而无法充分发挥其发展潜能，甚至面临发展滞后的风险，这使得这些儿童与其他儿童在早期发展阶段就存在差距（Naudeau et al., 2011）。联合国儿童基金会（United Nations International Children's Emergency Fund，UNICEF）的报告显示，糟糕的营养条件、不健康的环境和疾病导致中低收入国家中有 2.5 亿名 5 岁以下儿童面临不能发挥其全部发展潜力的风险；在报告涉及的 64 个国家的 2 岁到 4 岁儿童中，有 1/4 未能参与大脑发育所不可或缺的活动，如游戏、阅读和唱歌（《中国教育报》，2017）。詹姆斯·赫克曼在"2018 年儿童早期发展国际论坛"上发表主旨演讲，就儿童早期发展（Early Childhood Development, ECD）质量对分别生活在贫困社区和富裕社区的婴幼儿的重要性的问题进行了广泛和深入的论述（詹姆斯·赫克曼等，2019）。他在演讲中阐明，优势和劣势不仅是由父母的基因决定的，例如一个孩子出生在贫穷的家庭，其父母没有受过良好的教育，但如果这个孩子可以在一个高质量的环境中长大，则完全可以在成年后拥有正常、充实和成功的人生。因此，需要适当的儿童早期发展干预措施来改善儿童成长环境，刺激其发展潜能，缩小不同家庭环境的儿童在早期发展阶段的差距。高质量的儿童早期发展干预可以提高儿童的认知能力和非认知能力，尤其可以改变弱势儿童在社会竞争中"输在起跑线"上的不利地位。投资儿童早期发展等预防性的干预措施，远比投资后期学校教育和成人教育等"补救性"干预措施的收益高，同时也更加有效。在促进社会包容、经济效率和劳动生产率方面，通过资源的预先分配改善弱势儿童的生活，比等到其成年后进行简单的收入再分配有效得多。大量实验证据表明，如果对弱势家庭进行家庭环境的有效干预，可以对家庭中的儿童产生积极且持久的影响。国际上的长短期追踪研究显示，对高风险儿童进行的 ECD 干预对儿童早期发展具有短期显著的积极影响（Aboud et al., 2015；Burger，2010），也会对儿童未来的教育、就业、个人收入和整个社会的犯罪率以及其他社会效益具有长期显著的积极影响（Gertler，2014）。因此，政府出台有关政策将高质量的学前教育向弱势儿童倾斜，投资弱势儿童的早期发展干预，会对整个社会产生巨大影响。尤其是在高风险儿童比例较高的发展中国家，可以通过实施 ECD 项目，为弱势儿童提供高质量的学前教育，从而为个体和社会带来更大的收益（Black 和 Surkan，2010）。

国内研究显示，抓住儿童早期这一大脑发育的关键期开展干预，是阻断贫困代际传递，从而实现全面脱贫的有效手段，对提高农村贫困地区人力资本质量乃至帮农村贫困地区脱贫至关重要。习近平总书记指出，"让贫困地区的孩子们接受良好教育，是扶贫开发的重要任务，也是阻断贫困代际传递的重要途径"；"要对农村贫困家庭幼儿特别是留守儿童给予特殊关爱，探索建立贫困地区学前教育公共服务体系"。近年来，我国政府开始关注儿童营养健康尤其是贫困地区儿童营养健康等与儿童早期发展相关的领域，并采取了一系列行动。国务院出台了《国家中长期教育改革和发展规划纲要（2010—2020 年）》和《国家贫困地区儿童发展规划（2014—2020 年）》，明确了 0~3 岁婴幼儿早期发展的重要性，提出坚持儿童成长早期干预的基本方针，并指出需要对农村儿童给予特别重视。在 2018 年公布的国务院各组成部门的职责中，明确国家卫健委负有"指导婴幼儿早期发展"的职责，国家卫健委在《健康儿童行动计划（2018—2020 年）》中也明确提出，要开展儿童早期发展行动，促进儿童早期发展服务进农村、进社区、进家庭，深入探索以农村为重点的儿童早期发展服务内容和服务模式。2018 年 12 月的中央经济工作会议明确将"增加对学前教育、农村贫困地区儿童早期发展、职业教育等的投入"，并将其确定为 2019 年度的重点工作任务。

全面建成社会主义现代化强国不仅需要实现全面脱贫，而且要实现人力资本的全面发展。2020 年，我国全面建成小康社会的宏伟目标已经实现，在全面解决绝对贫困问题之后，我国还面临相对贫困的挑战。未来中国的高质量发展必然要求劳动力素质显著提高。在新常态下，中国经济增长将从主要依靠要素和投资驱动转向更多依靠技术进步和创新驱动，实现这一转变的关键是提升未来中国劳动力的人力资本质量，而在实现这一历史性转变的过程中，提高农村贫困地区劳动力的人力资本质量是关键。为贫困儿童提供高质量的学前教育既公平又经济有效，从长期来看能够带来更好的教育和经济成果，是提高经济生产率最容易、最具成本效益的方法。因此，从我国的实际情况出发，在已有基础上加大国家在学前教育领域的投入，着力解决占有较大比例的农村贫困地区儿童的早期发展问题，共同促进儿童早期的全面发展，才能从根源上解决人力资本的保障和发展问题。

发展学前教育可以促进个体身心健康，使他们顺利地完成基础教育，进而提高整体国民素质；增加女性劳动力供给，减轻其看顾子女的压力，提升家庭生活的和谐幸福指数。发展学前教育还能够提高全社会的消费水平，缩小贫富差距、维护社会公平，对社会稳定和经济发展乃至地区综合实力与国际竞争力的提高等都具有极其重要的价值。目前社会各界关于发展学前教育的重要性已达成共识，基本肯定了学前教育在以上方面的作用，然而当前量化的研究还较为缺乏，也少有研究通过实证的方式分析和验证学前教育对经济增长的作用。因此本书将在之后的几章中重点通过量化的方式检验以上结论的合理性，研究如何提高学前教育的投入效率，并尽力提出更有效的投入路径和方式。

第三章

学前教育对劳动力素质提高的影响

前文的路径梳理为我们分析学前教育对经济增长的作用提供了理论支撑，其中一条重要的路径就是学前教育可以通过个体生命早期的培养，使其成年后成长为更有能力的劳动者，从而创造出更大的经济价值。生命早期是个人能力发展的关键期，在这一阶段对儿童进行干预可以对其认知能力的发展产生很大的短期效应[①]，但是目前对学前教育长期效应的研究发现尚不确定。本章立足新人力资本理论，在微观层面上，从学前教育培养儿童认知能力与非认知能力，进而提高其成年后劳动力素质的角度出发，分析学前教育的重要作用，不仅关注个体在校的学业表现和能力培养，而且关注其就业后的工作状态和薪资水平。通过分析个体的在学表现以及进入劳动力市场的工作情况，可以对学前教育如何影响劳动力素质进行较为全面的了解。

[①] 文献中通常将学前教育对 10 岁以下的婴幼儿和儿童的影响称为"短期效应"，将学前教育对 10 岁以上少年儿童以及成人的影响定义为"长期效应"。

第一节 新人力资本理论

在人力资本理论框架中，将教育作为认知能力的代理变量是理论的核心，因此对人力资本的有关解释也主要在认知能力范围内。然而在实证研究中发现，仅控制个体认知能力的代理变量并不能充分解释个体收入的所有变化。20世纪90年代后，人力资本理论又取得新进展，形成了以詹姆斯·赫克曼为代表的"新人力资本理论"。

传统人力资本理论认为教育、健康等是个体基于自身能力和外部环境选择的结果，而新人力资本理论在接受认知能力的基础上，将非认知能力纳入人力资本理论的分析框架（Heckman，2000），从而进一步拓展了能力的内涵和外延。与以往的人力资本理论相比，新人力资本理论将能力与教育、健康共同纳入人力资本内容，开辟了"能力形成过程"这个曾经被看成"黑箱"的研究领域，构建了涉及多维能力的广义人力资本分析框架。新人力资本构成要素很宽泛，包括能力（认知能力和非认知能力）、教育（正规教育或在职培训）以及健康（身体健康和心理健康）等。其中能力是核心概念，而教育、健康等因素则会影响能力的形成。能力会受到基因禀赋、环境质量和早期干预措施等因素的影响，所以基于个体生命周期特点和能力形成机制的考量，政府参与、调节个体教育投资的时间应该提前，并将重点放在对早期基础教育的投资上，尤其是放在对弱势家庭幼儿教育的支持和补偿上（李晓曼和曾湘泉，2012）。赫克曼等人特别重视"早期人力资本投资"，强调学前教育和非认知能力的重要性，将教育视为一种着眼于社会整体福利的长期投资。

一 幼儿发展关键期与儿童发育的不可逆性

赫克曼认为人力资本的形成不是均衡的，有特定的敏感期和关键期^①，即个体某些能力在特定时期发展得特别快，对外部刺激的反应很敏感，在个体生命周期的某个特定阶段进行针对性投资，可以获得更高的回报率。大量研究证明，个体发展的敏感期大多出现在生命早期阶段，尤其是学前教育时期（3~6 岁）。这一时期是个体行为习惯、性格、情感和态度的基本形成期，在环境与教育的影响下，儿童逐渐形成和发展对人与事物的情感态度，通过和周围环境的互动，其大脑智力、语言能力、社会情感能力等认知能力与非认知能力均飞速发展，因此学前教育时期是人力资本形成的关键时期，须好好把握。研究发现，随着年龄增长，人力资本的投资回报率会趋于下降，而幼儿期是人力资本投资回报率最高的阶段。在幼儿期，儿童的发展状况会产生持续性影响，该影响甚至会决定个体成年后的社会性、人格发展的方向和水平。在生命早期阶段保障儿童的营养健康、环境刺激和社会关爱，能够对他们的身体发育、心理健康和社会发展等方面产生非常重要的影响。如果个体在生命早期阶段能获得科学的养育、健康的饮食、及时的医疗保障和良好的学习环境，那么其各方面的能力都能得到充分的发展，将来适应社会的能力会更强，成长为高效劳动力的概率更高（王蕾等，2019）。

脑科学领域也有大量关于儿童学前期接受教育重要性的理论和实证研究。学前期是脑的形态、结构和机能发展最迅速的时期，比如脑重增长、大脑皮质发育等直接决定大脑机能的开发。在婴儿出生后的头 3 个月内，脑细胞第一次迅速增殖，其中 70%~80% 在 3 岁之前形成，而 7 岁之前脑发育速度最快（庞丽娟等，2003）。神经突触与智力水平存在线性关系，即神经突触越多，学习能力越强（刘丽，2014），而研究表明，人脑神经突触发育在出生后会持续发育到 2~3 岁，然后下降，并在 10 岁左右达到成人的水平。因此个体发育存在关键期，一旦错过则不可逆转，只有

---

① 若个体的某一方面的能力在某一段时期投资回报率较高，则这段特殊的时期就称为该能力发展的关键期；若个体的部分能力发展的关键期集中出现在某一段时期，则这段时期就称为个体发展的敏感期。

在正确的阶段接受正确的教育，才能确保个体的认知能力得到充分发展，使其获得更高的受教育水平，进而成为更有能力的劳动者。所以，推动学前教育发展并覆盖更多幼儿，有其必要性、科学性、紧迫性和现实价值。

二 技能能力理论和赫克曼曲线

赫克曼提出的技能能力理论是论证学前教育投资意义的重要理论，他指出，分析人力资本政策时通常会有这样一个认识（Heckman, 2000），即人的能力在很早就已定形，但其实这种认识是较为片面的。他认为在个体生命周期早期，基本能力是可以被改变的。据此，赫克曼提出了技能能力理论，认为个体的能力与技能并不是一成不变的，而是一个动态互补、相互促进的过程（Heckman et al, 2016）。早期技能和后期技能是协同作用、相互促进的，比如，儿童早期的自我控制能力和情感安全能力会促进其后期求知欲及认知能力的发展。技能能力理论告诉人们，儿童在某一时期获得的能力不仅对后期的其他能力发展有帮助，还可以自我强化。

根据赫克曼的技能能力理论，技能发展是贯穿人一生的，初始来自遗传，成长时受环境、家庭和学校的影响，成年后就反映在社会参与、收入和教育获得等诸多方面。能力产生于各种学习场合，同时会进一步促进学习。一个人的能力越强，掌握的技能就越多，而掌握技能越多也就越有能力。因此，学习要从小开始并持续到一生，唯有持续不断地学习，才能最有效地提高人的技能。如果幼儿没有掌握足够的技能和动力去学习和参与生活，那么其长大后就很难融入社会和经济生活。技能能力理论告诉人们，学前教育需要持续追加投入，不能间断。

赫克曼认为在个体的技能发展中，早期人力资本投资有重要影响；另外，环境、父母投资和学校教育等都会对个体的技能产生影响，最后形成社会情绪能力、认知能力和非认知能力三个方面的技能。出生时的认知技能、社交技能和情感技能并不是永久性的，不完全由遗传因素决定，可以通过父母和社会的投资来提升。早期人力资本投资回报率高的原因一方面是早期投资的回报期长，另一方面也在于提高了后期投资的效率，产生"技能集聚效应"（The Effect of Skill begets Skill）（Heckman et al., 2007），即个体在早期得到的技能不仅能积累本期人力资本，还能积累后期学习的技巧，提高后期人力资本的产出效率或降低后期投资的成本，进而对人生产生长期、持续性影响。因此，学前教育的重要性不仅体现在提升儿童学前期的综合素养，还可以通过学前教育形成对后续教育阶段的积累效应，提高下一期技能获取的能力（吴春颖等，2020）。

由此，赫克曼提出了著名的"赫克曼曲线"（Heckman Curve），该曲线显示了对儿童生命周期不同阶段进行人力资本投资的回报率（见图3-1）。该曲线显示，越早投资儿童的教育，回报率就越高（赫克曼等，2019）。"赫克曼曲线"启示我们，假设对一个能力既定的个体的每个年龄段实施相同的投资量，那么在其他条件相同的情况下，早期人力资本投资回报率始终高于晚期的回报率。因此，我们要重视和利用"技能集聚效应"，在生命周期早期阶段就加大投资。

以赫克曼为首的新人力资本理论的支持者将非认知能力纳入人力资本理论，他们认为能力、教育和健康都是人力资本的构成要素，这里的"能力"既包括认知能力，也包括非认知能力。具体来看，认知能力（Cognitive Ability）包括智力、记忆力、问题解决能力和语言能力四个方面，主要反映为个体的学业成绩更优秀、智力发展更到位，描述的主要是人的"智商"；非认知能力（Non-Cognitive Ability）目前还没有一个准确的定义，但主要体现在责任心、自尊心、自律等人格特征方面，如人际关系良好、自控力更强、更具自信心等（Heckman et al., 2016），描述的主要是人的性格。学前教育对儿童的身心健康、习惯养成、智力发展具有重要意义，接受学前教育可以让儿童在认知能力和非认知能力方面得到较好发展，使个体产生长期受益。高质量的学前教育能够提升儿童的好奇心和求知欲，帮助他们养成良好的学习习惯和品质，推动其社会性品格发展，提升个体的认知能力和非认知能力，进而在未来实现高质量人力资本的积累，促进经济增长。

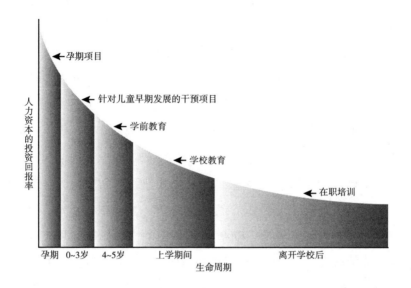

图 3-1　赫克曼曲线

三　认知能力与非认知能力对个体的重要意义

大量实证研究表明，个体的认知能力对其整个生命周期的社会经济结果和行为具有重要影响。在青少年时期，认知能力会影响个体获得教育的机会和学业表现，与早恋及越轨等行为也存在一定关系（黄国英和谢宇，2013）。在成年时期，认知能力会影响个体的受教育水平（Spence，1973；Griliches et al.，1972）、职业选择、工作经验，甚至影响体成年后的职业地位（Robert et al.，1996）与收入（Blackburn et al.，1993；Ferguson，1993；Heckman，2006），可以依据认知能力预测个体成年后的犯罪率及社会经济各方面的表现（Heckman，2000；Murnane et al.，1995）。

上文提到，非认知能力独立于认知能力，与数学、阅读和理解等与认知能力相关的能力不同，它可以通过个人素质和个性特质来衡量，比如坚持能力、时间管理能力、风险规避能力及自我控制能力等。目前，非认知能力在不同学科有很多界定：在劳动经济学领域，非认知能力被视为与认知能力相对应的个体特质；在心理学领域，非认知能力是指一种比较稳定的思想、情感和行为方式；而在教育学领域，非认知能力被认为是一种非智力因素，需要通过观察各种行为进行衡量（王春超和钟锦鹏，2018）。许多学者对非认知能力在个人发展过程中的重要作用进行了研究。在青少年时期，非认知能力可以增强学生的求知欲，使其在学习的过程中更加开放包容，可以有效、积极、快速地获取认知能力（Cunha et al.，2008；Knudsen et al.，2006）。如果非认知能力欠缺，那么即使认知能力发展良好，学生也不能取得理想成绩，学生能否升入重点中学和大学更是与其非认知能力有关（郭庆科等，2009）。进入劳动力市场后，非认知能力依然会对个体的薪资产生影响。乐君杰和胡博文（2017）利用中国家庭追踪调查（China Family Panel Studies, CFPS）数据分析发现，非认知能力对劳动者的工资收入具有显著的正向作用，其重要性甚至高于受教育年限。黄国英和谢宇（2013）发现非认知能力对劳动者收入差异的解释作用独立于认知能力，非认知能力对劳动者收入的影响更大。Bowles 等人（2001）提出了以"诱因型偏好"（Incentive Enhancing Preferences）来讨论非认知能力与收入分配之间的关系，在这一理论框架内，"诱因型偏好"突出的个体对工作更加投入、更善于团队合作、更值得信任以及呈现出其他雇主易于发现的特质，从而更容易在职场获得优势。

综上所述，从长期看，认知能力与学习能力高度相关，因此可以对个体受教育机会的获得和学业表现产生重要影响；工作之后，认知能力强的人可以掌握更多的工作技能；成年后，他们接受教育、培训和就业的机会更大，工作能力更优秀，工作态度更积极，收入也更高（Heckman，2000）。非认知能力也会对个人产生深远影响，具体体现在培养个体的良好品德和性格特征，降低青少年的吸烟率、犯罪率，通过影响认知能力干预其学业表现，进而提高其成年后的受教育水平和工资水平。当前，人们也意识到非认知能力的重要性，比如现在推行的"双减"政策，强调文化课以外的学习，就更注重非认知能力的培养与发展。

卡片 3.1　学前教育是提升国民素质的奠基工程

从世界各国教育发展的一般规律看，对学前教育的重视程度与国家发展水平尤其是教育发展水平紧密相关。经济越发达的国家，越重视学前教育，也就赋予学前教育越大的支持和越多的保障。随着人类进步和文明发展，重视学前教育将会成为全世界教育工程的重要趋势之一。这是因为，学前教育意味着"人之初"的教育，而对"人之初"的教育则是社会、国家和世界进步的标志，是影响未来国家之间竞争和发展的因素之一。对于当代中国而言，学前教育是提高国民素质的奠基工程，也是建设社会主义教育强国的必经之路。

抓好学前教育是发展儿童素质的题中之义。全国人大代表陈佐东认为，学前教育不能只看教学内容，重要的是教学方法。"幼小衔接"的关键在于培养幼儿的自理能力和生活习惯，在交流与合作中激发他们的认知能力和活动能力，使他们养成健全的人格。从儿童时期就应当抓紧抓好素质教育，特别是要抓住儿童发展的敏感期。抓住儿童发展的敏感期和关键期，会对儿童后续各方面发展产生重要影响。从国民教育体系的良性循环和高效发展看，抓好学前教育有着十分重要的启蒙意义和起始价值。

抓好学前教育是提升国民素质的奠基工程。每一位具有高尚品德和良好素养的成人都离不开其在幼儿时期所接受的良好素质教育，学前教育是国民教育体系的一部分，会对国民素质养成产生影响。只有把学前教育抓好了，国民教育体系才更加完整，国民素质才能够获得更坚实的基础。

资料来源：宇文紫琪《文摘报》2021 年 4 月 20 日。

第二节 学前教育对认知能力和非认知能力的影响

一 学前教育对个体认知能力的影响

1. 学前教育对个体认知能力的长期影响

学前期是儿童好奇心、想象力等认知能力形成的关键期（Duncan et al., 1997），且学前教育的影响具有累积性，即早期技能的形成可以提高下一时期技能获取的能力（Borghans et al., 2008），因此通过学前教育对个人能力进行干预关乎其早期人力资本的积累，会对其后期发展产生影响。在实证研究中，学者通常用学生取得的学业成绩或者智力（IQ）测试结果来度量其认知能力。赫克曼等人发现，美国高瞻/佩里学前教育项目对受干预儿童的学业表现具有长期影响。坎贝尔和雷米（1995）对美国卡罗来纳州的初学者项目（Carolina Abecedarian Project, CAP）进行的一项研究发现，8岁和15岁的实验室组对象的智商测试结果比对照组高0.33个标准差（Heckman et al., 2013）。洛布等（Loeb et al., 2007）基于美国早期儿童纵向调查（ECLS）的数据，使用PSM和工具变量法解决模型内生性，发现有学前教育经历的学生在数学和语文测试中的成绩更佳。戈姆利等人（Gormley et al., 2008）针对美国儿童是否接受学前教育的研究发现，即使控制了父母的受教育水平、家庭收入、种族等变量因素，学前教育也会影响儿童的学习成绩，接受过学前教育的儿童在词语识别、拼写和问题解决能力等方面都表现得更突出。柏林斯基（Berlinski）等人利用阿根廷小学的数据研究学前教育对小学生成绩的影响，发现学生接受学前教育的时间每增加1年，学生成绩可以提高8%。

国内考察学前教育对个人认知能力影响的研究起步较晚，但也基本认为学前教育可以提升个人认知能力和学业水平。罗仁福等人（Luo et al., 2012）通过对分布在三省六县农村家庭的 505 名儿童的调查发现，接受过正规学前教育的儿童的认知能力发育显著高于未接受学前教育的儿童。学前教育对儿童的数学学习和语言发展产生显著影响（刘焱等，2013），学前教育参与率每提高 1 个百分点，可以带动数学素养增值和抗逆比分别提高 1.4% 和 4.0%（唐一鹏等，2016）。陈纯槿和柳倩（2017）在控制了选择性偏误和家庭背景变量后，对上海 5177 名学生的情况进行了分析，发现接受学前教育对 15 岁中学生的数学、阅读和科学素养等学业成绩和能力都有显著的正向影响，而且接受 1 年以上学前教育的学生的学业成绩明显更好。涂荣珍等（2017）使用中国教育追踪调查 (China Education Panel Survey, CEPS) 数据考察了学前教育对初中生学业成绩和留级率的影响，发现学前教育的作用具有长期性和普遍性，不仅对初中学生的成绩有积极影响，而且对初中学生留级率具有显著的降低作用。袁玉芝和赵仪（2019）利用倾向得分匹配法（PSM）和倾向得分加权匹配法（RPSM）分析，发现接受学前教育对提高学生的认知能力具有较大的影响，学前教育经历能将初中生的认知能力提高 0.220 个与 0.239 个标准分，由此建议设立更多普惠性幼儿园，让更多儿童有机会接受学前教育，提高学前教育质量。方超和黄斌（2020）的研究发现，接受过学前教育的青少年和未接受过学前教育的青少年在学业表现、家庭特征与个体特征等方面存在一定差异，学前教育经历对于提高初中生在学期间的学业水平具有积极意义。

2. 学前教育对于认知能力和学业表现的影响机制

尽管学者普遍认为接受学前教育可以提高学业成绩，有助于认知能力的培养，但其背后的影响机制仍需深入分析。关于学前教育对认知能力和学业表现产生长期影响的原因，赫克曼（2006）给出了相关的解释，他分析总结了早期发展干预研究的四个核心要点：一是大脑结构和能力的形成是遗传基因与环境相互作用的结果；二是后天获得的能力取决于以往的能力积累；三是认知能力和非认知能力相互作用；四是能力发展存在可塑性最强、最易受环境影响的敏感期。有学者认为，个体在学前教育中掌握拥有知识和技能的经验、了解学习及解决问题的具体方法后，能够在今后的学习和工作中胜人一筹（Barnett, 1992），因此可以获得更优的学业表现和更高的受教育水平。Rindermann 和 Thompson（2011）指出，认知能力能够增强个人对概念和因果关系的理解，进而增强个人的洞察力、远见和理解力，将来获得的工作质量更高、健康状况更好，在日常生活中的决定也更合理。因此，学前教育发展干预项目的成功除了归功于家庭和学校的支持，更重要的是因为在学习过程中形成的认知优势（Reyholds et al., 2011），而学业成绩作为认知能力的重要指标之一也相应得到提高（Farkas, 2003）。

学业表现是认知能力的重要表征，但也有学者认为，学前教育提高学业表现的原因可能不仅是形成了认知优势，还提高了儿童对正规教育的适应性，这也是让其赢在"起跑线"上的重要原因之一。Reynolds 等（2011）发现，接受一年或两年学前教育的儿童比未接受过学前教育的儿童具有更高的适应能力。1990~1994 年中国教育部和联合国儿童基金会合作研究"幼小衔接"问题时发现，与未受过学前教育的儿童相比，接受过学前教育的儿童往往能更顺利地入学，辍学率更低。Rao 等人（2012）发现上过幼儿园或学前班的儿童在入学准备、阅读、数学等表现上显著优于未接受过学前教育的儿童。学前教育可以使儿童做好入学前准备，这种准备包括身体、情感、学习适应、社会适应等方面，从而使其能更顺利地实现由学前教育向小学的过渡。

由此可见，学前教育对于认知能力和学业表现的影响机制：学前教育通过影响儿童认知能力的发展，帮助儿童做好接受正规教育的准备，使其入学后能有更优异的学业表现，进而对个体发展产生长远影响。

3. 学前教育对认知能力发展的深入讨论

随着相关研究的不断推进，很多学者对学前教育对个体认知能力是否存在长期影响提出了质疑。尽管大量研究证实学前教育对个体认知能力有长期影响，但该影响的持续力度到底如何在学界仍存在较大争议。很多学者认为，尽管学前教育会使儿童在短期内获得快速进步，但从长期看学前教育对于个体认知能力的影响会随着年龄的增长而削弱。赫克曼根据高瞻/佩里学前教育项目的冲击效应，研究了学前教育对个体的长期影响，也得出了相似结论，即早期发展干预项目导致的智商发展效应会逐渐消减。Zhang（2017）利用 CEPS 的数据分析学前教育能否提高初中生的认知能力，结果发现学前教育能增强七年级学生的认知能力，但对九年级学生的认知能力增强效应减弱。贾晋等（2018）研究则发现，学前教育经历对提高学业成绩、认知能力以及社交能力具有积极影响，但对探索求知、语言表达以及健康等方面未能表现出显著影响，部分教育效能会随学生年级升高而消减。

另外，还有很多学者对学前教育的影响进行了更细致的探讨，发现这种影响也可能会因儿童接受学前教育的年限以及学前教育质量的不同而存在差异。Li 等（2016）以浙江的样本为基础，从幼儿园教育质量方面考察了学前教育经历对幼儿语言、数学和社会认知能力的影响，发现它们之间存在显著的关系。Rao 等人（2012）发现，学前教育会对学生的语文成绩和数学成绩产生显著的正向影响，并且这一正向影响会随学前教育质量的提高而提高。周垚（2020）的研究也得到相似结论，其发现这一正向影响对不同阶层学龄儿童的教育结果存在差异。

当前我国学前教育的最大差异发生在城乡之间。基于中国家庭追踪调查数据的几项研究发现，农村儿童和青少年的认知能力水平显著低于城市同龄人。有研究认为，城乡儿童之间的能力差异甚至在更早的阶段就已出现了（Luo et al.，2012）。还有学者使用 Blinder-Oaxaca 差异分解城乡儿童认知能力差异的形成原因，发现学前教育差异是导致城乡初中生认知能力差异的重要原因，它可以解释七年级城乡学生认知能力差异的28%~44%

（郑磊等，2019）。

对于接受学前教育的年限是否会对学前教育的效果产生影响，目前还没有定论。不过通常认为，接受学前教育好于未接受学前教育，接受完整的学前教育好于接受不完整的学前教育。陈纯槿和柳倩（2017）根据国际学生评估项目（PISA）2012 年的上海数据研究发现，接受一年以上的学前教育可以使学生的数学成绩、阅读成绩和科学素养成绩分别提高 8.11%、6.08% 和 4.81%。李玲等人（2020）发现，相对于接受学前教育年限这一变量，是否接受学前教育这一变量对学生的影响更大，接受学前教育的影响大于未接受学前教育的影响。

以上研究主要分析了是否接受学前教育以及接受学前教育年限对儿童影响的差异。随着我国学前教育快速发展，入园幼儿数量不断攀升，学前教育面临的已不是规模扩大的问题，而是质量提高的问题。优质幼儿园的课程设置更科学，生师比更低，活动空间更充裕，餐饮和教具更卫生，儿童的身心体验更好，从中获益更多。如何促进我国学前教育从规模扩张向高质量发展转变是当前亟待解决的重要问题之一，需要深入研究和探索，这也是本书重点关注的问题。

二　学前教育对个体非认知能力的影响

1. 学前教育对个体非认知能力形成的影响

与认知能力的研究相比，学界对非认知能力的研究起步较晚，且研究数量较少。目前学界对于非认知能力具体包括哪些内容以及如何测算等还没有达成统一的认识，衡量非认知能力比较权威的方法是由 Goldberg（1990）提出的"大五人格测试"（Big Five Personality Measures）。该方法作为一种心理测评法，被广泛地运用于教育学、心理学和经济学等众多学科领域。所谓大五人格测试，是指通过自评或他评问卷来量化学生的开放性（Openness）、责任心（Conscientiousness）、外向性（Extraversion）、宜人性（Agreeableness）以及神经质性（Neuroticism）（见图3-2）。

开放性：具有想象、审美、情感丰富、求同存异、创造力、智慧等特质。

责任心：具有胜任本职工作、公平正义、条理清晰、尽职尽责、自律、谨慎、克制等特质。

外向性：表现出热情、果断、活跃、冒险、乐观等特质。

宜人性：具有随和、利他、直率、谦虚等特质。

神经质性：具有焦虑、敌对、压抑、冲动、脆弱等特质。

图3-2　大五人格测试

目前不少研究以大五人格测试为衡量非认知能力的因素，但并不限于此，只要是与创造力、好奇心、审美能力、组织能力、责任心、办事效率、积极向上等特质有关的因素，都被学者用来分析非认知能力（方晨晨，2018）。

　　研究表明，形成非认知能力要经过多个时期，可塑期比较长，其中儿童早期是非认知能力获得的重要时期（Coneus et al., 2014）。学前期既是培养儿童主动性、良好个性、责任心、自尊心、自制力的敏感期（朱智贤，2003），又是好奇心、求知欲、想象力和社会性等品质形成的敏感期。尤其是在学前期参加的各种游戏活动（见图 3-3）不仅对非智力因素的培养具有重要影响，还对提升儿童非认知能力具有显著作用（沈德立，1997）。Andersson（1992）发现参加过公共幼儿看护项目的学生往往表现得更加独立和自信。赫克曼等（Heckman et al., 2006）认为高瞻/佩里学前教育项目的主要作用是提高了儿童的非认知能力。Duncan 等人（2007）发现儿童早期培养稳定的情绪可以提高个体后期的探索研究能力。Cunha 等人（2008）的研究进一步表明，对于非认知能力的干预越早越好，特别是对弱势儿童群体，最好多在儿童的早期阶段就进行干预。

图 3-3　儿童在幼儿园操场上做游戏

2. 学前教育对非认知能力的长期影响

学前教育对于个体非认知能力具有长期影响，可以持续至个体青春期甚至之后，对其在校表现和人格塑造都具有重要意义。有研究表明，学前阶段是培养儿童主动性、责任心、自制力等非认知能力的敏感期，良好的学前教育可以帮助个体形成良好的性格和稳定的情绪。因此，早期发展干预的真正成功不但在于提升了个体的智商，也在于增强了他们的非认知能力（Heckman et al., 2006）。赫克曼和劳特（Heckman and Raut, 2016）利用结构动态规划模型研究了美国青少年纵向调查数据（National Longitudinal Survey of Youth, NLSY），在对学前教育对个体能力发展的影响进行分析后也证实了这一观点，即学前教育对个体的非认知能力有很显著的影响。

非认知能力还有一个重要组成部分——自我效能感（self-efficacy），是指对自身能否成功完成某种行为的确信程度以及进一步付出努力的程度和坚持时间的长短的感知（Bandura, 1977），简单来说，自我效能感就是个体对自己能够取得成功的信念。一般情况下，成功经验会增强自我效能感，而反复失败则会降低自我效能感。自我效能感越高，个体就越自信，也越有动机和决心应对困难和挑战。正因为如此，有学者认为，教育的长期收益应在于良好学习态度的养成、自信心的成长以及目标导向的形成，因此学前教育的重要作用其实体现在增强儿童的进取心和自我认知的形成和发展（Cox, 2000）。由此可以认为，学前教育不仅对儿童认知能力产生影响，还可以帮助儿童积累丰富的经验，进而形成解决问题的能力（Crandall et al., 1968），提高儿童的自信心，从而使其树立正向积极的自我形象。Gormely 等人（2008）发现参与早期学前教育干预项目的儿童能表现出更大勇气和更高注意力，而且这一效应对低收入家庭的男性儿童更加明显。Chetty 等人（2011）也发现了学前教育对非认知能力的长期影响，比如对美国幼儿园大班开展的高质量教育能有效减少学生的破坏性行为。Sammons（2010）发现学前教育对儿童的多动症、自律等行为具有长期影响。此外，他还发现优质的学前教育会对个体产生长期影响，该影响可以一直持续到个体 16 岁的时候，持续影响其非认知能力。

社会交往能力也是非认知能力的一个重要组成部分。莫斯和蒂利（Moss 和 Tilly, 2005）曾指出，团队融入与合作能力、人际交往能力在职场中意义重大。美国人口调查局和教育部开展的一项调查发现，雇主在雇用新员工时会将他们的人际交往能力纳入考量（Bowels et al., 2001）。优质的学前教育能为儿童提供培养社会情绪方面技能的机会，例如对新事物的开放性、责任心、外向性、宜人性、神经质性等，有助于提高他们的社会交往能力，促进个人和社会进步。有学者指出，如果早期学前教育的质量较高，儿童积极地参与和其他儿童或成人的互动，则有助于提高他们未来的社会适应性，提高社群融合度，避免社交障碍（Barandiaran et al., 2015）。法国学者发现，参与学前教育有助于促进儿童的社会情绪发展，更好地适应新环境（Belleyguier et al., 1996）。Reynolds 等人（2004）也发现接受一年或两年学前教育的儿童拥有更强的适应能力。

这一结论放在中国也适用。彭俊英等人（2011）发现有过学前教育经历的儿童在校期间能更容易得到周围同学的认可，而且可以降低留级的可能性。国内很多学者基于 CEPS 数据进行非认知能力发展的相关研究。Gong 等人（2016）利用 CEPS 数据评估学前教育对农村儿童（10 岁及以上）发展的长期影响，指出学前教育对 11~15 岁儿童的社会情绪技能有明显影响，表现为接受过学前教育的学生比没有接受过学前教育的学生多拥有 1.32~1.53 名朋友，前者比后者担任班干部的概率高 11~17 个百分点。龚欣和李贞义（2018）利用 CEPS 基线数据，运用 PSM 分析了学前教育经历对我国初中生非认知能力的影响，实证分析发现，接受学前教育的经历对初一和初三的学生的思维开通性、自律性和朋友质量有统计学意义上的积极影响，具有缓解消极情绪的效果。

目前关于学前教育对个体成年后非认知能力影响的研究也有了一些积累，比如《推动社会进步的技能：社会和情感技能的力量》一书发现，在美国，社会和情感技能的早期发展情况能够较好地预测个体大学能否毕业，而且这项技能会一直对其进入劳动力市场后的表现产生影响（唐科莉，2015）。高瞻/佩里学前教育项目也证实了这一结论，该项目将样本儿童随机分为实验组和对照组，并通过参与学前教育计划的方式，对儿童的跟踪调查一直持续到40岁，发现学前教育早期干预虽然不能提高儿童的智商，但能有效提高儿童的学习成绩和社会技能。

总体而言，当前国外的研究对学前教育如何影响个体认知能力和非认知能力已经有了较多积累经验，但有关个体认知能力的研究大多集中在个体的基础教育阶段，有关个体非认知能力研究的指标体系构建还较为零散。国内的学前教育定量研究起步较晚，而且大多使用CEPS数据，关注学前教育对个体初中学业表现的影响，而学前教育对个体初中以后教育阶段的学业表现、未来受教育程度、成年后薪资水平等方面的影响还有待深入研究。

第三节　数据来源、变量说明与描述性统计

一　数据来源

本章使用的数据主要来自中国家庭追踪调查（CFPS）数据。该调查由北京大学中国社会科学调查中心实施，是一项全国性、大规模、多学科的社会跟踪调查项目。CFPS 数据库样本涵盖 25 个省份，样本覆盖范围很广，可视为全国代表性样本，包含社区问卷、家庭问卷、成人问卷和少儿问卷四种主体问卷类型。[①]CFPS 以 2010 年为基线进行追踪调查，目前可得数据的最近年份为 2020 年，一共 6 期数据，目标样本规模约为 16000户家庭，调查对象包含样本家庭中的全部家庭成员。

CFPS 是对全国范围内的家庭进行调查，借助每个调查对象独一无二的身份 ID，可以对其 2010~2020 年这 10 年的发展情况进行跨期分析。为了尽可能延长跨期时间，本章的数据选择 CFPS 中 2010 年的儿童问卷以及2020 年的成人问卷，共得到追踪样本 5007 个。这些样本均在 2010 年的少儿追踪问卷调查中回答过与学前教育有关的问题。根据 CFPS 的相关要求，每期少儿问卷的样本年龄为 0~15 岁，因此以调查开始的年份 2010 年为最早年份，截至 2020 年，可获得追踪数据的样本年龄为 10~25 岁。按照受教育阶段划分，2020 年的受访者包含小学、初中、高中、大学四个阶段，另外也有部分样本已经进入劳动力市场，因此样本中也涵盖了部分已工作个体的数据。本章将选取 3 个最有代表性的阶段对个体进行分析，分别是高中阶段，高等教育阶段和工作阶段。

---

① 问卷详情参见 http://www.isss.pku.edu.cn/cfps/wdzx/tcwj/index.htm。

二　变量说明

考虑到处于不同阶段的个体有其特殊性，因此本章将针对不同阶段的对象选取不同的变量分别进行描述性统计，并根据不同阶段的变量特征选择适合的模型进行回归分析。

1. 高中阶段

学前教育能够影响个体的认知能力，而认知能力最直观的体现就是学业表现。高中阶段位于基础教育的末端，高中生的学业表现可以直接决定其高考成绩，高考成绩则会决定其能否接受高等教育和接受何种高等教育，进而影响个体的未来劳动力素质和劳动生产率，因此学业表现是衡量一名高中生优秀程度的最重要指标之一。鉴于不同学校和地区的高中生考试分数难以横向比较，而学生高考时往往是和本地的同龄人竞争，所以本章选用最近一次大考在年级/班级中的排名来衡量个体在所处群体中的位置。当前很多学校通过在学校内部设置重点/示范班的方式分层教学，把学生按成绩高低分成重点/示范班与普通班，如果进入重点/示范班，则往往说明学生学业表现更突出；学校通常也会将优质师资等教学资源向重点/示范班倾斜，反过来又会促进重点/示范班学生学业表现的提升。因此本章将以调查对象是否在重点/示范班、班级排名和年级排名为因变量。当因变量为"是否在重点/示范班"时，需要额外控制其所在的学校是否是重点/示范校，以及班级人数；当因变量为"年级排名"和"班级排名"时，则需要额外控制学生所在年级或班级的人数。

由于学前教育可以提升个体的认知能力进而影响其学业表现，因此本章将从不同维度衡量学前教育对高中阶段学生学业表现的影响。考虑到不同地区的学前教育质量难以比较，因此本章的核心解释变量设置为"是否接受过学前教育"，如果接受过学前教育，则意味着该个体在上学前已经为正规教育做了准备，而且在21世纪初学前教育尚未实现全覆盖的情况下，某家庭若支持孩子接受学前教育，则说明该家庭更加重视教育，同时具有一定的经济实力。为了控制个体特征，本章参考已有文献，选取了一组控制变量，在个体特征方面，选择了年龄、性别、健康程度和教育期待；在家庭特征方面，选择的是父母受教育程度、户口类型、家庭所在地区、家庭年收入的分位数（其家庭收入在所有家庭中所处的百分比分位数）以及家庭资产的对数。高中阶段变量说明见表3-1。

表3-1 高中阶段变量说明

变量类型		变量说明	
被解释变量	高中阶段学业表现	是否在重点/示范班	是=1，不是=0
		班级排名	班级排名前10%=1，11%~25%=2，26%~50%=3，51%~75%=4，后25%=5
		年级排名	年级排名前10%=1，11%~25%=2，26%~50%=3，51%~75%=4，后25%=5
		是否在重点/示范校	是=1，不是=0
核心解释变量	个体接受学前教育情况	是否接受过学前教育	接受过学前教育=1，没有接受过学前教育=0
控制变量	个体特征	年龄	受访者接受调查时的年龄
		性别	男性=1，女性=0
		健康程度	"非常健康""比较健康""健康"=1，"一般""不健康"=0
		教育期待	不必念书=1，小学以下=2，小学=3，初中=4，高中/中专/技校/职高=5，大专=6，本科=7，硕士=8，博士=9
	家庭特征	父母受教育程度	文盲/半文盲=1，小学=2，初中=3，高中/中专/技校/职高=4，大专=5，本科及以上=6
		户口类型	城镇家庭=1，农村家庭=0
		家庭所在地区	东部地区=0，中部地区=1，西部地区=2
		家庭年收入的分位数	其家庭收入在所有家庭中的百分比分位数，最低25%=1，中下25%=2，中上25%=3，最高25%=4
		家庭资产的对数	同基期可比家庭资产数量的对数，包括金融资产和非金融资产

续表

变量类型		变量说明	
控制变量	就读班级和年级规模	班级人数	该学生所处班级的总人数
		年级人数	该学生所处年级的总人数

资料来源：CFPS 问卷中的题项设置，全书同。

2. 高等教育阶段

在高等教育阶段，个体能力分化已然产生，通过高考的筛选，素质更高的一部分学生将接受高等教育。我国高等教育分为本科院校和专科院校，一般来说，进入本科院校的学生高考成绩更加出色，而提供本科教育的学校往往有着更优质的教育资源和培养质量。本科毕业的学生获得了更长的受教育年限，能力和素质得到了更多提升，这在当前国内的劳动力市场中往往意味着更高的劳动生产率和薪资水平（闵维方等，2006）。实证研究表明，教育层次对毕业生在不同岗位中的工作机会和起薪有显著的影响，本科院校毕业的学生比专科院校毕业的学生薪资水平更高，找到工作的概率也更大（丁小浩，2004）。

本章将是否就读于本科院校作为高等教育阶段的主要因变量，考察接受学前教育对于学生考取本科院校的影响。大学生的在校表现反映的是学生的综合素质和能力，指的是大学生在大学学习和生活过程中的全面发展程度。学习成绩尤其是专业排名是衡量大学生学业成绩的重要指标，然而就评估标准来讲，在校表现不应该仅仅用学业成绩来衡量，还应包括认知水平、社会活动、自我评估等诸多方面（李宪印等，2016），这些都可以显示出个体的非认知能力。因此在高等教育阶段，除了学生毕业院校的层次，其在本专业的排名、是否担任学生干部或社团负责人等是衡量个体认知能力和非认知能力的重要表现，也是影响其就业的重要因素（李炜和岳昌君，2009；李军凯，2012）。在本专业的排名是表示个体专业知识水平的客观指标，也是在求职过程中用人单位衡量学生在校表现的重要依据；

而担任学生干部或社团负责人是锻炼学生能力的重要方式，可以提升学生的组织和领导能力，帮助他们在就业中获得优势。因此本章将在学业表现（专业排名）的基础上，加入该学生是否担任学生干部或社团负责人这一变量来衡量个体的综合素质。

在核心解释变量方面，依然选择"是否接受过学前教育"，考虑到高等教育阶段学生接受学前教育的比重可能更高，因此还在此基础上加入个体"是否接受了完整的学前教育（3年）"这一变量来对学前教育情况进行细分。同时为了控制个体特征，在模型中纳入若干控制变量，在个体特征方面，选择了年龄、性别、健康程度和教育期待。研究表明，家庭经济和文化资本将对学生的受教育机会产生影响，因此在家庭特征方面，本章选择了父母受教育程度、户口类型、家庭所在地区、家庭年收入的分位数（家庭收入在所有家庭中的百分比分位数）以及家庭资产的对数等变量。由于专业排名和是否担任学生干部会受到本专业学生人数的影响，故而在研究中还加入了所在专业人数这一变量，高等教育阶段变量说明见表3-2。

表3-2 高等教育阶段变量说明

变量类型		变量说明
被解释变量	高等教育阶段在校表现	是否为本科院校	是=1，不是=0
		专业排名	专业排名前10%=1，11%~25%=2，26%~50%=3，51%~75%=4，后25%=5
		是否担任学生干部或社团负责人	是=1，不是=0
核心解释变量	个体接受学前教育情况	是否接受过学前教育	接受过学前教育=1，没有接受过学前教育=0
		是否接受了完整的学前教育（3年）	是=1，不是=0

续表

变量类型			变量说明
控制变量	个体特征	年龄	受访者接受调查时年龄
		性别	男性 =1，女性 =0
		健康程度	"非常健康""比较健康""健康"=1，"一般""不健康"=0
		教育期待	不必念书 =1，小学以下 =2，小学 =3，初中 =4，高中 / 中专 / 技校 / 职高 =5，大专 =6，本科 =7，硕士 =8，博士 =9
控制变量	家庭特征	父母受教育程度	文盲 / 半文盲 =1，小学 =2，初中 =3，高中 / 中专 / 技校 / 职高 =4，大专 =5，本科及以上 =6
		户口类型	城镇家庭 =1，农村家庭 =0
		家庭所在地区	东部地区 =0，中部地区 =1，西部地区 =2
		家庭年收入的分位数	家庭收入在所有家庭中的百分比分位数，最低 25%=1，中下 25%=2，中上 25%=3，最高 25%=4
		家庭资产的对数	同基期可比家庭资产数量的对数，包括金融资产和非金融资产
	就读专业规模	专业人数	该学生所在专业的总人数

3. 工作阶段

进入劳动力市场、获得工资报酬、创造社会价值是绝大多数个体所受教育转换为收益最重要的途径，也是教育对经济增长产生影响的重要机制。对于已经进入劳动力市场的劳动者来说，其工资收入、工作性质和特点都是衡量其劳动能力和素质的重要指标。其中工资收入是劳动生产率的最为直观的刻画，也是其创造的社会价值的货币体现，有能力的劳动力获得的工资报酬更高。除此之外，罗宾斯将工作满意度定义为一个人对工作的总体态度，并认为工作满意度越高，那么其对工作越有可能持积极态度；对工作满意度越低，那么其对工作就越有可能持消极态度，因此提高工作满意度，有利于提高劳动者的劳动生产率（罗宾斯，2005）。因此，本章选用工资收入及工作满意度来衡量劳动者的劳动生产率，工资收入及工作满意度越高，则劳动生产率也越高。

在核心解释变量方面，依然选择"是否接受过学前教育"以及"是否接受了完整的学前教育（3年）"来刻画劳动者接受学前教育的情况，同时将在模型中纳入若干控制变量。在个体特征方面，选择了年龄、性别、健康程度和受教育年限。根据以往文献，这些表示个体特征的变量都会对劳动者的薪资产生显著影响。除了个体特征之外，劳动者的工作特征也会影响工资收入及工作满意度，本章选择的是工作单位人员规模、是否为第一份工作、是否担任管理岗位、工作类型、工作单位是否帮助员工缴纳"五险"中至少一种保险。相对而言，员工更多的公司规模更大，帮助员工缴纳"五险"[①]中至少一种保险说明该公司相对更加正规，这都会对员工的工资收入及工作满意度产生影响。如果员工担任管理岗位，他们的工资收入普遍更高。具体变量说明见表3-3。

表3-3 工作阶段变量说明

变量类型		变量说明	
被解释变量	工作情况	工资收入及工作满意度	工资收入为过去12个月该工作的年收入
			工作满意度，非常满意=5，比较满意=4，一般=3，不太满意=2，非常不满意=1
核心解释变量	个体接受学前教育情况	是否接受过学前教育	接受过学前教育=1，没有接受过学前教育=0
		是否接受了完整的学前教育（3年）	是=1，否=0
		接受学前教育的时间	以年为单位

① "五险"指的是养老保险、医疗保险、失业保险、工伤保险和生育保险。

续表

变量类型			变量说明
控制变量	个体特征	年龄	受访者接受调查时的年龄
		性别	男性 =1，女性 =0
		受教育年限	调查对象汇报其获得的正规教育年限
		健康程度	"非常健康""比较健康""健康"=1，"一般""不健康"=0
	工作特征	工作单位人员规模	工作单位人数
		是否为第一份工作	是 =1，否 =0
		是否担任管理岗位	是 =1，否 =0
		工作类型	"受雇"=1，"从事农业生产"或者"个体经营"等 =0
		工作单位是否帮助员工缴纳"五险"中至少一种保险	是 =1，否 =0

三 描述性统计

本章研究的三个阶段（高中、高等教育、工作）共有样本 2937 个，通过对其进行描述性统计，可以了解样本的大致情况。本章对样本所处阶段进行分类，并将统计结果呈现在表 3-4、表 3-5 和表 3-6 中。通过对缺失值变量进行删除，最终得到高中在读样本 1009 个，高等教育在读样本 934 个（本科 453 个，专科 481 个），处于工作阶段的样本 994 个。

高中阶段的学生中有 444 人接受过学前教育，平均接受学前教育的年限为 1.44 年，男性占比 53%，绝大多数个体身体健康，学生教育期待的平均值为接受高等教育。从家庭情况上看，约 31% 来自城镇家庭，家庭资产在 10 万元左右，父母受教育程度大多数为初中。28% 的学生来自重点 / 示范校，约 1/3 的学生进入了重点 / 示范班，所在班级规模约 50 人，所在年级约 600 人。详见表 3-4。

表 3-4　高中阶段变量描述性统计

变量名称	平均值	标准差	最小值	最大值
接受过学前教育	0.44	0.48	0	1
接受学前教育的年限（年）	1.44	1.12	0	6
年龄（岁）	17.36	2.14	13	23
性别（男）	0.53	0.50	0	1
健康程度	0.97	0.05	0	1
教育期待	6.47	1.08	1	9
父亲受教育程度	2.62	1.14	1	6
母亲受教育程度	2.30	1.16	1	6
户口类型（城镇）	0.31	0.46	0	1
家庭所在地区	1.35	0.81	0	2
家庭年收入的分位数	2.27	1.03	1	4
家庭资产的对数	11.51	3.76	0	14.68
在重点/示范校	0.28	0.45	0	1
在重点/示范班	0.35	0.47	0	1
班级排名	2.63	0.97	1	5
年级排名	2.96	1.18	1	5
班级人数（人）	48.96	14.56	10	120
年级人数（人）	603.12	670.93	11	4000

注：样本量 N=1009。

与高中阶段相比，高等教育阶段的样本中接受过学前教育的比例明显提高，从44%提高至70%；平均接受学前教育的年限也显著增加，为1.54年。接受高等教育的样本平均年龄为21岁，男生占比45%，绝大多数人身体健康。教育期待的平均值高于高中阶段样本，而且标准差更小，意味着对高等教育的偏好更为集中。进入高等教育阶段的学生家庭背景也较高中阶段更好，父母受教育程度更高，40%来自城镇家庭，家庭年收入的分位数更靠前，家庭资产为 35.89 万元，是高中阶段样本的 3 倍多。样本中的大学生所在专业平均人数为 40 人左右。

表 3-5 高等教育阶段变量描述性统计

变量名称	平均值	标准差	最小值	最大值
接受过学前教育	0.70	0.46	0	1
接受学前教育的年限（年）	1.54	1.22	0	5
年龄（岁）	20.88	1.57	16	25
性别（男）	0.45	0.50	0	1
健康程度	0.98	0.05	0	1
教育期待	6.85	0.66	1	9
父亲受教育程度	2.97	1.08	1	6
母亲受教育程度	2.63	1.17	1	6
户口类型（城镇）	0.40	0.49	0	1
家庭所在地区	1.13	0.78	0	2
家庭年收入的分位数	2.53	1.03	1	4
家庭资产的对数	12.79	1.34	0	13.47
专业人数（人）	41.53	15.77	9	800

注：样本量 N=934。

追踪数据中还有 994 人已经开始了他们的职业生涯，其中 408 名劳动者是首次就业。工作阶段的样本中男性占比为 58%，平均年龄是 22 岁，超过九成的人身体健康。平均受教育年限为 10 年，即大多数人是初中或者高中毕业。通过对与学前教育有关的指标进行描述性统计，发现他们中接受过学前教育的人数为 537 人，平均接受学前教育的年限为 1.13 年。相比而言，工作阶段的样本中接受过学前教育的比例和接受学前教育的年限均低于正在接受高等教育的同龄人。在这部分劳动者中，有 41% 的人目前从事的是他们的第一份工作，单位的总人数约为 1500 人，6% 的调查对象已经在工作中担任领导岗位，约六成劳动者的工作单位为他们缴纳"五险"中的至少一种。平均年收入为 37449.28 元，低于 2020 年全国城镇私营单位就业人员平均工资（57727.00 元）。将年收入排序后四等分，发现这四组年收入均值从高到低依次为 77860.00 元、44619.00 元、25859.00元和 8301.00 元，最高组收入均值是最低组收入均值的 9 倍多，收入差距较大。

表 3-6　工作阶段变量描述性统计

	平均值	标准差	最小值	最大值
工资收入（元）	37449.28	29829.20	0	200000.00
接受过学前教育	0.54	0.50	0	1
接受过完整的学前教育（3年）	0.20	0.40	0	1
接受学前教育的年限（年）	1.13	1.19	0	3
年龄（岁）	22.15	2.30	15.00	27.00
性别（男）	0.58	0.49	0	1
受教育年限（年）	9.90	3.76	0	19
健康程度	0.91	0.28	0	1
工作单位人员规模（人）	1471	12342	1	200000
为第一份工作	0.41	0.97	0	1
担任管理岗位	0.06	0.57	0	1
工作类型	0.81	0.39	0	1
工作单位帮助员工缴纳"五险"中至少一种保险	0.60	0.49	0	1

注：样本量 N=994。

第四节　接受学前教育对个体在校表现
及职业发展的影响

一　学前教育对高中阶段个体学业表现的影响

由描述性统计可知，本章因变量主要由二分变量与有序分类变量构成，因此将主要使用二元 Logit 回归模型和有序 Logit 回归模型进行分析。

1. 模型设置

本章使用四个指标来衡量高中阶段个体学业表现，其中"是否在重点 / 示范班"为二分变量，"班级排名"和"年级排名"为有序分类变量，由于线性概率模型存在异方差，且预测值有可能落在区间 [0, 1] 之外，所以本章选择使用二元 Logit 回归模型和有序 Logit 回归模型分别估计高中阶段个体接受学前教育对其高中学业表现的影响。建立模型如下：

$$\ln \frac{P(model_i = 1 \mid pre_i)}{1 - P(model_i = 1 \mid pre_i)} = \alpha + \beta_1 \cdot pre_i + \beta_2 \cdot X_i + \varepsilon_i \qquad （式 3.1）$$

式 3.1 预测高中阶段个体接受学前教育对其升入重点 / 示范班概率的影响。其中，$\ln model_i$ 表示高中生 i 是否升入重点 / 示范班；pre_i 表示该学生是否接受过学前教育；X_i 为模型中各控制变量，包括了个体特征（年龄、性别、健康程度、教育期待）、家庭特征（父母受教育程度、户口类型、家庭所在地区、家庭年收入的分位数、家庭资产的对数）；ε_i 表示随机扰动项。

与此同时，学生在校的学业成绩也是值得关注的。本章将使用学生的班级排名和年级排名指代学业成绩，考察学前教育对个体高中学业表现的影响。个人排名是按照年级/班级的前 10%=1、11%~25%=2、26%~50%=3、51%~75%=4 和后 25%=5 分类汇报的，为一组有序分类变量，因此本章将使用有序 Logit 模型对其进行分析。模型的形式如下：

$$\ln \frac{P\left(ranking_i \langle j \mid pre_i\right)}{1 - P\left(ranking_i \langle j \mid pre_i\right)} = \alpha + \beta_1 \cdot pre_i + \beta_2 \cdot X_i + \varepsilon_i \qquad （式 3.2）$$

式 3.2 中的 $\ln ranking_i$ 表示学生 i 的年级和班级排名，pre_i 表示该学生是否接受过学前教育，X_i 为模型中各控制变量，与式 3.1 相同。回归结果见表 3-7。

2. 回归结果分析

高中学业表现是衡量一名高中生优秀程度的主要指标，本章从是否在重点/示范班、班级排名、年级排名等方面分析接受过学前教育的高中生是否能有更优异的学业表现。其中，如果班级排名和年级排名的影响系数为负，则说明学前教育对排名数增加（即学业成绩下滑）有负向影响，因此应当解读为学前教育对提高个体高中阶段的学业成绩有积极影响。根据回归结果可知，接受过学前教育的学生进入重点/示范班的概率是没有接受学前教育学生的 2.22 倍（ $e^{0.798}$ ）[①]，其班级排名降低 1 个或 1 个以上等级的可能性降低 12.4%（ $e^{-0.132} - 1$ ），年级排名降低 1 个或 1 个以上等级的可能性降低 19.6%（ $e^{-0.217} - 1$ ）。年龄增加对学生进入重点/示范班和提高班级排名有显著负向影响，但是对提高年级排名有显著正向影响。家庭收入对进入重点/示范班有负向影响，家庭收入越高的学生进入重点/示范班的概率越低。健康程度和教育期待也是影响学生学业表现的重要指标，身体健康有助于学生进入重点/示范班，提高其班级排名，但是不利于提高年级排名；教育期待对学生的学业表现有显著的正向影响，学生对未来的教育层级期

———

① 计算方式下同。

待越高，对自身要求更加严格、学习更加用功勤奋，也有助于提高他们进入重点 / 示范班的概率，学生的班级排名也越靠前。

表 3-7　学前教育对高中阶段个体学业表现的影响

变量	模型 1 重点 / 示范班	模型 2 班级排名	模型 3 年级排名
接受过学前教育	0.7980** (0.3390)	-0.1320* (0.0690)	-0.2170* (0.1310)
年龄	-1.3390*** (0.1460)	0.3220*** (0.0337)	-0.2190*** (0.0280)
性别	0.4010 (0.2980)	0.3730*** (0.1170)	0.2000* (0.1160)
健康程度	0.1180*** (0.0233)	-0.0153* (0.0092)	0.0227*** (0.0086)
教育期待	0.5720*** (0.1560)	-0.3180*** (0.0615)	-0.0526 (0.0493)
父亲受教育程度	0.1390 (0.1720)	0.0361 (0.0636)	-0.0579 (0.0636)
母亲受教育程度	-0.0829 (0.1490)	0.0199 (0.0700)	0.0108 (0.0712)
户口类型	0.6180 (0.4130)	-0.0380 (0.1570)	0.1050 (0.1620)
家庭所在地区	0.3950** (0.1910)	-0.0153 (0.0804)	-0.0323 (0.0825)
家庭收入的分位数	-0.5740*** (0.1500)	0.0790 (0.0616)	-0.0536 (0.0659)
家庭资产的对数	0.0560 (0.0346)	0.0178 (0.0166)	0.0093 (0.0176)
重点 / 示范校	3.7170*** (1.0800)		
班级人数	0.0719*** (0.0161)	-0.0176*** (0.0044)	
年级人数			0.0463*** (0.01)

续表

变量	模型 1 重点 / 示范班	模型 2 班级排名	模型 3 年级排名
Constant cut1		1.6100** (0.7880)	-6.5990*** (0.7520)
Constant cut2		2.7870*** (0.7890)	-4.1350*** (0.7090)
Constant cut3		3.8450*** (0.7960)	-2.2070*** (0.6990)
Constant cut4		7.3600*** (0.8710)	-0.8860 (0.7250)
常数项	18.2100*** (2.4710)		
样本量	1009	1009	1009

注：小括号内为标准误，*、**、***，分别表示在 10%、5% 和 1% 的显著性水平下显著。

二 学前教育对高等教育阶段个体在校表现的影响

1. 模型设置

高等教育阶段是个体进入劳动力市场前的最后一个正规教育阶段，大学层次对个体求职具有重要影响。在高等教育阶段，技能和能力的培养不但具有通识性，也具有专业性，同时高等教育阶段的社会活动经历也会为个体进入社会做好准备，提高个体工作后的适应能力。因此高等教育阶段的在校表现会对学生毕业后的工作机会以及未来劳动生产率产生深远影响。由此，本章使用"是否为本科院校"、"专业排名"和"是否担任学生干部或社团负责人"三个指标来衡量个体在高等教育阶段的在校表现。"是否为本科院校"和"是否担任学生干部或社团负责人"为二分变量，"专业排名"为有序分类变量。本章使用二元 Logit 回归模型和有序 Logit

回归模型，分别估计个体接受学前教育对其高等教育在校表现的影响。并
建立模型如下：

$$\ln \frac{P(college_i = 1 \mid pre_i)}{1 - P(college_i = 1 \mid pre_i)} = \alpha + \beta_1 \cdot pre_i + \beta_2 \cdot X_i + \varepsilon_i \qquad （式3.3）$$

$$\ln \frac{P(leader_i = 1 \mid pre_i)}{1 - P(leader_i = 1 \mid pre_i)} = \alpha + \beta_1 \cdot pre_i + \beta_2 \cdot X_i + \varepsilon_i \qquad （式3.4）$$

$$\ln \frac{P\left(ranking_i \langle j \mid pre_i\right)}{1 - P\left(ranking_i \langle j \mid pre_i\right)} = \alpha + \beta_1 \cdot pre_i + \beta_2 \cdot X_i + \varepsilon_i \qquad （式3.5）$$

式3.3和式3.4预测了个体接受学前教育对其升入本科院校概率以及担
任学生干部或社团负责人的概率的影响。其中，$\ln college_i$ 和 $\ln leader_i$ 分别
表示学生 i 是否就读于本科院校和是否担任学生干部或社团负责人。pre_i 表
示和学前教育有关的变量，考虑到进入高等教育阶段的样本中接受学前教
育的概率较高，因此核心解释自变量除了该学生是否接受过学前教育，还
根据学生汇报的接受学前教育的年限，判断该学生是否接受过完整的学前
教育。如果该学生接受学前教育的年限大于等于3年，则标记为接受了完
整的学前教育。X_i 为模型中各控制变量，包括了个体特征（年龄、性别、
教育期待、健康程度）、家庭特征（父母受教育程度、户口类型、家庭所
在地区、家庭年收入的分位数、家庭资产的对数）。式3.5中的 $\ln ranking_i$
是学生的专业排名，核心解释变量和控制变量预测公式与前面两个公式相
同。回归结果见表3-8。

2. 回归结果分析

首先对学生是否就读于本科院校进行分析。根据回归结果可知，是否
接受学前教育与学生是否就读于本科院校无显著相关性，但是如果接受了

完整的学前教育，那么学生就读本科院校的概率将提高 7 个百分点（$e^{0.0702}-1$）。另外，学生的年龄和教育期待也是影响其能否升入本科院校的关键因素，回归结果显示，年龄每增加 1 岁，学生升入本科院校的概率将提高 14 个百分点。与前文中高中阶段学业表现的分析一致，教育期待对高等教育阶段的个体学业表现也有显著的正向影响，教育期待每增加 1 个等级，学生升入本科院校的概率提高 17 倍（$e^{2.897}$）。

表 3-8　学前教育对高等教育阶段个体学业表现的影响

变量	模型 4 是否就读于本科院校	模型 5 是否就读于本科院校
接受过学前教育	0.1050 (0.1960)	
接受了完整的学前教育		0.0702** (0.0357)
年龄	0.1320** (0.0546)	0.1330** (0.0549)
性别	0.0408 (0.1640)	0.0409 (0.1640)
健康程度	0.0427 (0.0922)	0.0428 (0.0916)
教育期待	2.8970*** (0.2670)	2.8970*** (0.2660)
父亲受教育程度	-0.0017 (0.0888)	-0.0029 (0.0890)
母亲受教育程度	0.1110 (0.0864)	0.1110 (0.0868)
户口类型	0.1420 (0.1780)	0.1390 (0.1780)
家庭所在地区	0.1670 (0.1140)	0.1670 (0.1140)
家庭年收入的分位数	-0.0492 (0.0985)	-0.0507 (0.0987)

续表

变量	模型 4	模型 5
	是否就读于本科院校	是否就读于本科院校
家庭资产的对数	0.0986 (0.0711)	0.0983 (0.0710)
常数项	-24.8100*** (2.4380)	-24.7900*** (2.4260)
样本量	934	934

注：小括号内为标准误，*、**、*** 分别表示在 10%、5% 和 1% 的显著性水平下显著。

在求职过程中，个体在高等教育阶段的在校表现也会显著影响其就业质量。因此本章还将个体在高等教育阶段是否担任学生干部或社团负责人和专业排名作为分析对象，考察学前教育经历与高等教育阶段个体在校表现之间的关系。根据表 3-9 中的回归结果，接受过学前教育的学生，其学业表现更加出色，专业排名更高。而接受了完整的学前教育，学生在校担任学生干部或社团负责人的概率会提高 14 个百分点。值得注意的是，相对于城镇学生，农村学生担任学生干部或社团负责人的可能性更高，而城镇学生的专业排名更为靠前。教育期待在高等教育阶段仍然会对学生表现产生重要影响，教育期待越高的学生，对自身要求更高，无论是学生工作还是专业成绩都更优秀。

表 3-9　学前教育对高等教育阶段个体在校表现的影响

变量	模型 6	模型 7	模型 8	模型 9
	是否担任学生干部或社团负责人	是否担任学生干部或社团负责人	专业排名	专业排名
接受过学前教育	0.2930 (0.2020)		-0.2480** (0.1220)	
接受了完整的学前教育		0.1310* (0.0670)		-0.1120 (0.0750)

续表

变量	模型6	模型7	模型8	模型9
	是否担任学生干部或社团负责人	是否担任学生干部或社团负责人	专业排名	专业排名
年龄	-0.3670*** (0.0533)	-0.3630*** (0.0538)	-0.0770 (0.0684)	-0.0782 (0.0674)
性别	0.1380 (0.1630)	0.1410 (0.1630)	0.1250 (0.1660)	0.1270 (0.1660)
健康程度	0.0629 (0.0757)	0.0661 (0.0768)	0.0456 (0.0794)	0.0445 (0.0795)
教育期待	0.4010*** (0.1270)	0.4020*** (0.1270)	-0.4000*** (0.1280)	-0.4050*** (0.1290)
父亲受教育程度	0.0322 (0.0995)	0.0273 (0.0994)	-0.0679 (0.1030)	-0.0601 (0.1030)
母亲受教育程度	0.1300 (0.0930)	0.1220 (0.0941)	0.0739 (0.0837)	0.0785 (0.0846)
户口类型	-0.6380*** (0.1820)	-0.6580*** (0.1830)	-0.3700* (0.2100)	-0.3490* (0.2110)
家庭所在地区	-0.0110 (0.1110)	-0.0151 (0.1100)	0.1550 (0.1120)	0.1600 (0.1110)
家庭年收入的分位数	-0.1750* (0.0935)	-0.1830** (0.0930)	0.0841 (0.1010)	0.0896 (0.1020)
家庭资产的对数	-0.0466 (0.0697)	-0.0509 (0.0694)	0.0951 (0.0840)	0.1000 (0.0838)
所在专业人数	0.8340 (0.8140)	0.7960 (0.8160)	-0.0170** (0.0086)	-0.0175** (0.0086)
Constant cut1			-4.1540** (1.8360)	-4.0940** (1.8170)
Constant cut2			-2.8980 (1.8320)	-2.8380 (1.8120)
Constant cut3			-1.8670 (1.8280)	-1.8060 (1.8090)
Constant cut4			0.9500 (1.7880)	1.0130 (1.7720)

变量	模型 6	模型 7	模型 8	模型 9
	是否担任学生干部或社团负责人	是否担任学生干部或社团负责人	专业排名	专业排名
常数项	4.1830*** (1.5710)	4.1930*** (1.5760)		
样本量	934	934	504	504

注：小括号内为标准误，*、**、*** 分别表示在 10%、5% 和 1% 的显著性水平下显著。

三　学前教育对个体职业发展的影响

1. 学前教育对个体薪资获得的影响

个体在劳动力市场的薪资受到多种因素的影响。由于薪资收入为一组连续变量，本章选择倾向值匹配模型（PSM），通过对影响个体薪资的多种因素计算匹配得分，将劳动者按是否接受过学前教育分为对照组和实验组，以是否接受学前教育为虚拟变量，考察学前教育如何影响劳动者薪资水平。

$$ATT = E\left(Y_{1i} - Y_{0i}|D_i = 1\right) = E\left\{E\left[Y_{1i} - Y_{0i}|D_i = 1, p\left(X_i\right)\right]\right\} \qquad （式3.6）$$

式 3.6 中，Y_{1i} 和 Y_{0i} 分别表示个体 i 接受过学前教育和未接受过学前教育这两种不同情况下的年收入变量；D_i 为虚拟变量，表示个体 i 是否接受过学前教育，如果个体 i 接受过学前教育，那么 $D_i = 1$，反之，则 $D_i = 0$。本章还选取了一组控制变量 X_i，包括个体特征（年龄、性别、受教育年限、健康程度）和工作特征（工作单位人员规模、担任管理岗位、工作类型、工作单位帮助员工缴纳"五险"中至少一种保险）。

表3-10汇报了回归结果。经过倾向值得分匹配，研究共得到有效样本976个，其中411个样本为初次参加工作。研究发现，接受学前教育能够显著提高个人的薪资水平。对于全样本的劳动者来说，接受过学前教育与未接受过学前教育之间个体的工资差异系数为0.206，而这一差异系数在初次参加工作的劳动者中则更加显著，为0.431。通过汇报倾向值得分匹配的过程，可以运用其他控制变量对个体工作的影响进行简要分析。结果发现，在所有影响个体薪资的因素中，受教育年限对个体的薪资产生显著正向影响，即受教育年限越长，薪资也越高。然而年龄对薪资产生负向影响，不过回归数值较小，这可能是因为样本中大部分为年龄相近的年轻人，而且近一半为初次参加工作者，而在劳动力市场上，雇主对劳动者的受教育程度的关注高于年龄。

表3-10　个体特征和工作特征对个体薪资及初次参加工作者薪资的影响

变量	模型10	模型11
	薪资	初次参加工作者薪资
接受过学前教育（ATT）	0.206** (0.094)	0.431*** (0.165)
年龄	-0.081*** (0.020)	-0.082*** (0.032)
性别	0.050 (0.086)	0.043 (0.131)
受教育年限	0.095*** (0.016)	0.072*** (0.027)
健康程度	0.017 (0.041)	-0.046 (0.067)
工作单位人员规模	-0.000 (0.000)	-0.000 (0.000)
担任管理岗位	0.057 (0.055)	-0.016 (0.085)
工作类型	-0.051 (0.447)	0.825 (0.675)

续表

变量	模型 10	模型 11
	薪资	初次参加工作者薪资
工作单位帮助员工缴纳"五险"中至少一种保险	0.031 (0.088)	0.032 (0.137)
常数项	0.856 (0.610)	1.896 (2.225)
样本量	976	411

注：小括号内为标准误，*、**、*** 分别表示在 10%、5% 和 1% 的显著性水平下显著。

2. 学前教育与个体工作满意度的关系

工作满意度在问卷中为一组分类变量，本章将使用有序 Logit 回归模型对其进行分析。被解释变量工作满意度为有序分类变量，从 1 分到 5 分别表示非常不满意到非常满意，核心解释变量为接受过学前教育以及接受过完整的学前教育。本章还选取了一组控制变量，分别包括了个体特征（年龄、性别、健康程度、受教育年限）和工作特征（工资收入的对数、工作单位帮助员工缴纳"五险"中至少一种保险、担任管理岗位、工作类型、工作单位人员规模）。本章还对初次参加工作的样本进行了分析，有趣的是，这部分劳动者中不存在对工作"特别不满意"的。

$$ln\frac{P\left(satisfy_i\langle j|pre_i\rangle\right)}{1-P\left(satisfy_i\langle j|pre_i\rangle\right)} = \alpha + \beta_1 \cdot pre_i + \beta_2 \cdot X_i + \varepsilon_i \qquad （式 3.7）$$

通过对劳动者工作满意度进行分析，发现接受过学前教育对劳动者的工作满意度影响不显著，但是，如果接受了完整的学前教育（3 年）可以显著提升劳动者的工作满意度。对于全样本劳动者来说，接受了完整的学前教育，其工作满意度提高 1 个或多个等级的概率提高 34.6（$e^{0.297}-1$）个百分点；针对初次参加工作的样本，接受了完整的学前教育可以使其工作满意度提高 1 个或多个等级的概率增加 1.95 倍（$e^{0.677}-1$）。不过包含不同自变量设定的有序 Logit 回归模型的因变量残差是在不断变动的，因此我们不能通过简单比较全样本模型和初次参加工作劳动者模型中的学前教育变量系数估测其影响。由表 3-11 的回归结果可知，对于初次参加工作的劳动者而言，工作单位人员规模越大，劳动者的工作满意度越低。另外，与女性相比，男性对工作的满意度更高。受教育年限和工作满意度之间没有显著关系。无论是否为初次参加工作，健康程度都是影响劳动者工作满意度最重要的因素，其身体越健康，工作满意度越高。工资收入的对数对于全样本劳动者来说有显著的正效应，但对于初次参加工作的劳动者而言影响不显著。

表 3-11　学前教育对劳动者工作满意度的影响

变量	模型 12 工作满意度	模型 13 工作满意度	模型 14 初次参加工作满意度	模型 15 初次参加工作满意度
接受过学前教育	0.1650 (0.1380)		0.2210 (0.2280)	
接受了完整的学前教育（3年）		0.2970* (0.1590)		0.6770*** (0.2490)
年龄	0.0084 (0.1290)	0.0075 (0.1290)	-0.0019 (0.2090)	0.0259 (0.2090)
性别	0.1830** (0.0795)	0.1700** (0.0753)	0.1330 (0.1300)	0.1300 (0.1160)
受教育年限	-0.0012 (0.0095)	-0.0010 (0.0095)	-0.0063 (0.0131)	-0.0080 (0.0133)
健康程度	0.7250*** (0.2390)	0.6990*** (0.2380)	1.2310*** (0.3970)	1.1690*** (0.3920)
工作单位人员规模	-7.09e-06 (4.39e-06)	-6.72e-06 (4.53e-06)	-9.45e-06** (4.56e-06)	-8.73e-06* (4.51e-06)
担任管理岗位	0.1370 (0.0884)	0.1330 (0.0898)	0.1390 (0.0986)	0.1240 (0.1040)

续表

变量	模型 12	模型 13	模型 14	模型 15
	工作满意度	工作满意度	初次参加工作满意度	初次参加工作满意度
工作类型	0.1040 (0.1780)	0.0931 (0.1800)	-0.4660 (0.3850)	-0.5130 (0.3920)
工作单位帮助员工缴纳"五险"中至少一种保险	0.0532 (0.1330)	0.0177 (0.1350)	-0.0167 (0.2150)	-0.0853 (0.2170)
工资收入的对数	0.0305** (0.0146)	0.0440 (0.0276)	0.0440 (0.0276)	0.0443 (0.0277)
Constant cut1	-5.4700*** (0.8100)	-5.5030*** (0.7980)	-3.3750*** (1.2260)	-3.3380*** (1.1950)
Constant cut2	-2.8430*** (0.7420)	-2.8750*** (0.7270)	-1.9840 (1.2230)	-1.9360 (1.1900)
Constant cut3	-1.5220** (0.7370)	-1.5510** (0.7220)	1.6090 (1.2460)	1.7020 (1.2160)
Constant cut4	1.6750** (0.7440)	1.6510** (0.7290)		
样本量	994	994	418	418

注：小括号内为标准误，*、**、*** 分别表示在 10%、5% 和 1% 的显著性水平下显著。

第五节　本章小结

国外有关学前教育对个体认知能力影响的研究较早，也有比较充分的讨论，普遍认为学前教育可以影响个人的认知能力，进而对其未来的学业表现、受教育程度、薪资水平等产生影响。但是目前国内在这方面的研究并不多，主要是因为受数据限制，大多数研究是基于 CEPS 数据，关注学前教育如何通过影响认知能力进而影响学业成绩。本章基于 CFPS 数据，借助个人身份 ID 对其调查信息进行匹配的方式，了解受访者早期接受学前教育的情况和其长期发展情况，分析学前教育对个体的长期影响。本章重点关注的是学前教育对于劳动力综合素质的影响，从高中阶段、高等教育阶段和工作阶段三个阶段讨论了学前教育对个体长期发展的积极意义。研究表明，学前教育可以影响个体的认知能力和非认知能力，而且这种影响十分深远，可以持续到高中、高等教育阶段，甚至对进入工作阶段的劳动者工作情况也有正向影响。

通过分析学前教育影响个体高中阶段的学业表现、高等教育阶段的在校表现，以及工作后的薪资和工作满意度，本章发现，学前教育对个体发展有长期影响。接受过学前教育的个体有更高的概率进入学校的重点 / 示范班，在大考中的班级排名和年级排名也更加靠前。高中阶段好的学业表现意味着将有更理想的高考成绩，也能为个体赢得接受高等教育的机会，成为更高素质的劳动者。

进入高等教育阶段后，是否接受学前教育会影响个体的专业排名，而是否接受完整的学前教育则会影响其是否进入本科院校以及是否担任学生干部或社团负责人。不过学前教育对于个体认知能力的影响在高等教育阶段弱于高中阶段，存在认知能力促进作用随时间增长而消减的可能。从是否担任学生干部或社团负责人的角度看，接受了完整的学前教育的学生可能拥有更强的领导能力和组织协调能力，即学前教育可以对个体的非认知能力产生更持续的影响。有研究在分析高校毕业生就业的影响因素时，发现专业排名和是否担任学生干部或社团负责人是影响学生就业质量的重要因素，因此可以认为，学前教育可以通过影响认知能力和非认知能力来提高劳动者的素质。

本章还对进入劳动力市场的个体就业情况进行了分析，将个体薪资和工作满意度作为被解释变量，衡量个体的劳动生产率。研究表明，在控制了性别、年龄、受教育程度等个体特征变量，以及工作类型、是否担任管理岗位等工作特征变量后，接受过学前教育的劳动者的薪资水平不但比未接受过学前教育的劳动者更高，而且接受了完整的学前教育的劳动者对工作更加满意。

值得注意的是，在讨论学业表现的影响因素时，家庭的经济情况对个体在高中阶段的班级排名和年级排名、个体是否进入本科院校以及其在高等教育阶段专业排名等的影响都不显著。这一方面说明我国高考维护了个体在高等教育入学机会竞争中的公平性；另一方面也有实证研究发现，大学入学率不但取决于入学时期家庭预算的约束情况，还在一定程度上取决于个体成长的早期家庭预算情况。早期家庭预算约束会对个体成年后的学习能力和表现产生持久影响，因为早期家庭预算会影响父母对子女的投资，如果由于家庭预算约束的不同而产生了环境差异，那么最终个体能力（认知能力和非认知能力）也会不同。因此，仅在高中阶段或者高等教育阶段给予弱势家庭经济支持可能为时已晚，对个体未来表现收效不高；如果希望提高弱势家庭经济支持的效率，则需要设计一个针对个体生命周期合理分配投资比例的最优投资策略。

当然本章研究还有待完善，比如借助 CEPS 数据对高中、高等教育、参加工作的个体进行分阶段分析时，由于受数据的限制，目前追踪样本年龄最大的为 25 岁，因此可能存在大量样本因还在硕士或者博士阶段就学而未能进入劳动力市场的情况，也就无法对这部分群体的工作初薪进行研究。另外，本章采取匹配追踪数据的方式得到研究样本，可能存在一定的数据流失。尽管研究结果显示接受学前教育可以显著提升劳动者的薪资，接受完整的学前教育可以显著提升劳动者的工作满意度，但由于样本数量的限制，只有400多个样本是初次参与工作的劳动者，这可能会对估计结果的无偏性造成一定影响。

第四章

学前教育对劳动力供给的影响*

    我国婚育女性在全体劳动力中占比约为30%，是我国劳动力的重要组成部分。提高婚育年龄女性的劳动参与率，对于保障与经济社会发展规模和速度相适应的劳动供给、实现我国"十四五"发展规划和2035年远景发展目标等，具有重要意义。通常情况下母亲在照顾子女的过程中承担更大责任，因此婚育女性成为学前教育规模扩大和普及、学龄前儿童入园率提高的直接受益者。建立完善的学前教育体系，提高质优价廉学前教育的可获得性，有助于将婚育女性从儿童看护中解放出来，提高全社会劳动力供给。提高婚育女性的劳动参与率，可以增加全社会劳动力供给，优化人力资本配置，促进经济增长。本章将以婚育女性为主要研究对象，重点考察学前教育对促进婚育女性回归职场、增加全社会劳动力供给的影响。

---

* 本章部分内容曾发表于《北京大学教育评论》2022年第2期。

第一节　学前教育对父母劳动供给的影响

学前教育作为制度化教育的一部分，最开始并不是以儿童教育为基本追求，而是出于解放父母劳动力的考量。英国作为最早设立公共学前教育的国家，其公共学前教育系统的建立其实源于国家希望对劳工阶层劳动力加以解放，通过专门托育机构替代父母照顾幼儿，增加劳动力供给。尽管今天各界逐渐重视和强调学前教育的教育功能，但解放父母劳动力依然是学前教育一个不可忽视的基础功能，学前教育对增加全社会劳动力供给总量发挥重要作用，这是学前教育的重要特点，也是本书剖析学前教育的突破口之一。

近年来，中国人口形势严峻，面临人口生育率持续下降和劳动参与率下降两个问题。第七次全国人口普查结果显示，我国自 2010 年以来劳动年龄人口数量不断减少，老龄化程度加深，人口结构问题日益凸显，"十四五"期间这一趋势还将延续。尽管自 2016 年开始推行"全面二孩"政策，2021 年又出台了"全面三孩"政策，但数据显示，我国出生人口数量仍逐年降低，2022 年全国出生人口规模为 956 万人，2023 年仅为 902 万人。这些现象受到社会各界的广泛关注，未来出生率降低和劳动年龄人口不足势必会成为制约我国经济高质量可持续发展的重要因素。

人口生育率下降会威胁未来长期的劳动力供给，劳动参与率下降则会加剧人口老龄化对劳动力供给的负面影响，而女性劳动参与率大幅下降是导致劳动参与率下降的主要原因。在我国的人口结构中，女性人口占总人口的48.8%，而婚育年龄女性均处于劳动年龄人口范围内。2019 年中国劳动力人口为 7.84 亿人，其中女性劳动力占比为 43.6%，女性劳动参与率为 60.6%[①]。

---

① 女性劳动参与率是指参与社会劳动的女性劳动力与该社会妇女总人口之比。数据来源于世界银行，http://wdi.worldbank.org/table/2.2#。

如果女性婚育年龄按照 20~40 周岁计算，女性劳动力按照 16~55 周岁计算，根据国家统计局 2021 年发布的数据，我国 20~40 周岁女性的人数为 19584.8 万人，16~55 周岁女性劳动力的人数为 38671.1 万人，则我国婚育年龄女性占女性劳动力的比例为 50.6%。通过对劳动参与率的性别分析发现，男性劳动参与率下降并不明显，而女性劳动参与率下降幅度很大，女性劳动参与率的下降幅度远高于男性，而且在一定程度上是非自愿的。大量女性尤其是那些来自低收入家庭的女性退出了劳动力市场。詹鹏等（2021）分析女性劳动参与率下降问题时发现，我国女性离开职场的主要原因除了宏观经济导致的经济转型、国有企业改革和市场化改革以及劳动力市场本身存在性别歧视外，来自家庭、生育和子女照料的原因也不容小觑。计划生育政策和城乡人口流动使得代际同住比例下降，（外）祖父母难以分担孙辈照料压力。市场化改革以来，中国儿童托育服务逐步从由国家或单位提供转变为由市场提供，通过建立完善的公共幼儿照护服务体系。或许可以缓解一部分的抚育压力。

卡片 4.1　我国托育机构超过 7.5 万家

新华社北京 7 月 11 日电（记者田晓航、李恒）国家卫生健康委员会人口监测与家庭发展司副司长杨金瑞 11 日在京提出，目前，中国提供托育服务的机构已达 7.5 万多家，提供的托位数达 360 多万个，婴幼儿入托率达到 6%。

2023 年 7 月 11 日是第 34 个世界人口日，联合国人口基金将主题确定为"释放性别平等的力量：提高妇女和女孩的声音，释放我们世界的无限可能性"，国家卫生健康委将中国主题确定为"促进性别平等，护佑妇幼健康"。

在联合国人口基金驻华代表处、中国人口与发展研究中心、中国人口学会联合举办的庆祝 2023 年世界人口日中国研讨会上，杨金瑞表示，中国始终高度重视男女平等和妇女事业发展，提高妇幼健康服务水平。为减轻妇女照料孩子的负担，中国加快 3 岁以下婴幼儿照护服务体系建设，努力补齐婴幼儿无人照料的短板。

联合国人口基金驻华副代表欧雯姗说，妇女和女童约占全球人口总量的一半，她们的创造力、聪明才智、资源和力量在应对威胁人类未来的人口挑战和其他挑战中至关重要。

与会专家分享了中国在促进性别平等和妇女发展领域的主要发现。不少专家认为，适应人口发展新常态，需要进一步促进性别平等，解决女性在工作与生活中面临的冲突，男女应共担包括育儿责任在内的家庭责任。

一 儿童看护成本与婚育女性的劳动参与

贝克尔（2005）以完整的市场假设为基础建立了家庭经济理论，他认为在抚养儿童的过程中，需要耗费人力、时间和金钱，而家庭作为一个综合性的经济主体，会根据时间价值波动做出很理性的决策。由于父母双方在劳动参与和家庭照料方面存在比较优势，所以家庭往往会选择让母亲牺牲劳动参与时间来照料家庭。默顿（Merton，1957）的角色冲突理论也认为，当个体在不同场域之间的角色与个人期待不同时将发生冲突，而职业女性因为需要在工作和家庭这两个不同场域扮演不同角色，所以会影响其职业发展。

还有一些理论阐述了儿童看护成本对就业的影响。Connelly（1992）认为，在控制了孩子数量、儿童看护质量以及其他人口特征之后，儿童看护成本相当于返回职场的婚育女性按照其工作时间征收的费用，这种费用相当于降低了婚育女性的小时净工资，提高了她们工作的机会成本，从而对劳动参与率有负向作用。Blau 和 Robins（1998）把儿童看护视为工作的固定成本，即劳动者进入劳动力市场的一次性支付，但是这种支付并不随工作时间的变化而变化，工作的固定成本相当于降低了劳动参与者的非劳动收入，而对非参与者则没有影响。其结果是，工作固定成本将对不同劳动人群产生不同影响：它将缩短劳动参与意愿低者的劳动参与时间，而延长劳动参与意愿高者的劳动时间。Ribar（1992）则认为，以上两种情况均为极端状态，更一般的情况是居于两者之间，儿童看护成本会随着工作时间的延长而提高，但其提高的速度是递减的，这就像固定成本理论所指出的那样，递减的边际成本将会导致非凸的预算空间，劳动供给就可能是非连续的。无论采用什么样的理论，理论假设和经验检验结果都显示，儿童看护将对女性劳动参与产生负面影响。

婚育女性作为劳动力供给的重要组成部分，其劳动参与情况尤其值得关注。尽管婚育女性是否参与劳动会受到受教育程度、年龄、婚姻状况、个人偏好等个人因素，以及家庭收入、家庭结构等家庭因素的影响，但是家庭内部的儿童照料责任才是影响婚育女性参与劳动的最主要因素。在加拿大，女性平均收入只相当于男性的 60%~68%，在这超过 30% 的收入差距中，只有 5% 可以用工资性别歧视来解释，其他的 25% 以上的差距是由女性生育和抚养孩子造成的。但女性参与传统职业也有其主要特点，即进出壁垒低、小时制工作多、工作时间灵活、工资相对较低等。Gunderson 等（1990）认为，在造成性别工资差距的各因素中没有任何一个因素像生育那样对工资产生巨大的影响。生育之后，看护儿童会加重女性家庭照料的负担，进一步提高婚育女性参与劳动的机会成本，对婚育女性就业产生显著的负向影响。不少学者发现，子女数量对女性劳动参与产生显著的负向影响，子女数量增加会显著降低城镇妇女劳动参与率，而家中有学龄前儿童的女性劳动参与率下降得更快。

二 学前教育对婚育女性劳动参与影响的国内外研究

赫克曼将儿童的照管方式分为正式照管方式（学前教育机构照管等）和非正式照管方式（家庭成员照管等），如果幼儿成功入读学前教育，可以减轻女性家务劳动的负担，提高她们的职业竞争力（殷俊和周翠俭，2020）。因此，学前教育可以通过减少家长的幼儿看护劳动来增加就业人数。

发展学前教育可以增加父母尤其是母亲的劳动参与。很多研究表明，婚育女性的工作时间和幼儿保育教育时间之间相冲突，学前教育的供给会对婚育女性的就业率、工作时间、工作经验、人力资本的形成、收入、就业地位等多个方面产生影响。Powell 认为，如果政府能提供充足的儿童看护补助，则全日制工作的婚育女性数量将增加 29%~52%。Cleveland 和 Krashinsky（2003）认为，如果为 6 岁的儿童提供高质量学前教育，则创造的效益是其他公共投资的 2 倍，接近 50% 的学前教育的社会效益来源于财政支持儿童的母亲而增加的就业。Gelbach（2002）的一项研究表明，公办幼儿园为儿童提供免费的学前教育服务可以使婚育女性的就业率提高 6%。Viitanen（2005）的研究发现，在英国正式学前教育的成本上升和可获得性下降后，母亲的劳动参与率会降低。Berlinsky 和 Galiani（2007）在分析阿根廷扩大学前教育对妇女就业的影响后发现，幼儿园数量的增加不仅提高了妇女的就业率，还增加了她们的每周工作时间。学前教育将婚育女性从照料子女的任务中解放出来，减轻她们的看护压力，因此稳定、高质量的学前教育服务不但可以增加婚育女性的工作时间，还可以提高其劳动生产率。所以，当婚育女性能够借助第三方帮助照料子女时，她们面临的工作阻碍会得到有效缓解。

我国自 2010 年大力发展学前教育后，幼儿园普及率迅速增加，各地的学前教育机构增加、可获得性提高，正式机构照管对于婚育女性劳动参与的促进作用开始显现，公共幼儿照料服务对幼儿照料方式乃至女性劳动决策的影响增强。国内学者发现，社区幼儿园的存在增加了妇女在城市参与劳动的可能性，儿童保育费用的增加对城镇和流动女性的劳动参与率产生了明显的不利影响。在农村地区，如果村里有儿童看护功能的公共服务资源，已婚女性所面临的儿童照管和非农就业之间的冲突可以得到缓解，从而提高女性的劳动参与率。杜凤莲对中国营养健康调查（CHNS）1991年至2004 的数据进行分析发现，儿童进入正规幼儿园后，女性劳动参与率将提高 34 个百分点。以上研究都证明了学前教育对女性就业的促进作用。

除了由正式机构提供的学前教育，隔代照料也是缓解生育负担的主要途径之一（宋月萍，2019；谷晶双，2020），尤其是在正规托儿服务水平较低的国家，儿童看护会更多依靠隔代照料。受经济水平、传统思维方式的影响，在中国隔代照料是仅次于母亲照料的儿童看护方式，因此在既往研究中，尽管有文献关注子女看顾方式对婚育女性劳动参与的影响，但是更多关注祖辈隔代照料这种非正式照管方式。然而，近年来城市尤其是大城市中多代同堂比例不断下降，延迟退休政策的出台使得老人的退休时间不断推后，可以预见，未来隔代照料对婚育女性的劳动参的支持力度可能会逐渐削弱，学前教育机构对婚育女性劳动参与的支持作用会继续凸显，这也要求我们从家庭的视角深入探讨该促进作用。

第二节　变量说明与描述性统计

　　本章的数据来自 CFPS 中 2010~2018 年的成人问卷调查，该问卷调查中对成年女性的婚育情况和工作情况进行了细致询问。本章的重点研究对象为婚育女性的劳动参与，分为两个测量维度，包括女性当前是否工作以及工作时长。其中，劳动参与状况来自问卷中对于受访者当前工作状态的调查，如果当前有工作（包含正规工作及自雇），则认为受访者参与劳动，变量赋值为 1，否则赋值为 0；每周工作时长来自受访者对问卷中对"过去 12 个月，您这份工作一般每周工作多少个小时？"的回答，对从事多份工作的受访者而言，要对其所有的工作时长进行加总。看护儿童是婚育女性参与劳动的重要影响因素，然而我国目前大部分正规学前教育机构只接受 3~5 周岁儿童。通过对 0~5 岁儿童进行描述性统计，发现调查中 0~2 岁儿童接受正规学前教育机构照管的比例不足 5%。由于 0~2 岁儿童的照管方式多样且缺乏准确数据，因此本章聚焦家中有 3~5 岁学龄前儿童的女性的劳动参与情况。本章选取了 21~49 岁且有符合学前教育入学年龄（3~5 岁）孩子的婚育女性作为样本，删除了数据缺失样本后，最终得到 5364 个样本。

　　笔者认为，学前教育对婚育女性参与劳动的支持作用只有在家中适龄儿童全部参与学前教育时才会凸显，如果多子女家庭中只有部分子女接受学前教育，那么母亲还是会因不能完全从照料子女的事务中解脱出来，而无法全身心地投入劳动力市场，因此本章选取的核心解释变量为家中适龄（3~5 岁）儿童是否全部接受学前教育。CFPS 对幼儿园和托儿所进行了区分，入园幼儿数在 50 人以上的称为幼儿园，归市教委管理；入园幼儿数在 50 人以下的称为托儿所，归市妇联管理；另外还包括私人经营的各类学前教育机构。本章将这几类学前教育机构进行了合并，将家中适龄（3~5 岁）儿童全部接受学前教育赋值为 1，没有全部接受学前教育赋值为 0。此外，本章还控制了婚育女性的年龄、婚育女性受教育程度、婚育女性健康程度等个体特征变量，家中子女数量、家中学前教育适龄儿童数量、是否祖辈隔代照料、居住类型、家庭所在地区、家庭年收入、家庭资产等家庭特征变量。在此基础上，当研究学前教育对女性劳动时长的影响时，在模型中加入是否曾经有正式工作、工作类型、工资水平、是否担任管理岗位等工作特征变量，以及学前教育性质为公办或者民办这一特征。

其中，在个体特征方面，对于婚育女性受教育程度的度量，本章采用受教育年限进行刻画，文盲 / 半文盲 0 年，小学 6 年，初中 9 年，高中 12 年，大专 15 年，大学本科 16 年，硕士 19 年，博士 22 年；至于婚育女性健康程度，本章根据调查问卷中的问题"您认为自己的健康状况如何"来设定虚拟变量，将自评健康状况为"健康"的赋值为 1，"不健康"的赋值为 0。在家庭特征方面，家中子女数量和学前教育适龄儿童数量分别为家中小于等于 15 岁的子女数量和处于 3~5 岁的子女数量；是否祖辈隔代照料来源于调查问卷中的问题"子女白天主要由谁照料"，将由祖辈照料的赋值为 1，其他赋值为 0；户口类型为二分变量，当前户口状况为"非农业户口"赋值为 1，否则赋值为 0；本章依据行政区域划分将个体所在省份分为东部地区、中部地区和西部地区，并分别赋值为 2、1、0；家庭年收入的对数是通过对家庭"过去 12 个月总收入"取对数之后获得。在学前教育特征方面，公办幼儿园赋值为 1，非公办幼儿园赋值为 0。在工作特征方面，有过工作时长超过 6 个月的正式工作赋值为 1，从未有过正式工作经历的赋值为 0；工作类型为"受雇"赋值为 1，"从事农业生产或者个体经营等"赋值为 0；担任管理岗位赋值为 1，不担任管理岗位赋值为 0。详情见表 4-1。

表4-1 学前教育对婚育女性劳动参与的影响变量说明

	变量类型		变量说明
被解释变量	妇女工作情况	当前是否工作	是 =1，否 =0
		每周工作时长	每周工作小时数
核心解释变量	子女接受学前教育情况	家中适龄（3~5 岁）儿童是否全部接受学前教育	家中适龄儿童（3~5 岁）全部接受学前教育 =1，未全部接受学前教育 =0
控制变量	个体特征	婚育女性年龄	家庭调查时婚育女性的实际年龄
		婚育女性受教育程度	接受正规教育的年限
		婚育女性健康程度	健康 =1，不健康 =0
	家庭特征	家中子女数量	小于等于 15 岁的子女数量
		家中学前教育适龄儿童数量	3~5 岁的学前教育适龄子女数量
		是否祖辈隔代照料	祖辈照料 =1，其他 =0
		户口类型	非农业户口 =1，其他 =0
		家庭所在地区	东部地区 =2，中部地区 =1，西部地区 =0
		家庭年收入的对数	同基期可比家庭收入水平的对数
		家庭资产的对数	同基期可比家庭资产数量的对数，包括金融资产和非金融资产
控制变量	学前教育特征	学前教育性质	公办幼儿园 =1，民办幼儿园 =0
	工作特征	是否曾经有正式工作	有过工作时长超过 6 个月的正式工作 =1，从未有过正式工作经历 =0
		工作类型	受雇 =1，从事农业生产或者个体经营等 =0
		工资水平	月工资收入
		是否担任管理岗位	担任管理岗位 =1，不担任管理岗位 =0

通过对全样本进行描述性统计，可以发现样本中婚育女性劳动参与率为 62%，就业女性每周工作时长约为 34 小时。在有劳动收入的样本中，婚育女性工资收入的对数为 9.31。婚育女性平均年龄约为 30 岁，平均子女数约为 2 个，自评健康状况良好。在受教育程度上，全体女性的平均受教育程度为初中，接受过高等教育（大专及以上）的女性占比仅为 12%，

大多数女性未接受过高等教育，这可能会低估受教育程度对于劳动力供给的影响。详见表 4-2。

表 4-2　学前教育对婚育女性劳动参与影响变量的描述性统计

变量名称	平均值	标准差	最小值	最大值
当前是否工作（是 =1）	0.62	0.43	0	1
每周工作时长（小时）	33.58	38.45	0	134
家中适龄儿童是否全部接受学前教育	0.57	0.51	0	1
婚育女性年龄（岁）	30.46	5.12	21	49
婚育女性受教育程度（年）	8.45	4.33	0	19
婚育女性健康程度（健康 =1）	0.94	0.26	0	1
家中子女数量（个）	1.83	0.96	1	9
家中学前教育适龄儿童数量（个）	1.13	0.37	1	5
是否祖辈隔代照料	0.36	0.48	0	1
户口类型（非农业户口 =1）	0.40	0.49	0	1
家庭所在地区	1.07	0.80	0	2
家庭年收入的对数	10.38	1.12	1.61	16.25
家庭资产的对数	12.08	1.29	5.30	16.82
学前教育性质（公办 =1）	0.30	0.44	0	1
是否曾经有正式工作	0.57	0.47	0	1
工作类型（受雇 =1）	0.34	0.47	0	1
工资收入的对数	9.31	1.76	0	13.12
是否担任管理岗位	0.03	0.18	0	1

注：样本量 N=5364。

第三节　学前教育对婚育女性劳动参与的重要意义

一　学前教育对婚育女性劳动参与的影响

1. 计量模型

本章的被解释变量婚育女性"当前是否工作"为二分变量，由于线性概率模型存在异方差并且预测值可能落在区间 [0, 1] 之外，同时为了对解释变量增加 1 单位引起的概率比变化倍数进行解读，本章使用 Logit 回归模型估计子女接受学前教育对婚育女性参与劳动力市场的影响。由于样本为一组跨年度多期混合截面数据，因此本章在模型中加入年份虚拟变量，以消除样本在不同年份之间的差异，并建立模型如下：

$$Pr\left(Y_i=1|\lambda_i,X_i\right)=\sigma\left(\alpha+\beta_1\times\lambda_i+\beta_2\times X_i+\beta_3\times year+\varepsilon_i\right) \qquad （式 4.1）$$

式 4.1 中，Y_i 为被解释变量，即婚育女性是否工作，为二分变量。λ_i 为核心解释变量，表示家中适龄（3~5 岁）儿童是否全部接受学前教育，如果适龄儿童全部接受学前教育则标记为 1，其余情况皆标记为 0。σ 为逻辑斯蒂函数。对于微观个体来说，除子女接受学前教育外还有很多其他因素会影响婚育女性重返劳动力市场，为了控制其他因素，模型中选取了一组控制变量 X_i，分别包括了个体特征（婚育女性年龄、婚育女性受教育程度、婚育女性健康程度）、家庭结构特征（家中子女数量、是否祖辈隔代照料）、区域特征（居住类型、家庭所在地区）、家庭经济特征（家庭年收入的对数、家庭资产的对数）及工作特征（是否曾经有正式工作）。ε_i 为残差值。考虑到婚育女性是否工作还可能受到当地就业机会、社会观念的影响，本章以区县为单位对样本进行聚类分析。全样本回归结果见表 4-3 中的模型 1。

表4-3 学前教育对不同收入水平家庭婚育女性劳动参与的回归分析

变量名称	模型1	模型2	模型3	模型4
	全样本回归	低收入家庭	中等收入家庭	高收入家庭
家中适龄（3~5岁）儿童是否全部接受学前教育	0.2810*** (0.0713)	0.2910** (0.1200)	0.3650*** (0.1150)	0.3970*** (0.1410)
婚育女性年龄	0.0544*** (0.0077)	0.0370*** (0.0116)	0.0647*** (0.0122)	0.0590*** (0.0150)
婚育女性受教育程度	-0.0091 (0.0161)	-0.0374 (0.0227)	-0.0108 (0.0176)	0.0379 (0.0249)
婚育女性健康程度	0.2950** (0.1350)	0.3670** (0.1790)	0.2170 (0.2350)	0.2240 (0.3140)
家中子女数量	-0.0417 (0.0577)	0.0217 (0.0910)	-0.0519 (0.0666)	-0.0545 (0.0698)
是否祖辈隔代照料	0.4870*** (0.0980)	0.4370*** (0.1330)	0.4050*** (0.1360)	0.7380*** (0.1610)
户口类型（非农业户口=1）	-0.1730* (0.0889)	-0.4620*** (0.1420)	-0.0803 (0.1170)	-0.0377 (0.1530)
家庭所在地区	-0.1470** (0.0696)	-0.1940* (0.1030)	-0.1110 (0.0802)	-0.0955 (0.0974)
家庭年收入的对数	0.0743* (0.0400)	0.1440** (0.0634)	0.1430 (0.2190)	-0.1510 (0.1430)
家庭资产的对数	0.1140*** (0.0342)	0.0348 (0.0593)	0.1340*** (0.0492)	0.1480** (0.0586)
是否曾经有正式工作	1.5380*** (0.0982)	2.0210*** (0.1640)	1.2590*** (0.1320)	1.1950*** (0.1270)
常数项	-4.9670*** (0.5580)	-4.4600*** (0.9150)	-6.0730** (2.3700)	-3.1310* (1.6110)
样本量	5364	1864	1791	1709
年份固定效应	是	是	是	是

注：小括号内为标准误，*、**、***分别表示在10%、5%和1%的显著性水平下显著。

2.回归结果分析

由表4-3中的回归结果可知，家中适龄（3~5岁）儿童接受学前教育对婚育女性劳动参与有显著的正向影响。如果家中适龄（3~5岁）儿童全部接受学前教育，婚育女性参与劳动的可能性是家中适龄（3~5岁）儿童未能全部接受学前教育的女性的1.32倍（$e^{0.281}$）。通过相同的计算方式对是否祖辈隔代照料这一变量进行计算，可以发现如果家中祖辈提供隔代照料，婚育女性参与劳动的可能性是没有祖辈隔代照料的婚育女性的 1.57 倍。婚育女性是否曾经有正式工作也成为影响其回归劳动力市场的重要因素，之前有过超过 6 个月的工作经历，其生育后重返劳动力市场的概率增加 3.6 倍。相对于城镇婚育女性，农村婚育女性参与劳动的可能性更高。另外，婚育女性年龄越大、健康状况越好、家庭经济水平越高也会促使婚育女性积极回归劳动力市场，但受教育程度的提高未能如预期那样对婚育女性的劳动参与产生显著的作用，这可能是由于样本中接受过高等教育的女性的占比不高，因此受教育程度对女性劳动参与的正向影响未能体现。

学前教育对女性的劳动参与情况可能随着其家庭年收入的变化而变化，因此本章以家庭年收入为核心变量对样本进行分类，并进行了异质性分析。本章将全体样本分为低收入家庭、中等收入家庭、高收入家庭三种，对各种家庭的年收入取对数，并将其三等分。由表 4-3 中模型 2、模型 3、模型 4 的回归结果可知，在三种收入水平的家庭中，适龄（3~5 岁）儿童的学前教育参与情况对婚育女性劳动参与都有明显的促进作用，且家庭年收入水平越高，这种促进作用越明显。通过对相关系数进行计算可以发现，对于低收入家庭来说，家中适龄（3~5 岁）儿童全部接受学前教育后，婚育女性劳动参与率是适龄儿童未全部接受学前教育的 1.34 倍；而对于中等收入家庭和高收入家庭来说，家中适龄（3~5 岁）儿童全部参与学前教育后，其婚育女性劳动参与率分别为原先的 1.44 倍和 1.49 倍。如果家中祖辈可以提供对孩子的隔代照料，高收入家庭婚育女性劳动参与率会提高 1.09 倍，这一数值显著高于低收入家庭和中等收入家庭。这也显示出相对于低收入家庭和中等收入家庭中的婚育女性，高收入家庭中的婚育女性对祖辈隔代照料更加依赖。除了接受学前教育和祖辈隔代照料这两种儿童照料方式之外，婚育女性之前的工作经历也成为影响其回归劳动力市场的重要因素。在低收入家庭中，农村婚育女性劳动参与率显著高于城镇婚育女性。健康程度也成为影响低收入家庭婚育女性重返劳动力市场的重要因素，这从侧面反映出在身体状况允许的情况下，农村婚育女性有较为强烈的工作意愿。另外，低收入家庭中婚育女性的劳动参与更多地由家庭年收入决定，而中高收入家庭中婚育女性的劳动参与则与家庭资产相关。本章使用工具变量对回归结果进行了稳健性检验，详见附录1。

二 家中适龄儿童接受学前教育对婚育女性工作时长的影响

1. 计量模型

对于已经参与劳动的婚育女性而言，家中适龄儿童是否全部接受学前教育也可能对其工作时长产生影响。由于照料子女与劳动参与之间存在替代关系，当家中适龄儿童全部接受学前教育机构照管后，婚育女性自主支配时间更多，工作时长也会更长。在对有效工作时长的样本进行筛选后，本章得到 2275 个样本。

通过对参与劳动的婚育女性每周有效工作时长的分布情况进行绘图，发现其时长分布接近正态分布（见图4-1），因此可以用 OLS 回归的方法进行研究。

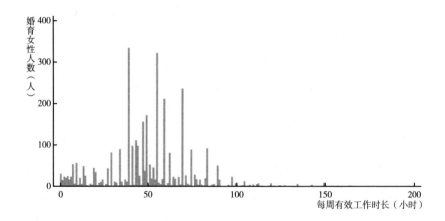

图4-1 婚育女性每周工作时长分布

为了研究家中适龄儿童接受学前教育对婚育女性劳动参与时长的影响，本章建立如下模型：

$$Y_i = \alpha + \beta_1 \cdot \lambda_i + \beta_2 \cdot X_i + \varepsilon_i \qquad （式4.2）$$

式4.2中，Y_i为被解释变量，即女性每周工作时长；核心解释变量 λ_i 为家中适龄儿童是否全部接受学前教育。考虑到可能有其他因素对女性劳动时长产生影响，本模型选取了一组控制变量 X_i，分别包括了个体特征（婚育女性年龄、婚育女性受教育程度、婚育女性健康程度）、家庭结构特征（家中子女数量、是否祖辈隔代照料）、家庭经济特征（家庭年收入的对数、家庭资产的对数）及区域特征（城镇 / 农村家庭、家庭所在地区）。由于劳动时长会随着劳动特征变化，因此本章除了在模型加入了是否曾经有正式工作外还纳入了工作类型、是否担任管理岗位等变量。考虑到民办学前教育模式可能比公办学前教育结构更为灵活，因此对婚育女性调整自己的工作时长存在促进作用，因此在模型中加入学前教育性质这一变量。ε_i 为残差值。

2. 回归结果分析

通过对全样本进行回归（见表4-4模型5），研究发现相对于家中适龄儿童未全部接受学前教育的婚育女性，适龄儿童全部接受学前教育的婚育女性每周工作时长多4个小时。除了学前教育机构照管，祖辈隔代照料方式对增加婚育女性每周工作时长的贡献也不容忽视，当祖辈愿意帮助照管孙辈时，婚育女性每周工作时长增加4.8个小时。另外，家中最小的子女年龄越大，婚育女性每周工作时长越长。一方面，家中最年幼的子女年龄越大，婚育女性需要投入在照顾子女上的时间和精力越少；另一方面，家中子女数量增加，养育开支增加，也会从侧面促使婚育女性增加每周工作时长以提高收入。

从女性工作特征的维度来看，其工作类型为"受雇"的婚育女性的每周工作时长明显多于从事农业生产或个体经营的婚育女性。而曾经有正式工作的女性在婚育后也可以更顺利地重新融入社会，因此每周工作时长更长。另外，针对婚育女性受教育程度与每周工作时长的负向关系，通过前文中的描述性统计得知，样本中接受过高等教育的婚育女性仅约为总样本的 5%，因此可能会低估受教育程度对婚育女性每周工作时长的真实影响。回归结果还显示，来自农村家庭的婚育女性比来自城镇家庭的婚育女性每周工作时长更长，本章对两类女性的每周工作时长进行了描述性统计，发现前者每周工作 36.1 个小时，而后者每周工作 30.7 个小时，这可能是由于来自农村的婚育女性除了从事农业生产外，往往还会外出打工。

表 4-4　学前教育对城镇、农村家庭婚育女性每周工作时长的回归分析

变量名称	模型 5 全样本回归	模型 6 城镇家庭	模型 7 农村家庭
家中适龄儿童是否全部接受学前教育	4.004*** (1.265)	1.857 (1.868)	3.391* (1.754)
婚育女性年龄	-0.214* (0.128)	-0.237 (0.178)	-0.0492 (0.183)
婚育女性受教育程度	-0.502*** (0.151)	-0.977*** (0.226)	-0.118 (0.212)
健康程度	1.079 (2.050)	3.973 (2.565)	-0.270 (2.939)
是否祖辈隔代照料	4.849*** (1.124)	2.933** (1.447)	6.076*** (1.664)
最年幼子女年龄	0.704* (0.397)	0.190 (0.576)	0.861 (0.540)
户口类型 （非农业户口 =1）	-2.165* (1.152)		
家庭所在地区	0.544 (0.647)	-0.591 (0.894)	0.477 (0.924)
家庭年收入对数	-0.452 (0.741)	-0.330 (1.007)	-0.438 (1.055)
家庭总资产对数	-0.164 (0.492)	0.123 (0.571)	-0.685 (0.834)

续表

变量名称	模型 5 全样本回归	模型 6 城镇家庭	模型 7 农村家庭
学前教育性质（公办 =1）	0.337 (1.312)	1.453 (1.633)	0.209 (2.010)
是否曾经有正式工作	3.984*** (1.215)	5.514*** (1.926)	4.044*** (1.500)
工作类型（受雇 =1）	22.160*** (1.740)	17.350*** (2.435)	22.450*** (2.668)
个人收入对数	2.536*** (0.424)	3.390*** (0.689)	1.813*** (0.530)
是否担任管理岗位	-1.332 (2.089)	1.199 (2.260)	-4.367 (4.735)
常数项	-3.008 (7.750)	-0.313 (10.770)	-3.287 (11.440)
样本量	2275	1063	1212
年份固定效应	是	是	是
R^2	0.441	0.263	0.545

注：小括号内为标准误，*、**、*** 分别表示在 10%、5% 和 1% 的显著性水平下显著。

3. 异质性分析

（1）居住类型不同的婚育女性

在前文中，本章讨论了居住类型对女性每周工作时长的影响，发现农村家庭婚育女性的每周工作时长长于城镇家庭婚育女性。考虑到相对于城镇家庭的婚育女性，农村家庭婚育女性的工作具有更强的灵活性，同时由于受到家庭经济水平的影响，农村家庭婚育女性可能有更强烈的工作意愿。因此本章在前文研究的基础上，对来自两类家庭的婚育女性进行了分样本回归分析。回归结果见表 4-4 中的模型 6 和模型 7。

由回归结果可知，将子女送到学前教育机构进行照管可以显著增加农村家庭婚育女性的每周工作时长，使其每周工作时长增加 3.4 个小时。相对于城镇家庭婚育女性，祖辈隔代照料这一儿童照料方式对农村家庭婚育女性每周工作时长影响更大，这也可能是由于农村学前教育机构建设不完善或缺失，学前教育的价格过高或者可获得性差，农村家庭婚育女性更加依赖家庭中祖辈隔代照料方式。另外，工作类型为受雇的农村家庭婚育妇女可能会在农业生产的基础上参与非农劳动，这也往往意味着她们每周比城镇家庭中从事相同工作类型的婚育女性工作更长时间。

（2）家庭子女数量不同的婚育女性

另外，本章还就核心自变量为"家中的学前教育适龄儿童是否全部接受学前教育"进行回归分析。这是因为样本中一部分多子女家庭中适龄儿童未全部接受学前教育。这背后或许有父母观念的原因，也有可能是学前教育的花费较高导致的。然而对于婚育女性来说，只要家中还有未接受学前教育的子女，她们就要付出时间和精力来照顾孩子，不能全身心地投入工作，其每周工作时长也会受到影响。在这种情况下，即便家中有部分子女接受学前教育，可能也不会增加婚育女性的每周工作时长。为了验证这一猜想，本章通过子女数量和参与学前教育的子女数量对样本进行分类，分别对独生子女家庭、多子女家庭、适龄子女未全部接受学前教育的多子女家庭进行了回归分析，其结果见表4-5中的模型8、模型9和模型10。

由回归结果可知，独生子女接受学前教育对独生子女家庭中的婚育女性每周工作时长影响最大，其每周工作时长增加了4.1个小时。子女全部接受学前教育对多子女家庭中婚育女性的每周时长也有显著正向影响，其每周工作时长增加了3.1个小时。然而对于只有部分子女接受学前机构照管的多子女家庭，接受学前教育的子女数量增加并不会对其每周工作时长产生影响，只有家中子女全部接受学前教育的机构照管，婚育女性每周工作时长才会增加。同时，当子女未全部接受学前机构照管时，多子女家庭中的婚育女性对于祖辈隔代照料的依赖最强。

表4-5　学前教育对不同子女数量的婚育女性每周工作时长的回归分析

变量名称	模型5 全样本回归	模型8 独生子女家庭	模型9 多子女家庭	模型10 适龄子女未全部接受学前教育的多子女家庭
家中适龄儿童是否全部接受学前教育	4.004*** (1.265)	5.115** (1.998)	3.060* (1.747)	
接受学前教育的适龄儿童数量				0.730 (2.879)
婚育女性年龄	-0.214* (0.128)	-0.360** (0.181)	0.0520 (0.183)	0.578** (0.275)
婚育女性受教育程度	-0.502*** (0.151)	-0.845*** (0.228)	-0.308 (0.209)	0.0143 (0.286)
健康程度	1.079 (2.050)	-1.244 (3.206)	2.450 (2.694)	1.284 (3.727)
祖辈隔代照料	4.849*** (1.124)	4.013** (1.566)	5.001*** (1.635)	6.522*** (2.507)
最年幼子女年龄	0.704* (0.397)	-0.498 (0.987)	0.643 (0.465)	-0.254 (0.715)
户口类型 （非农业户口=1）	-2.165* (1.152)	-2.367 (1.689)	-2.413 (1.626)	-3.845 (3.039)
家庭所在地区	0.544 (0.647)	0.375 (0.891)	0.0548 (0.956)	0.836 (1.445)
家庭年收入对数	-0.452 (0.741)	-1.723 (1.133)	0.536 (0.948)	0.625 (1.232)
家庭总资产对数	-0.164 (0.492)	0.365 (0.717)	-0.720 (0.680)	-1.450 (1.151)
学前教育性质（公办=1）	0.337 (1.312)	0.560 (1.877)	0.357 (1.824)	-9.750** (4.722)
是否曾经有正式工作	3.984*** (1.215)	5.528*** (1.838)	3.275** (1.588)	0.388 (2.317)
工作类型（受雇=1）	22.160*** (1.740)	20.310*** (2.403)	21.390*** (2.673)	25.980*** (4.422)
个人收入对数	2.536*** (0.424)	3.974*** (0.666)	1.526*** (0.552)	1.098* (0.575)
是否担任管理岗位	-1.332 (2.089)	-2.824 (2.356)	2.246 (4.144)	0.544 (10.960)

变量名称	模型5 全样本回归	模型8 独生子女家庭	模型9 多子女家庭	模型10 适龄子女未全部接受学前教育的多子女家庭
常数项	-3.008 (7.750)	11.520 (11.740)	-12.800 (10.500)	-15.080 (13.660)
样本量	2275	1143	1132	489
年份固定效应	是	是	是	是
R^2	0.441	0.359	0.525	0.617

注：小括号内为标准误，*、**、*** 分别表示在10%、5% 和 1% 的显著性水平下显著。

三 子女接受学前教育对婚育女性劳动参与率的影响

婚育女性进入劳动力市场对于增加家庭收入、促进性别平等和社会公平有着重要作用。新中国成立以来，我国不仅实行男女平等的就业制度，还为学龄前儿童提供了较为完善的托幼服务体系，帮助婚育女性解决工作与家庭的矛盾（史慧中，1999），因此与世界上其他国家相比，中国女性劳动参与率保持在较高的水平[①]。但20世纪80年代后，随着一轮轮经济市场化浪潮，我国学前教育服务体系受到一定冲击，学前教育对女性劳动参与的支持功能在一定程度上受到削弱，对女性特别是低收入家庭女性的就业产生了一定负面影响，导致女性在劳动力市场中地位的相对降低（Zhu et al., 2005）。有学者从儿童看护的角度对女性劳动参与率下降的原因进行分析，发现相对于父亲，母亲在照顾家庭、看护儿童中的过程中需要花费更多时间与精力，因此更可能退出劳动力市场（熊瑞祥和李辉文，2017）。由于面临工作与家庭之间的角色冲突，我国女性劳动参与率逐渐下降，其中家中有0~6岁儿童的女性的劳动参与率下降幅度更大，从1991年的90.3%降至2011年的63.7%和2020年的59.8%（见图4-2）（杜凤莲等，2018）。

[①] 国家统计局网，http://www.stats.gov.cn。

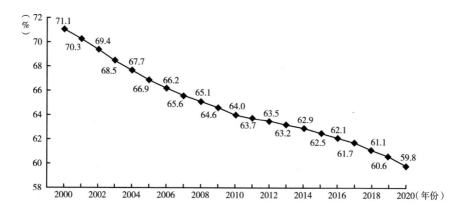

图 4-2　2000~2020 年我国家中有 0~6 岁儿童的女性劳动参与率 [1]

　　尽管当前祖辈隔代照料仍在儿童照料中发挥着重要作用，但当前无论是生活经验还是已有研究都提醒我们，这种模式很有可能是不可持续的。随着我国家庭结构日渐简化、"原子化" [2]，越来越多的年轻人对与老年人同住表现出拒绝情绪（陶涛等，2018）。出于照顾子女的需要而强行让两辈人生活在一起，也可能由于生活习惯不同、育儿观念不同而引发家庭矛盾甚至社会矛盾，例如亲子沟通不顺畅、孩子与父母之间的信任感和亲密度不高、祖辈与父辈的教育方式不一致等，这些矛盾会导致孩子的行为和心理问题、祖辈对孙辈溺爱等。不但如此，照料孙辈已经成为当前降低老年人晚年生活幸福感的重要因素，中老年人在隔代照料过程中往往会感到困惑，从而产生角色紧张的压力，提高其身心健康风险（Hayslip et al., 2005），尤其是从农村进入城镇的老年人，很有可能因为语言、生活习俗不同而成为"老漂族"。有研究表明，提供隔代照料对老年人的日常活动能力、身体健康、心理健康等均产生负面影响（肖勤雅，2017）。另外，

---

① 世界银行网，data.worldbank.org.cn。

② 家庭"原子化"是指家庭成员逐渐脱离家庭共同体，相互之间联系的强度很低的一种状况。

未来我国延迟退休政策的推出，祖辈能够提供的照料逐渐减少，隔代照料模式可能会在未来随着经济社会的发展逐渐退出历史舞台，借助正规学前教育机构照料儿童可能会成为大多数家庭的选择。

如果儿童照料的压力重新回到女性身上，婚育女性退出劳动力市场的可能性加大，会进一步降低劳动力总量的供给。通过发展学前教育可以有效减轻婚育女性的儿童照料负担，降低婚育女性就业的机会成本，将婚育女性从繁重的家务劳动中解放出来，提高婚育女性的劳动参与率，从而进一步提高人力资源配置效率，释放经济增长的潜力，并促进中国社会的性别平等。本章研究显示，学前教育对婚育女性的劳动参与率有显著正向影响，但会因家庭经济情况的不同而存在一定的异质性，即家庭条件越好，婚育女性借助学前教育回归职场的意愿就越强烈，许多受教育程度较低的婚育女性反而会退出劳动力市场成为专职母亲，这可能对儿童的发展不利。如果低收入家庭婚育女性因为学前教育费用高（工作机会成本加大）而退出劳动力市场，那么不仅会扩大低收入家庭与高收入家庭间的收入差距，还会影响儿童的受教育质量。我国婚育女性有强烈的工作意愿，但是由于质优价廉的学前教育可获得性差，相当数量的婚育女性受到儿童照料成本的约束未能参与劳动，降低了全社会劳动力供给总量。积极发展学前教育，降低低收入家庭儿童照料和儿童教育的成本，提高学前教育的可获得性，提高婚育女性的劳动参与率，不仅可以增加家庭收入，还可以增加全社会劳动力供给总量，促进经济增长。

目前，我国劳动年龄人口和婚育女性规模下降，老龄化程度加深，总和生育率下降，出生人口数量走低。尽管我国自2016年开始推行"全面二孩"政策，但最新数据显示，2023年我国出生人口规模仅为902万人，与2016年的1800万人相比大幅近50%。持续的低生育水平与女性生育观念转变密切关联，但客观来讲，生育后照顾子女的机会成本过高也是女性不愿生育的重要原因之一。有鉴于此，本书建议各级政府根据各地经济发展状况，采取各种激励措施适当延长生育假期，并鼓励有条件的地区试点

4年制（儿童2~5岁）学前教育制度，降低学前教育的入学年龄，让2岁及以上的孩子能够有机会在优质幼儿园内接受专业幼教老师的照顾，尽早将婚育女性从照料幼儿的任务中解放出来，这样做既有利于她们重返劳动力市场，也有利于提高女性的生育意愿，对我国经济社会的长期可持续发展具有重要价值。

卡片4.2 新疆生产建设兵团第八师石河子市幼儿园暑期托管解民忧

——家长"操心事"变成"暖心事"

"要不是有这个托管政策，我只能把孩子一个人放在家里看电视。"

日前，在新疆生产建设兵团第八师石河子市新时代自然之家幼儿园，家长张慧琴对记者说："我工作太忙了，暑假没时间照顾孩子。"

张慧琴不仅没时间照顾孩子，每天下班后来接孩子的时间也要晚1个小时。"只要提前跟幼儿园老师说一声，老师会照看好孩子，再晚都等着我来接。"

记者和张慧琴交流时，她6岁的女儿陈钰琳在旁边安静地翻阅着绘本。"幼儿园比家里好，有小朋友和我一起玩，还有各种有意思的活动。"陈钰琳开心地说。

"三餐一点心，都是按照孩子的营养需求搭配的，还要考虑他们的口味喜好。"第八师石河子市新时代自然之家幼儿园园长沈春玲对记者说，"除了生活上照顾好，我们还安排了很多游戏类和艺术类活动，让孩子们度过一个轻松愉快的暑假"。

同张慧琴一样，2023 年暑假，石河子市的不少家长选择把孩子送到就近的幼儿园托管。

2023 年暑假，第八师石河子市新时代自然之家幼儿园开办幼儿爱心暑期托管班，为家长减轻了"带娃压力"，孩子们迎来了精彩的暑期生活。第八师石河子市教育局社会力量办学办公室负责人夏琼告诉记者，爱心暑期托管班在市区和团场 27 所民办园同步开设，服务 2600 多个孩子，把家长的"操心事"变成了"暖心事"。

7 月盛夏，烈日焦烤着大地，180 个孩子在第八师石河子市新时代自然之家幼儿园开启了一场暑期自然之旅。

该园为孩子们精心安排了有规律的一日生活。早上 9 时，孩子们陆续走进绿树成荫、瓜果满园的幼儿园，自由放松地探索、游戏，拥抱大树、采摘蔬果、触摸泥土、攀爬树屋、创意涂鸦……

"我们还利用孩子们的活动场地，创设了木工手作、水彩艺术、光影游戏、扭转魔方、情境故事等活动，让孩子们全身心沉浸在活动中，打开并运用所有感官去感知生活经验。"沈春玲说。

走进凉爽的教室，记者看到，教师正给大班孩子们讲《西游记》里的故事。教师把故事中的人物用手工材料制作出来，用园子里捡来的小松果、小石头、小树桩等搭建《西游记》故事场景，栩栩如生、声情并茂地给孩子们演绎《西游记》系列故事。

在耳濡目染中，孩子们也跃跃欲试，自创自导自演属于自己的幼儿版《西游记》故事。

夏琼说，暑期托管坚持家长自愿原则，幼儿园在前期调研家长需求的基础上，积极响应相关政策，帮助有需要的家长解决后顾之忧。

暑期托管班开设了美术、舞蹈、幼儿口才等课程，在寓教于乐的同时发掘幼儿的兴趣，既减轻了家长的压力，又能培养孩子的兴趣和特长，实现了双赢。

在石河子市艳玲幼儿园，家长罗桂兰说，自己有 3 个宝宝，暑假都送到艳玲幼儿园了，老师们照顾得特别好，孩子很开心。

记者了解到，暑期托管班的活动内容以游戏为主，各幼儿园整合资源开展形式多样、内容丰富的学习与生活活动，并综合运用各功能活动室，开设遵循幼儿身心发展规律的活动。

第八师石河子市通过积极开展暑期托管服务，换来了孩子开心、家长放心。采访中，家长们纷纷对幼儿园暑期托管服务表示赞赏，称赞暑期托管服务做到了百姓的心坎上，是贴心工程、暖心工程。

资料来源：蒋夫尔《新疆生产建设兵团第八师石河子市幼儿园暑期托管解民忧——家长"操心事"变成"暖心事"》，《中国教育报》2023 年 8 月 6 日。

第四节　本章小结

本章关注学前教育对婚育女性劳动力供给的影响，研究发现，如果家中适龄儿童全部接受学前教育，其母亲就可以从照料子女的劳动中解放出来，从而提高婚育女性劳动参与率。这种积极作用随着家庭收入的增加而变得更加显著，对高收入家庭中有着更为强烈的重返职场的意愿和能力的婚育女性来说更是如此。家中适龄儿童全部接受学前教育后，婚育女性尤其是农村家庭婚育女性的每周工作时长也得到了延长，客观上提升了全社会劳动力供给。

随着我国家庭结构小型化及延迟退休政策的推出，祖辈能够提供的隔代照料逐渐减少，儿童照料的压力重新回到婚育女性身上，婚育女性会因此退出劳动力市场，降低劳动力总量的供给。通过发展学前教育可以有效地减轻婚育女性的儿童照料负担，降低婚育女性就业的机会成本，将婚育女性从繁重的家务劳动中解放出来，提高婚育女性的劳动参与率，从而进一步提高人力资源配置效率，释放经济增长潜力，促进性别平等。

因此，各级政府和相关部门应当全面、认真地贯彻落实《"十四五"学前教育发展提升行动计划》，加大对公办幼儿园的投入，建立并完善质优价廉的普惠性学前教育体系，提高各地区尤其是中西部农村地区弱势群体的学前教育可获得性。我国婚育女性有强烈的工作意愿，但是由于质优价廉的学前教育可获得性差，相当数量的婚育女性受到儿童照料成本的约束而未能参与劳动。如果学前教育定价不合理，低收入家庭很可能选择放弃学前教育，这不仅对儿童接受学前教育、提高全社会的毛入学率形成障碍和阻力，也不利于婚育女性回归劳动力市场。发展学前教育需要优惠扶持政策，比如税收减免、财政补贴等，降低学前教育供给成本，将学前教育的价格控制在合理区间内，进而提高学前教育的可获得性。这样做既可以提高婚育女性的劳动参与率，增加劳动力总量的供给，促进经济增长，又可以改善社会分配结构，促进共同富裕。

第五章

学前教育对刺激消费、扩大内需的影响

教育具有带动消费、促进经济增长的功能。对于家庭来说，教育可以通过提高消费能力、改善消费结构、调节消费倾向等方式，影响家庭的消费行为；对于全社会来说，教育相关产业建设同样可以扩大内需。以此类推，本章假设学前教育也可以通过以上路径刺激消费，促进经济增长。目前学界对学前教育如何扩大内需、拉动经济增长的实证研究明显不足，值得深入探究。基于此，本章将消费按照主体分为家庭消费和社会消费，再将家庭消费行为分为提升消费水平和优化消费结构两个方面，进而拓展消费的概念和内涵，从而更细致地分析学前教育与经济增长之间的关系，选择提高学前教育投入的更有效的路径。

第一节　学前教育的消费属性与经济增长

当前，我国国内国际形势复杂，内需不足和需求收缩严重制约着国民经济的长期可持续发展，急需培育一批新的、拉动力强的消费增长点，进而促进投资、稳定增长和优化结构。教育能够在适度增加居民消费、扩大内需方面发挥重要作用，不但可以通过提高消费能力、改善消费结构、调节消费倾向等方式，影响家庭的消费行为，而且教育相关产业建设同样可以扩大内需，促进经济增长。以此类推，本章假设学前教育也可以通过以上路径刺激消费，拉动经济。本章将从学前教育的消费属性入手，检验学前教育在刺激消费、完善教育产业、扩大内需进而促进经济增长方面的作用，先将学前教育消费按照主体划分为家庭消费和社会消费，再将家庭消费行为分为消费水平和消费结构两个层次，拓展消费的概念和内涵，构建学前教育在扩大内需中发挥作用的理论框架，并通过中介效应模型，对该理论框架进行实证检验。之后，本章还将对我国各省按照地区进行划分，分析学前教育如何对不同地区的家庭与社会的消费行为产生的影响以及与经济增长之间的关系。

一　关于学前教育消费属性的论述

以舒尔茨为代表的学者提出现代人力资本理论后，学界逐渐将与教育有关的花费看作投资，关于教育的讨论主要集中在教育的投资属性上，认为教育可以生产知识，形成和积累人力资本。不过由于人力资本的形成是一个长期过程，因此教育的投资属性对经济增长发挥作用需要一个相对漫长的过程。

从短期来看，除了作为人力资本的投资方式具有的投资属性，教育的消费属性可以直接拉动经济增长。教育发展本身就能推动基础设施建设，扩大消费需求，带动就业，因此加大教育投入、发展教育事业本身就是扩大消费、拉动经济增长的重要举措。闵维方等（2021）发现大力发展公平优质教育，普遍提高居民的受教育水平和质量，是改善收入分配结构、缩小基尼系数、扩大中等收入群体不可或缺的有效措施之一。这种收入分配结构的变化将使提高居民消费率具备必要的社会和物质基础。与此同时，教育规模的扩大可以加快我国新型城镇化进程，而城镇化水平的提高是促进消费、扩大内需的重要动力之一。

学前教育的特殊性决定了其较强的消费属性。从家庭的角度看，一方面，学前教育消费能根据受教育儿童及其家庭的当期需要，为其提供教育培养、看护服务和安全保障等效用，让其获得生活、安全和心理等方面的满足。另一方面，学前教育的成本比义务教育高，从成本分担的角度看，接受教育的儿童及其家庭要有一定花费，而中国的家长也乐意为其买单。北京大学教育财政科学研究所在 2017 年的调查显示，在全国学前教育和基础教育阶段，居民家庭的私人教育支出总量已高达 19042 亿元，相当于当年全国GDP 的 2.48%。从社会的角度看，发展学前教育需要扩大基建规模，采用新教育技术设备，聘请新教师，还要不断培训提高教师的综合素质，这些都需要消费大量的人力、物力和财力，能在短期内促进地方经济增长。政府在学前教育项目上的投入能产生乘数效应，带动经济规模扩大，而因经济规模和税基扩大增加的税收又可以反过来抵消部分政府投入。例如，某地新建一所幼儿园，政府需要购买各项产品和服务，增加就业，这将提高新聘员工的消费能力和意愿，再购买当地的商品和服务，如此延伸会产生乘数效应，扩大当地经济规模和税基。因为学前教育行业作为劳动密集型产业，主要服务当地，大部分学前教育资金也花在当地，并以工资的形式发放给员工（Wehner et al.，2008），这会增加有效需求、刺激当地消费，并在短期内见效。因此，笔者认为学前教育支出具有消费和投资的双重属性，短期看消费属性更强，长期看投资属性更强。当然，该结论是否成立还需要严谨的实证检验。

二 学前教育投入与经济增长

与后期教育相比，早期教育的投资回报率更高，而且具有更强的社会影响力，因此学前教育通常被看作一种最经济的、回报率最高的公共项目（Attanasio et al., 2013）。加拿大的一项研究表明，学前教育能产生乘数效应，比如在马尼托巴省每增加 1 美元学前教育投入，就能在当地形成 1.58 美元的连锁效应（Wehrer et al., 2008）。Rolnick 和 Grunewald（2003）发现，如果政府在提升学前教育质量上投入 1 美元，那么在未来会获得 8~16 美元的收益。Isaacs 指出，政府和家庭对儿童的投资，除了对提高儿童生活质量产生直接的效益外，将来还可以为全国带来经济效益。学前教育项目每花费 1 美元，所得回报大约为 2.88 美元。Timothy Bartik 认为学前教育投入能带来较高的社会回报率，尤其是人均国民收入的增加。根据其测算，学前教育每投入 1 美元，人均国民收入将增加 2~3 美元，如果可以在全国范围内采取全面的学前教育计划，可以使全体居民收入的现值增加 1.7%。Delalibera 等（2018）建立了贴合美国 1961~2008 年经济发展情况的模型，发现政府在学前教育中每增加 0.3% 的投入，人均国民收入将提高 0.36%。赫克曼（Heckman，2000）在《促进人力资本的政策》一文中指出将人力资本的投入直接指向幼儿是对社会公共资金更有效的利用。

近年来，国内学者也开始重视研究学前教育对经济增长的促进作用。宋乃庆等（2019）使用索罗模型测算了学前教育对经济增长的贡献率，然而该研究未能将学前教育对经济增长的贡献率从各级教育中剥离出来，在计量方法上也存在诸多问题，例如没有在模型中加入各级各类教育投入、滞后项，分省份回归结果的系数不显著等。王蕾等（2019）利用政府发布的公开数据和相关研究数据，采用世界银行研发的 ECD 效益成本测算工具，测算了中国政府在农村地区开展 ECD 项目的效益—成本比，结果表明，政府在农村地区开展 ECD 项目的回报率非常高，其效益—成本比为 4.2 : 9.3，如果换算为回报率的话，为 7%~15%。与政府其他项目相比，该项目回报率较高，也与世界上其他国家实施的 ECD 项目的回报率大致相同。

总之，以上研究均发现学前教育投资具有较高的回报率，是促进经济增长的有效途径。

第二节 学前教育刺激消费、扩大内需的机制分析

一 当前我国经济发展的宏观背景和新要求

"十四五"期间,我国开启全面建设社会主义现代化国家的新征程。而当前日益复杂严峻的国际经济环境,要求我们构建以扩大内需为战略基点的新发展格局,加快建立健全的内循环体系,把实施扩大内需战略同深化供给侧结构性改革有机结合起来,通过高质量供给创造新需求,引领和扩大消费,形成强大的国内市场,畅通国内国际双循环。近年来,我国一直在强调扩大内需,努力从"投资驱动、出口导向"的经济增长模式转变为"创新驱动、内需拉动"的增长模式。长期以来,居民总体消费率偏低、消费意愿偏弱始终是制约我国经济长期可持续发展的难题。与此相对应的是,我国的居民储蓄率偏高,2010年我国的居民储蓄率达到50.6%,虽然近年来有所降低,2020年降至44.7%,但是仍然较高。如何扩大内需成为当前亟须解决的重要问题之一。

多年来,我国经济呈现高增长、低消费的特征,从居民人均消费水平看,其增速从2014年的7.5%下滑至2021年的4.4%,扣除价格因素,实际增长3.2%。从社会消费品零售总额来看,2012年的实际增速是12.1%,而2020~2021年的实际增速降至3.9%,达到2008年以来的新低。2013年到2020年,我国居民消费率从71%下降到64.8%,2021年上半年为65%;城镇居民的消费率从2013年的69.85%下降到2020年的61.6%,2021年上半年进一步下降到60.4%。在"生产→分配→流通→消费"的经济大循环中,消费既是终点又是起点,是扩大内需的原始动力,而扩大内需则是我国"十四五"期间新发展格局的战略基点,因

此我们迫切需要以消费升级推动供给创新，以供给创新刺激需求、引领消费。

二 学前教育在刺激消费、扩大内需中的作用

随着学前教育的不断普及，我国家长对学前教育的重视程度不断提高，认识到其在儿童智力开发、性格塑造和社交能力培养中的重要作用，普遍希望为孩子提供优质的学前教育服务，有强烈的消费意愿。而学前教育处于非义务阶段，通过合理定价向居民收取一定的费用，也是其成本分担的客观要求。从宏观角度看，2020 年，全国财政性学前教育经费为 2532 亿元，是 2010 年 244.4 亿元的十倍多，财政投入的大幅增加也使得政府逐渐成为学前教育消费的重要主体。在这一大背景下，学前教育刺激消费、加大政府和民间投资，扩大社会总需求作用不断增强，这就要求我们关注其理论价值和现实意义。然而当前剖析学前教育消费属性的研究还较少，因此本章将在接受教育投资属性的基础上，再重点从消费属性的角度，阐述学前教育在适度增加消费、扩大内需、从短期内拉动经济增长的重要作用，为我们分析学前教育促进经济增长提供新的视角，进而更全面地理解学前教育促进经济增长的路径及地区差异性。

下面，本章将从三个方面探讨这一问题。

第一，学前教育本身就是扩大内需的重要机制之一。造成我国居民储蓄率高而消费率低的原因很复杂，主要是居民没有形成将储蓄转化为消费增长点的意愿，迫切需要培育引导居民合理消费的渠道，笔者认为学前教育是一个重要的消费渠道。相关研究表明，为子女支付教育费用是居民储蓄的重要动因之一，作为一个年人均 GDP 超过 1 万美元的中等收入国家，我国居民对多样化的优质教育的需求持续增长。家长有为子女购买高层次、高质量

教育服务的强烈意愿。国家统计局等单位联合进行的《中国经济生活大调查（2019-2020）》显示，教育消费是我国居民消费中非常重要的组成部分，而学前教育费用在我国家庭教育消费中的占比又是最高的。根据北京大学中国教育财政科学研究所"中国教育财政家庭调查"（CIEFR-HS），在学前教育阶段，根据家庭一年的收入水平将家庭分为四组，最低收入组家庭生均学前教育负担率为 16.6%，最高收入组家庭生均学前教育的负担率为 8.8%，收入水平处于中间两组的家庭生均学前教育负担率分别为 11.2% 和 11.4%，学前教育在各组家庭消费中都占很大的比重。另外，发展学前教育还可以加快产业结构升级和城镇化进程，改善收入分配结构（闵维方，2020），夯实扩大内需的根基。近年来，居民教育和培训的消费意愿呈现上升趋势，2020 年的调查数据表明，广大居民通过教育和培训提升自身知识和能力的意愿非常强劲。以上因素的共同作用为我国学前教育发展营造了良好的经济基础和环境，机不可失。

第二，学前教育可以改变家庭的消费观念，提高消费能力，丰富消费方式，刺激消费需求，提高消费层次，优化消费结构，从而扩大内需。尽管学前教育作用的对象是学龄前儿童，但是儿童家长才是付费购买学前教育服务的人群，因此学前教育不仅作用于儿童，更会对儿童的家长甚至整个家庭的消费行为产生影响。2021 年我国居民人均消费支出结构显示，居民的教育文化娱乐支出占家庭总支出的比例为 10.8%（见图 5-1）。国际经验表明，受过高等教育的群体对教育、文化、体育、娱乐、健康、旅游和通信等精神产品的需求会大大增加，这些需求有助于提高居民的身心素质、健康水平和生活质量。从我国 2021 年居民消费情况来看，尽管我国居民消费结构较改革开放初期有了很大改善，但主要还是集中在满足日常生活的基本需求方面。同发达国家相比，我国居民消费结构有待进一步优化，在教育文化娱乐支出方面尤其是学前教育支出方面还有很大提升空间，值得挖掘。

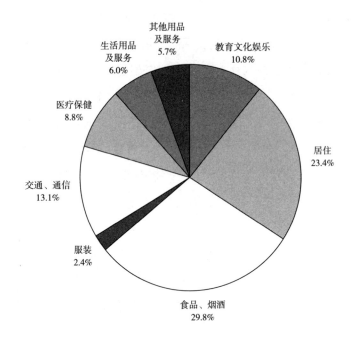

图5-1 2021年我国居民人均消费支出及构成

资料来源：国家统计局。

第三，发展学前教育本身也会扩大消费需求。要扩大教育规模，充实各级各类教育工作者队伍，提高教育质量，需要加大基础设施投资，增加教育技术装备，扩大教师人员规模，提升教师综合素质，消耗大量的人力、物力和财力。需要强调的是，绝大多数学前教育机构位于交通便利的区域，且大多位于城市的中心地带，其发展需要大量的配套服务设施，比如住宿、餐饮、交通、娱乐等配套服务设施，对当地经济产生影响，增加当地的经济总量。

总之，学前教育主要从上述三个方面扩大消费需求，而按照主体进行分类，可以发现学前教育主要通过影响家庭消费和教育产业扩大内需，进而促进经济增长。因此本章根据以上理论构想大体绘制了学前教

育增加合理消费、扩大内需进而拉动经济增长的作用机制框架，如图 5-2
所示。本章接下来将通过量化模型对该作用机制框架进行检验。

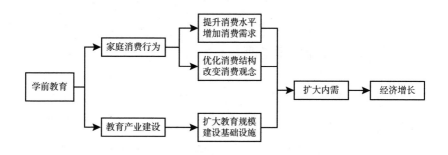

图 5-2　学前教育增加合理消费、扩大内需进而拉动经济增长的作用机制框架

第三节　数据来源、变量说明、平稳性检验与描述性统计

一　数据来源与变量说明

本章利用《中国统计年鉴》《中国教育统计年鉴》《中国教育经费统计年鉴》以及国家统计局发布的其他数据，以省级行政区为分析单位，匹配了 2004~2018 年 15 年 31 个省份的面板数据进行计量分析。个别缺失数据用均值插值法补全。为消除价格因素的影响，经济变量均以 2005 年不变价格进行计算。

本章的因变量是以人均 GDP 为衡量指标的经济增长。考虑到不同年份间物价水平变化与通货膨胀问题，各省人均 GDP 以 2005 年不变价格进行计算，以提高不同年份间的可比性。

本章的核心自变量是学前教育，主要考察学前教育的投入端和产出端两个维度。其中，投入端以各省份学前教育生均经费投入为衡量指标，侧重于体现各省份当前对学前教育的支持力度。相对于人均教育经费投入，生均教育经费投入可以更好地衡量地方政府对学前教育的重视程度和支持力度，这一方面考虑到了各省份学前教育在园幼儿数量占总人口比重不一致，另一方面相比于学前教育总经费（一般包括学前教育事业费、教育基建费以及中央转移支付经费），学前教育事业费表征了地方政府对教育持续稳定的投入程度，更能体现地方政府财政投入的真实水平（顾昕等，2019）。产出端以各省份学前教育生师比为衡量指标。学前教育生师比是指在园幼儿总数占幼儿教师总数的比例，该比例越低则表示幼师人数越充足，每位幼师看护的学生就越少，它被广泛用作衡量教育质量的替代指标（陈纯槿等，2018）。

关于中介变量，如上文所述，本章从理论上明晰了学前教育促进合理

消费、扩大内需进而拉动经济增长的主要路径分别是影响家庭消费行为和促进教育产业发展，因此本章中的消费中介变量将按照家庭和社会两个主体分为两个维度。

从家庭维度来看，学前教育可以影响家庭消费行为，而家庭消费行为可以从以下两个方面理解：一是提升全体居民消费水平。居民消费水平越高，将手中的可支配收入用于购买商品或者服务的消费倾向就越明显，从而提高消费在国民生产总值中的比重。本章以居民实际人均消费性支出对全体居民消费水平指标加以表征。二是优化消费结构。在居民生活质量和消费水平不断提高的过程中，衣食住行等物质性必需品的消费支出的比重会逐渐下降，文娱教育等服务性消费支出的比重会不断提高，这体现了我国居民消费结构的转型趋势（田青等，2008），因此本章以文娱教育等服务性消费支出占居民实际人均消费性支出的比例对消费结构指标加以表征。

从社会维度来看，学前教育产业建设可以增加教育固定资产投资[①]，提高教育固定投资在全社会固定资产投资中的比重。随着我国教育事业的蓬勃发展，学前教育产业自身也成为拉动经济增长的重要驱动因素（李红伟，2000），由于当前缺乏学前教育固定资产投资的相关数据，本章将假定学前教育固定资产投资与教育固定资产投资有同步增长的趋势，以教育固定资产投资占全社会固定资产投资的比例予以表征。

基于已有研究，本章还进一步控制了人口数量、人口老龄化程度、产业结构、单位劳动产出等变量，主要基于以下考虑。

第一，人口数量与人口老龄化程度。经济发展和消费水平均与人口密切相关。人口数量增长可以为经济发展集聚人口红利与人力资源，扩大消费群体。人口老龄化程度影响居民消费水平，一般来说，人口老龄化会提高居民的预防性储蓄意愿进而降低居民消费支出（毛中根等，2013）。因此，本章

---

① 教育固定资产投资是指企业在一定时期内建设和购买的与教育有关的固定资产，以货币形式表示，包括房产、建筑物、机械、运输工具，以及用于基本建设、更新、改造、修理等的投资。

控制了以地区常住人口数量表征的人口数量、以 65 岁以上人口占 15~64 岁人口的比例表征的人口老龄化程度两个变量。

第二，产业结构。产业结构不仅通过影响消费产品的可获得性作用于地区消费水平，还间接影响地区教育需求与发展水平。已有研究表明，以工业为主导的资源驱动型经济结构会降低教育需求、挤占教育投入，而以高新技术服务业为主导的创新驱动型经济结构能够提升教育需求、推动地区教育人力资本投资（顾昕和赵琦，2019）。因此，本章以第三产业增加值占地区生产总值的比重对地区产业结构指标加以表征。

第三，单位劳动产出。单位劳动产出反映的是平均每名劳动者创造的财富价值，可以用来衡量该地区劳动者的素质和产业发展程度。当某地教育模式逐步完善，从以获取知识为主的教育模式向强调创新思维的素质教育模式转变时，单位劳动产出会出现持续增长。

具体各变量定义及测量指标说明见表 5-1。

表 5-1　变量定义及测量指标说明

变量类型	变量名称	说明
因变量	经济增长	人均 GDP（以 2005 年不变价格计算，元）
核心自变量	学前教育	学前教育生师比（在园幼儿总数 / 幼儿教师总数）
		学前教育生均经费投入（元）
中介变量	家庭消费行为	全体居民消费水平：居民实际人均消费性支出（元）
		消费结构：文娱教育等服务性消费支出占居民实际人均消费性支出的比例（%）
	社会消费行为	教育产业建设：教育固定资产投资（亿元）占全社会固定资产投资（亿元）的比例（%）
控制变量	人口数量	地区常住人口数量（万人）
	人口老龄化程度	65 岁以上人口占 15~64 岁人口的比例（%）
	产业结构	第三产业增加值占地区生产总值的比重（%）
	单位劳动产出	平均每名劳动者创造的财富价值（万元）

二 平稳性检验与描述性统计

由于非平稳面板序列数据可能产生伪回归问题，因此首先使用 IPS 检验、Fisher-ADF 检验和 Fisher-PP 检验等对人均 GDP、学前教育生均经费投入等变量及其一阶差分进行单位根检验。单位根检验的结果显示，所有变量的一阶差分在 1% 的显著性水平下通过了平稳性检验，因此可以进行协整检验来验证各变量的线性组合是否存在稳定均衡关系。Pedroni 协整检验结果显示，p 值小于 0.05，统计量在 1% 的显著性水平下拒绝了原假设，即变量间存在一种长期稳定的关系，可以使用该数据进行面板分析。变量描述性统计结果如表 5-2 所示。

表 5-2　变量描述性统计

变量类型	变量名称	单位	均值	标准差	最小值	最大值
因变量	人均 GDP	元	33364.46	24433.75	4317.00	123016.00
自变量	学前教育生师比	—	16.24	5.86	6.23	42.46
	学前教育生均经费投入	元	3683.99	4400.09	118.30	31289.71
	学前教育经费总额	万元	405439.50	519322.60	1514.80	3644595.20
中介变量	消费结构	%	10.55	2.22	2.64	16.17
	全体居民消费水平	元	12712.49	8522.24	1946.00	53617.00
	教育产业建设投资比例	%	2.14	0.97	0.61	6.06
控制变量	人口数量	万人	4320.34	2732.40	276.35	11346.00
	人口老龄化程度	%	12.33	2.86	6.69	22.69
	单位劳动产出	万元	6.69	4.43	0.77	26.75
	产业结构	%	42.95	9.23	28.60	82.98

第四节　学前教育促进合理消费、
扩大内需的实证分析

一　计量模型

本章将基于学前教育能够促进合理消费、扩大内需进而拉动经济增长这一推理，构建中介效应模型[①]，并进行实证检验。计量模型如下：

$$Eco_{it} = \alpha_0 + \alpha_1 preEdu_{it} + \alpha_2 Control_{it} + \varepsilon_{0it} \qquad （式5.1）$$

$$Consumption_{it} = \beta_0 + \beta_1 preEdu_{it} + \beta_2 Control_{it} + \varepsilon_{1it} \qquad （式5.2）$$

$$Eco_{it} = \gamma_0 + \gamma_1 preEdu_{it} + \gamma_2 Consumption_{it} + \gamma_3 Control_{it} + \varepsilon_{2it} \qquad （式5.3）$$

其中，Eco_{it} 表示 i 省份在 t 年份的人均 GDP（以 2005 年不变价格计算）的对数，代表经济增长水平；$preEdu_{it}$ 表示 i 省份在 t 年份的学前教育有关的指标；$Consumption_{it}$ 表示 i 省份在 t 年份的消费情况，分别以家庭消费水平的对数、消费结构和全社会的教育产业建设来表征；$Control_{it}$ 为控制变量；ε_{it} 为随机误差项；系数 α_1 表示学前教育对经济发展影响的总效应；γ_1 表示学前教育对经济发展影响的直接效应；$\beta_1\gamma_2$ 表示消费机制对经济增长的中介效应，即学前教育驱动消费拉动经济增长的作用。考虑到本章使用的是一组面板数据，因此还将在以上三个回归方程中分别加入 $i.year$ 的虚拟变量对年份进行固定效应处理。

---

① 中介效应模型的原理详见附录 2。

二 学前教育生均经费投入与家庭消费行为

1. 全样本分析

图 5-3 呈现了学前教育生均经费投入—家庭消费行为—经济增长的影响路径，表 5-3 呈现了学前教育生均经费投入、消费水平、消费结构与经济增长的中介效应回归结果。从图 5-3 中可以看出，学前教育生均经费投入对经济增长具有直接、显著的正向效应。这意味着学前教育生均经费投入的增长能够提升人力资本质量，通过提高劳动生产率和社会技术水平直接带动经济增长。从影响效应来看，学前教育生均经费对经济增长的总效应为 0.385，其中直接效应为 0.224，而通过消费水平和消费结构产生的间接效应分别为 0.164（0.383×0.427）和 -0.003（-0.005×0.570），中介机制的总体间接效应约为 0.161。[①]

在通过家庭消费行为影响经济增长的中介效应方面，学前教育水平的提升可以提高家庭的消费倾向，学前教育生均经费每提高 1 个单位，家庭的消费水平提高 0.383 个单位；而消费水平对经济增长的作用系数为 0.427，因此学前教育生均经费通过消费水平对经济增长的作用系数为 0.164，即学前教育生均经费每提高 1%，带来的经济增长为 0.164%。学前教育生均经费投入也会对消费结构产生影响，学前教育生均经费投入每提高 1%，我国居民消费中文娱教育等服务性消费支出占人均消费性支出的比例降低 -0.003%。考虑到教育支出在居民家庭消费中为刚性消费，由此可以看出，尽管家庭在学前教育上的支出增加，但是文娱教育等服务性消费支出占家庭消费的比重非但没有提高，反而有所降低，因此可以认为，教育支出随着家庭消费水平的提高而同步增加。学前教育经费是增加全社会学前教育供给的重要依据，而学前教育的发展可以从供给端为我国家庭提供更多的学前教育选择，从而改变家庭消费行为，对经济增长产生拉动作用。

---

① 计算方式下同。

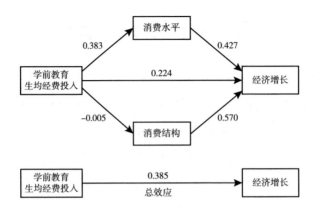

图5-3　学前教育生均经费投入—家庭消费行为—经济增长的影响路径

2.分地区差异性分析

本章将全国31个省、自治区、直辖市划分为东部地区、中部地区、西部地区和东北地区，其中东部地区包括北京、天津、河北、山东、江苏、上海、浙江、福建、广东和海南；中部地区包括河南、山西、安徽、湖北、湖南和江西；西部地区包括内蒙古、新疆、西藏、青海、宁夏、陕西、甘肃、重庆、四川、广西、贵州和云南；东北地区包括黑龙江、吉林、辽宁。在对不同地区的学前教育生均经费投入—家庭消费行为—经济增长影响路径进行分析后，得到直接效应、中介效应和总体间接效应，结果见表5-3中的模型2、模型3和模型4和图5-4。由表5-3可知，东部、中部、西部三个地区的学前教育生均经费投入都可以通过家庭消费行为拉动经济增长，总体间接效应均为正数，但是不同地区存在差异。从消费水平来看，西部地区学前教育生均经费投入对家庭整体消费水平的提升作用最为明显，中部地区其次，东部地区最不明显。这可能是由于东部和中部地区居民的消费水平较高，因此学前教育的边际拉动作用有限；而在西部地区，居民的消费水平较低，学前教育发展也相对迟缓，因此21世纪初以来学前教育通过消费拉动西部地区经济增长的作用较为明显。从消费结构来看，在三个地区的家庭中，学前教育生均经费投入优化家庭消费结构的效应均为负值。这说明，尽管家庭中学前教育支出数额的提高带动了家庭消费支出总额的提高，但是家庭消费支出总额增长更快。

表5-3 分地区的学前教育生均经费投入、消费水平、消费结构与
经济增长的中介效应回归结果

变量	模型	模型 1 全样本回归	模型 2 东部地区	模型 3 中部地区	模型 4 西部地区
学前教育生均经费投入（直接效应）	γ_1	0.224***	0.236***	0.110***	0.197***
消费水平—经济增长（中介效应）	β_1	0.383***	0.313***	0.337***	0.441***
	γ_2	0.427***	0.229***	0.461***	0.447***
	$\beta_1\gamma_2$	0.164***	0.072***	0.155***	0.197***
消费结构—经济增长（中介效应）	β_1	-0.005***	-0.004***	-0.014***	-0.002***
	γ_2	0.570***	0.137***	-0.747***	0.446***
	$\beta_1\gamma_2$	-0.003***	-0.001***	0.010***	-0.001***
总体间接效应	$\sum\beta_1\gamma_2$	0.161***	0.071***	0.165***	0.196***
总效应		0.385***	0.307***	0.275***	0.393***

注：小括号内为标准误，*、**、***分别表示在10%、5%和1%的显著性水平下显著。

三 学前教育生师比与家庭消费行为

1. 全样本分析

图5-5呈现了学前教育生师比—家庭消费行为—经济增长的影响路径。以学前教育生师比从产出端刻画学前教育发展质量来看，学前教育生师比

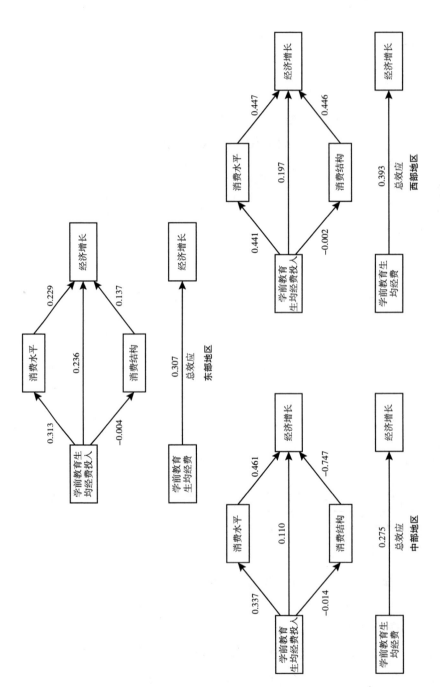

图 5-4 分地区的学前教育生均经费投入—家庭消费消费行为—经济增长的影响路径

的降低对优化家庭消费结构的作用不明显，但是会显著带动家庭消费总量的增加。这与学前教育生均经费投入的影响路径一致。学前教育生师比的降低代表学前教育质量的提高，2004~2018 年，我国学前教育规模大幅度扩张，学前教育教师队伍不断扩大，生师比降低，学前教育质量也日渐提升。学前教育质量的提高可以增强家长为子女购买学前教育服务的意愿，提高家庭消费水平。生师比每降低 1 个单位，家庭消费水平提高 0.026 个单位，而家庭消费水平对经济增长的作用系数为 0.861，意味着学前教育生师比每降低 1 个单位，对经济增长的间接拉动作用为 0.022。

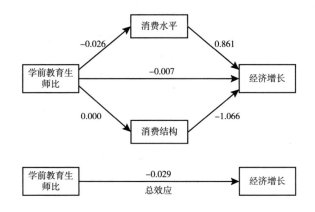

图 5-5 学前教育生师比—家庭消费行为—经济增长的影响路径

2. 分地区差异性分析

表 5-4 和图 5-6 分别呈现了不同地区学前教育生师比通过家庭消费行为影响经济增长的中介效应回归结果和影响路径。这种中介效应在西部地区最为明显，总体间接效应为 -0.016；中部地区其次，总体间接效应为 -0.014。一种可能的解释是，2004~2018 年，中部地区和西部地区学前教育发展还处在初始的阶段，因此居民对学前教育质量的改善更为敏感，如果学前教育质量提升，可以有效刺激居民的消费行为，家庭消费增加的意愿也更为强烈。而

对于东部地区的居民来说，学前教育的质量已经普遍较高，而如果想让子女接受更高水平的学前教育，则要花费相对较高的开支，因此学前教育生师比降低带来的学前教育质量提升对于东部地区居民的吸引力不如中部地区和西部地区那么大，对家庭学前教育消费的刺激作用也就不如另外两个地区明显。另外，对于三个地区而言，通过提高消费水平带来的中介效应远比优化消费结构更显著，这也说明，在居民家庭中学前教育消费水平与家庭消费水平是同步提高的。

表5-4　分地区的学前教育生师比—家庭消费行为—经济增长的中介效应回归结果

变量	模型	模型1	模型2	模型3	模型4
		全样本回归	东部地区	中部地区	西部地区
生师比 （直接效应）	γ_1	-0.007***	-0.003***	0.005***	-0.001***
消费水平—经济增长 （中介效应）	β_1	-0.026***	-0.001***	-0.017***	-0.020***
	γ_2	0.861***	0.737***	0.752***	0.781***
	$\beta_1\gamma_2$	-0.022***	-0.001***	-0.013***	-0.016***
消费结构—经济增长 （中介效应）	β_1	0.000***	-0.000***	0.000***	-0.001***
	γ_2	-1.066***	-0.989***	-2.394***	-0.585***
	$\beta_1\gamma_2$	-0.000***	0.000***	-0.000***	0.001***
总体间接效应	$\sum\beta_1\gamma_2$	-0.022***	-0.001***	-0.014***	-0.016***
总效应	α_1	-0.029***	-0.004***	-0.009***	-0.017***

注：小括号内为标准误，*、**、***分别表示在10%、5%和1%的显著性水平下显著。

四　学前教育经费投入与教育产业建设

1. 全样本分析

除了影响家庭消费行为，学前教育还可以通过完善社会消费行为即教育产业建设促进经济增长。而这种促进作用更多的是宏观层面的产业升

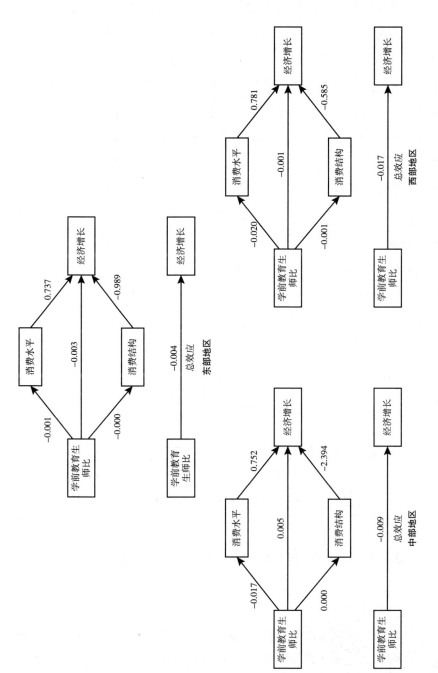

图 5-6 分地区的学前教育生师比—家庭消费行为—经济增长的影响路径

级。考虑到要素投入可能存在规模效应，因此本章使用学前教育经费投入总量来进行完善教育产业有关的分析。图 5-7 呈现了学前教育经费投入—教育产业建设—经济增长的影响路径。然而，根据图中的系数，学前教育经费投入并没有推动教育产业建设的发展，反而与教育产业建设之间存在负向关系。不过由于教育产业建设与经济增长之间的关系也为负向，所以中介效应为正数。笔者认为，尽管学前教育经费投入未能通过教育产业建设促进经济增长，但是其对经济增长的总效应为正，系数为 0.298，由此说明学前教育经费投入确实会对经济增长产生正向影响，但其作用可能并非通过提高教育固定资产投资占全社会固定资产投资的比例实现的，而是通过增加就业、提高人员支出，或者增加与学前教育有关的物质消费来实现的。而教育发展程度越高，教育固定资产投资占全社会固定资产投资的比例可能会越低，这可能是由于与教育有关的各项基础设施已经修建完善，教育固定资产投资趋于饱和。

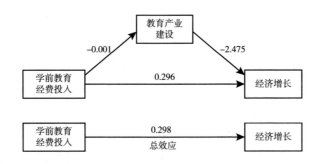

图 5-7　学前教育经费投入—教育产业建设—经济增长的影响路径

2. 分地区差异性分析

表 5-5 和图 5-8 分别呈现了不同地区教育产业建设在学前教育经费投入和经济增长之间的中介效应回归结果和影响路径。我们发现，只有西部地区学前教育经费投入对教育产业建设的影响显著为正值，为 0.003，即

学前教育经费投入的增加促进了当地教育产业建设。而在东部地区和中部地区，这一中介效应的系数较小且显著为负值。这也印证了前文中的猜测，即西部地区仍处在学前教育发展的初级阶段，学前教育的总体规模和发展水平还未饱和，学前教育经费投入会对教育产业建设尤其是教育固定资产投资起到正向影响。而东部地区和中部地区学前教育发展程度较高，单纯的物质资本投入不能衡量学前教育质量的提升，因此其系数为负值，分别为 -0.001 和 -0.002。与此同时，该结果也启示我们，教育固定资产投资占全社会固定资产投资的比例这一指标相对来说更适用于衡量仍处于学前教育发展初级阶段的地区，而对于学前教育发展质量较高的地区，提高师资质量、创新教学模式或许比单纯地增加固定资产投资更有助于教育质量的提高。

表 5-5　分地区的学前教育经费投入—教育产业建设—经济增长的中介效应回归结果

| 变量 | 模型 | 模型 1 | 模型 2 | 模型 3 | 模型 4 |
		全样本回归	东部地区	中部地区	西部地区
学前教育经费投入（直接效应）	γ_1	0.296***	0.240***	0.214***	0.269***
教育产业建设—经济增长（中介效应）	β_1	-0.001***	-0.001***	-0.002***	0.003***
	γ_2	-2.475***	-7.067***	-6.222***	-1.892***
	$\beta_1\gamma_2$	0.002***	0.007***	0.012***	-0.006***
总效应	α_1	0.298***	0.248***	0.227***	0.264***

注：小括号内为标准误，*、**、*** 分别表示在 10%、5% 和 1% 的显著性水平下显著。

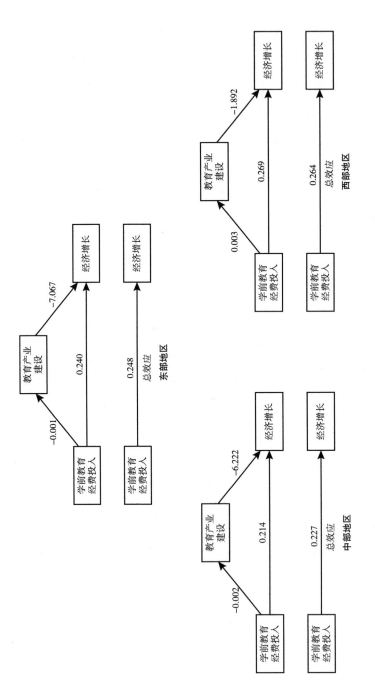

图5-8 分地区的学前教育经费投入—教育产业建设—经济增长的影响路径

第五节 本章小结

本章首先讨论了扩大内需在我国当前经济发展中的重要性和紧迫性，进而从理论上阐述了学前教育增加合理消费、扩大内需进而拉动经济增长的作用机制，并运用2004~2018年31个省级行政区面板数据，实证检验了学前教育通过消费促进经济增长的影响机制。研究发现：从家庭维度来说，学前教育能够提升家庭消费水平，扩大家庭的总体消费规模，进而拉动经济增长。从社会维度来说，学前教育产业建设可以通过完善与学前教育有关的基础设施建设扩大内需，对经济增长产生促进作用，尤其是在教育建设尚不完善的地区。具体来说可以从以下两个方面进行剖析和理解。

第一，学前教育对经济增长具有显著的正向影响。这种影响一方面来源于学前教育提升人力资本质量，对经济增长产生直接效益，这一点在前文已得到充分的验证。另一方面，本章显示，提高消费水平、扩大内需是学前教育拉动经济增长的重要中介机制，应给予充分的关注。从全样本来看，提高学前教育生均经费投入、降低学前教育生师比可以显著提高家庭消费水平，尤其是在西部地区，无论是加大学前教育生均经费投入还是降低生师比，都会对家庭的消费水平和消费倾向产生积极影响，说明高质量学前教育对于西部地区的居民来说存在较大吸引力。在消费结构方面，学前教育对于我国居民消费结构的优化和改善并不明显，这可能是因为我国居民学前教育消费水平的提升是和家庭消费水平的提升同步的。从全社会教育产业投资的角度来说，提高教育经费投入，可以通过教育产业建设，对经济增长产生正向的影响，不过其中的作用机制较为复杂，不同地区学前教育促进教育固定资本投资、拉动经济增长的机制也存在差异。

第二，学前教育能够显著提高家庭消费水平，进而拉动经济增长。总体而言，学前教育质量的提升意味着学前教育价格提高，而父母希望为子女提供高质量的学前教育，愿意支付相对较高的学前教育费用，因此会带动家庭消费总额的增加。教育是家庭重要的人力资本投资行为，根据人力资本理论，如果家庭不存在信贷约束，则教育投资的最优水平将会使其内部收益率等于资本的市场收益率。根据前文的结论，学前教育投资对于个人能力的提升具有显著的积极作用，因此在受到家庭的信贷约束之前，父母会尽力为子女提供更加优质的教育服务。与此同时，学前教育发挥儿童照料作用也有助于帮助婚育女性回归劳动力市场，因此，如果婚育女性有强烈的工作意愿，加之学前教育价格比较合理，那么居民家庭对学前教育都会有比较强烈的需求。

理论和实证研究都显示，从长期发展的角度看，学前教育对促进消费、扩大内需进而拉动经济增长具有基础性作用。在构建以国内大循环为主体、国内国际双循环相互促进的新发展格局过程中，发展学前教育不仅需要从家庭和社会的角度，更需要从国家长远发展的角度予以全面考量，做出更科学合理的规划。当前呼吁将学前教育纳入义务教育阶段的讨论受到了广泛关注，很多专家学者强调学前教育的公益属性，建议将学前教育纳入义务教育阶段，使学前教育从"补充"发展成为教育"主流"。通过把学前教育摆在我国整个教育发展中的基础、优先、重要地位，坚持普惠性幼儿园在学前教育体系中的主体性地位，增加普惠性幼儿园的数量，扩大其覆盖范围和在教育体系中所占的比重。这些建议的出发点是好的，是为广大人民谋幸福，也是我国学前教育的发展方向，但在当前实施过程中还面临诸多困难。

2010 年之后，我国学前教育的"公共服务"属性有所增强，政府正成为日益重要的学前教育提供者，但学前教育属于准公共产品仍是当前学界认识的主流。第一，学前教育在消费上具有排他性，当高质量学前教育供给稀缺时，一个儿童接受高质量学前教育就可能降低另一个儿童接受高质量学前教育的机会。第二，学前教育具有一定的外部性，一名儿童接受学前教育后很多人会受益，但受益程度不均衡，某些儿童自身及其家庭受益福利大，而其他人和全社会虽然也能受益，但短期来看受益福利小。第三，学前教育还具有较强的空间外部性，在本地接受学前教育服务的幼儿会流动到其他地区继续学习和生活，学前教育的社会收益不一定在本地实现，从而产生其他地区的"搭便车"行为。另外，不同家庭对学前教育的需求存在差异，有的需要价格实惠的幼儿园，有的需要优质幼儿园，有的需要特色幼儿园，这就需要多元化的学前教育服务供给与之匹配。在这种情况下，从学前教育的经费来源的角度出发，家庭、社会和国家如何做好学前教育的成本分担，值得我们思考。

通常情况下，政府提供作为准公共产品的非义务教育有以下三种方式：第一，政府举办教育机构并通过财政拨款提供经费；第二，私人机构或民间资本举办教育机构，政府提供资助；第三，私人机构或民间资本举办教育机构，政府提供资助，同时向受教育者收取一定的学费作为成本补偿。当前我国学前教育服务供给主要采取上述第一种方式和第三种方式，因此家庭中儿童要接受更高质量的学前教育服务，就需要承担一定的学前教育费用。向接受高质量学前教育服务的儿童的家庭收取一定的费用，从性质来说是一种学前教育成本的补偿或分担，也可以看作对受教育者预期收益的一种代价。在经济发展的某一特定阶段，当一些政府无力负担全部学前教育成本时，按照平等的原则，对接受学前教育的儿童的家庭收取一定学费作为学前教育成本的分担或补偿是合理的、必要的，但需要动态考察，还要考虑到地区差异，不能一概而论。另外，根据学前教育质量的差异收取不同的费用也有利于增加高质量学前教育供给，在全社会形成良性的市场竞争，进而推动学前教育质量的提升和可持续发展。这些问题本书还会在后文中进行更为细致的讨论。

第六章

学前教育的社会效益和对经济增长贡献率的测算

作为一种准公共产品，学前教育具有很强的正外部性，在消除教育起点不公平和阻断贫困代际传递等方面，具有先导性、基础性作用。学界已基本对学前教育促进经济增长的作用达成共识，但这种作用到底有多大，是仅仅发生在当下，还是会随着时间的推移有所变化，目前尚未可知。我国不同地区发展不平衡、差异大，学前教育对处于不同发展时期、拥有不同发展特征的地区经济是否存在相同的促进特征也需要区别讨论。本章将借助索罗模型、省级面板数据和固定效应模型等，从宏观视角分析学前教育对经济增长促进作用的时间特征和地区差异，以求对学前教育对经济增长的贡献做出更为细致直观的刻画。

第一节　学前教育的准公共产品属性及社会效益

一　学前教育的准公共产品属性

公共产品、私人产品及准公共产品是公共管理及公共经济学领域研究的三个核心概念，其理论基础来源于福利经济学[①]，以庇古的《福利经济学》和萨缪尔森的《公共支出的纯理论》等为主要代表著作。纯粹的公共产品与私人产品[②]之间存在显著不同的三个特征，即效用的不可分割性、消费的非竞争性和受益的非排他性，介于二者之间的产品称为准公共产品。准公共产品是兼具公共产品和私人产品属性的产品，存在许多不属于纯粹公共产品或纯粹私人产品的属性，但在一定程度上又或多或少地同时具有这两种产品的性质。准公共产品一般具有"拥挤性"，即消费者增加到一定数量后，就会出现正的边际成本，不像公共产品那样边际成本为 0。准公共产品在到达"拥挤点"之后，原消费者的效用随着消费者的增加而降低。该特点决定了准公共产品的消费要遵循"选择性进入"原则，即满足一定约束条件（比如付费）后才能消费。

从整体上看，教育属于公共产品的范畴，但教育服务与教育产品的公共性存在一个变化的区间，比如，不同类别的教育在不同发展阶段和历史时期，其公共性的强弱程度会有所不同，因而产品属性也存在差异。在

---

① 福利经济学是从福利观点或最大化原则出发，对经济体系的运行予以社会评价。其主要内容是"分配越均等，社会福利就越大"，主张加强国家在国民收入调节过程中的作用。

② 所谓公共产品，是指一个人对这种产品的消费，并不能减少任何他人对该产品的消费。它具有两个本质特——非排他性、非竞争性。由此，区分公共产品和私人产品就有两个基本标准：排他性和非排他性，竞争性和非竞争性。私人产品具有竞争性和排他性，公共产品具有非竞争性和非排他性。

发达国家的各级教育中，学前教育的社会受益范围广泛，具有很强的基础性、公共性、服务性和福利性。但由于中国现有经济发展水平总体不高，区域经济、文化发展不平衡，学前教育还不能满足所有学前儿童有同等入学机会和接受同等质量教育的需求。从供给看，优质学前教育仍然属于比较稀缺的资源，尚未成为真正的公共产品，目前大体属于准公共产品的范畴（索长清，2013），且整体供给水平不高。可以预见，随着经济发展水平的提高和人们对美好生活的向往，我国对学前教育的公共投入将逐步提高，学前教育在整个教育体系中地位将不断提高，公益性将不断增强，不断接近公共产品。

学者大多将公共性、不完全的非竞争性、非排他性以及正外部性等作为判定学前教育具有准公共产品属性的重要依据。而且由于市场机制无法对学前教育进行灵活有效的调节和供给，易引发市场失灵等问题，所以大多数学者认为学前教育应该主要由政府提供。庞丽娟（2009）将学前教育划入准公共物品的范畴，并且基于公共性、高社会回报性及公益性等特征，主张将其优先纳入国家公共教育服务体系。王春元（2010）认为，学前教育不仅是准公共产品，而且是基础教育的重要组成部分，对于学前教育来说，政府应完全承担提供学前教育所花费全部成本，使所有的适龄儿童都可以免费地接受学前教育，但也有学者认为在学前教育准公共产品属性中，其所涉及的不完全的非竞争性、非排他性只是泛化的、模糊的概念，因此政府广泛地为社会提供学前教育服务并承担起学前教育的财政支出，其初衷并非基于准公共产品的理论依据，而更多的是围绕社会民生促进经济增长、维持社会稳定、缩小社会阶层竞争起点差距和实现机会公平（曾泉毅，2014）。

二 学前教育的社会收益

学前教育在利益外溢使接受者获益的同时，也给他人及社会带来长远的巨大利益，具有正外部性（崔世泉等，2011）。众多早期教育的成本—效益分析也证实了该结论。比如，对美国"开端计划"（Head Start）[①]的成本—效益评估发现，为贫困家庭提供早期教育服务，可以降低儿童成年后的犯罪率和对社会救济的依赖，并具有收益倍数效应；高瞻/佩里学前教育项目的追踪研究也表明，早期教育的社会收益大于私人收益，早期教育投资个人的回报率大概是 4.17%，而社会的回报率高达 12.9%，社会回报率的 88% 源于犯罪的减少、4% 源于教育开支的减少、7% 源于收入税的增加、1% 源于社会福利开支的减少（Ellsworth et al., 1998; Schweinhart, 2004）；等等。总体而言，学前教育的正外部性主要体现在两个方面：一是消除教育起点的不公平，二是阻断贫困的代际传递。

1. 促进教育公平

教育公平关乎每一个孩子的个人发展，是社会公平的重要基础。现代教育非常重视公平，希望通过早期教育干预把社会资源向处境不利者倾斜，帮助其提高和增加获得社会垂直流动的能力和机会，以避免社会分裂和阶层过度分化，进而提高社会的稳定性。学前教育作为儿童接受教育的起点，对其未来发展具有持续、长期的影响。已有研究成果表明，在学前教育阶段干预效益最高，通过对处境不利的儿童给予学前教育补偿，可以使这些儿童获得与一般儿童相似的学前教育资源（甚至获得特别的、倾斜性的教育关注），在增加儿童个体福利的同时，也增强学前教育的公益性。

许多研究表明，个体在不同方面的能力具有不同的发展水平，这种差异在一定程度上形成了社会经济地位的巨大差异，而该差异在生命发展的早期就已非常明显，即儿童早期的成长环境对其未来的人力资本发展能产

[①] "开端计划"是美国联邦政府从 1965 年开始的、迄今为止规模最大的早期儿童发展项目，主要针对低收入家庭的 3~5 岁儿童，被誉为美国学前教育的"国家实验室"，对美国幼儿教育产生了重要影响。1995 年，美国联邦政府又实施了针对低收入家庭 0~3 岁幼儿的"开端计划"（Head Start），旨在斩断贫困代际传递的链条。

生长期影响（Heckman et al.，2010；Campbell et al.，2008；Hoddinott et al.，2008）。赫克曼认为，一个人的认知能力和非认知能力产生于幼儿期，且家庭环境对其发展具有重要影响。家庭环境不同是形成这些差异的核心因素之一。Hart 和 Risley 对 24 名 10~36 月龄的儿童及其家庭进行跟踪调查时发现，在领取社会保障的家庭中，家长与子女交流的词汇量约为 600 个 / 小时，只相当于中产家庭总数的 50%、精英家庭的 30%。而在语言发展的敏感期，获得更多语言交流的儿童长大后，其语言发展水平、智力水平和学业表现都更加突出。家庭环境的巨大差异使个体在幼儿阶段的发展机会就不平等，这是导致个体成年后能力、成就、健康水平不同的重要根源。因此，不同社会经济地位家庭的儿童在开始上学之前就已经出现了巨大的能力差距，受教育机会的不平等从学前教育阶段就开始了。

立足中国的研究也证实，接受学前教育的机会不平等对个体后续发展水平、能力会产生深远的影响。周垚（2020）基于中国教育追踪调查数据，运用倾向得分匹配法，分析学前教育机会对义务教育结果的影响，发现学前教育经历可以显著提高学生在初中时的学习成绩，越优质的学前教育对学生初中学习成绩的提高效应越大。由于低社会经济地位家庭的儿童接受学前教育的概率较低，且获得优质学前教育的机会较少，不同家庭背景的儿童的发展差距在学前教育阶段就已出现，且会持续地对学生初中时的学习成绩造成深远影响。陈纯槿和柳倩（2017）利用 2012 年国际学生评估项目数据，研究了影响学前教育获得率的因素，揭示了学前教育入学率存在的严重不平等现象，高社会经济地位家庭的儿童接受学前教育的可能性更大，非双亲家庭子女获得学前教育的概率比双亲家庭子女低。教育不公平在学前教育阶段就已出现，并且会持续、深远地影响其进入初中教育阶段的学业表现。另外，我国城乡之间学前教育获得机会不平等的现象尤为明显。根据世界银行的数据，2008 年我国 0~6 岁儿童数量在城市、城镇、农村地区的分布占比分别是 18%、21% 和 61%，但在城市、城镇、农村地区幼儿园在园人数的分布比例则分别为 25%、32% 和 43%（World

Bank，2011），这表明学前教育获得机会既不平等又不匹配，地区差异明显。学前教育不公平不但体现为受教育机会的不平等，还体现在学前教育质量的差异上。例如，农村幼儿园与城市幼儿园之间有很大的质量差距，由于农村幼儿园保教质量不高（宋健等，2015），专任教师学历偏低，生师比也明显高于城市幼儿园，因此农村儿童接受学前教育的效益相对较低（彭俊英等，2011）；在东部地区城镇，学前教育经费划拨、课程开发和教师培训等方面明显优于西部地区和农村地区（刘国艳等，2016）。即便在同一发达地区，不同家庭儿童获取优质学前教育的机会也不同，刘国艳等人（2016）利用深圳市家长调查数据，分析影响学前教育机会获得的因素，研究结果显示，那些拥有深圳户籍、来自母亲受教育程度较高和收入较高家庭的儿童获得高质量学前教育资源的机会明显较多。

鉴于学前教育可大大促进个体认知能力和非认知能力的发展，个体能力的早期发展可能会影响后续教育的成果，因此，赫克曼认为社会应该通过对儿童尤其是处境不利的儿童进行教育投资，消除这种由起点不同带来的发展差异。Verry 和 Donald 考察了以公共财政扶持的学前教育体系支持的儿童，在概括其个体潜在效益时发现，针对社会弱势儿童群体教育的效益一般高于其他儿童，因此可以认为学前教育能促进机会均等，让每个儿童的人生起点更加平等（Verry，2003）。学前教育为社会弱势儿童群体提供了平等的开端，消除他们由低家庭社会经济地位带来的竞争劣势，加大学前教育投入，可在未来为国家节省高额的社会教育费用和福利开支。如果学前教育服务长期短缺、质量欠佳，导致低社会经济地位家庭适龄儿童"入园难""入园贵"等问题，那么，儿童接受学前教育的机会将更加不平等，有学者担忧这很可能会使那些没有接受学前教育或没有接受优质学前教育的儿童处于不利地位，接受学前教育的机会和结果不平等将会对后来的义务教育结果不平等产生影响。如果低社会经济地位家庭的儿童不能在学前期获得高质量的学前教育，那么他们与其他家庭的儿童之间的差距就会越来越大，不但会影响他们在未来教育阶段的教育质量，更对他们成长为高产出的劳动者形成阻碍，进而影响全社会的经济产出。大力发展学前教育，尤其是加大政府对学前教育的投入，不仅有利于改善教育公平，消除教育起点的不公平，还能促进经济长期可持续增长。

2. 阻断贫困代际传递

20 世纪 70 年代以来，随着收入分配差距的扩大和贫困家庭子女数量的增加，各国开始了一系列社会保障改革，推动了对家庭社会经济地位较低的儿童（尤其是贫困家庭儿童）的研究。这些研究主要集中在低社会经济地位家庭对儿童的健康、认知水平、学业成绩和社会性情感发展的影响等。研究发现，高质量的学前教育项目不仅能够减少教育起点不平等，还能提高低社会经济地位家庭儿童的竞争力，提高他们成年后的劳动能力。

一般认为，认知能力是现代社会的重要分层机制之一。在现代化理论（Modernization Theory）的框架中，认知能力是分层机制的核心。该理论的基本观点是，随着工业化进程的发展，自致因素将取代先赋因素成为现代社会的地位分层机制，也就是说，现代社会的地位获得主要靠个体的能力和竞争力，而不是靠固有的社会经济背景（黄国英和谢宇，2017）。因此，学前教育可以通过对儿童进行早期干预，提高其认知能力，从而摆脱原生家庭弱势环境对其人生发展的消极影响。20 世纪 70 年代，Herrnstein 和 Jensen 首先提出了认知能力在社会分层中的作用问题，认为个人教育水平、职业地位和收入差异等是由智力水平的差异造成的，这种差异是先天的、无法改变的。到 1994 年，Herrnstein 等人再次指出，智力在社会分层过程中发挥着越来越重要的作用，并指出智力将成为 21 世纪社会分层最重要的决定性因素。来自我国一些贫困农村地区的研究也发现，农村儿童的认知能力往往比较落后（Li 等，2016），这是造成农村学生初中辍学率较高、获得高中教育和高等教育机会少的一个重要原因，长期来看会影响我国的人力资本积累、经济发展绩效和社会公平。

大量后续研究表明，补偿性学前教育在消除贫困方面可以发挥显著作用。学前教育可以促进儿童认知能力的发展，认知能力同样也是影响贫困代际传递的重要因素，它可以解释 20% 的代际收入固化，对社会经济地位较低家庭的儿童提供补偿性学前教育可以成功地打破消极的贫困循环圈①，阻断贫困的代际传递和社会阶层的固化（庞丽娟等，2016）。被提供补充性学前教育的儿童完成高中学业并获得工作的概率更高，能够更自立，更有可能建立家庭（Heckman，2010）。另外，充足的学前教育供给可以使家长有更多时间和精力参与工作和社会交流，有助于提高家长的生活质量，促进家庭和社会和谐，间接促进经济和社会发展。

综上所述，高质量学前教育能为社会带来巨大的非经济效益，而这些正外部效益很难完全反映到私人市场的价格上（蔡迎旗和马晓霞，2007）。根据传统经济学的分析，如果只由私人部门提供具有外溢性产品，那么，当私人收益小于社会收益时，将使按私人边际收益和成本进行决策并追求效用最大化的个人供给量少于社会最优的供给量，从而造成效率损失，因此，为了扭转这方面的市场失灵，政府有必要将学前教育纳入公共财政领域，提供财政支持（崔世泉等，2011）。因此，很多学者建议国家承担起分担与补偿学前教育成本的主体责任，通过提高学前教育经费比例、建立合理的价格监督机制、向低收入群体倾斜等方式（宋占美和刘小林，2013），保障学前教育机会的公平分配，阻断贫困的代际传递，缓解社会不平等和两极分化。

---

① 贫困循环圈指的是童年期的贫困导致儿童学业失败进而导致其成年期的贫穷，如失业、靠救济金生活。

第二节　教育对经济增长的贡献率及其测算

学前教育具有准公共产品的属性，其外溢性产生的社会效益可以对经济增长产生促进作用，然而由于这种作用机制的复杂性，我们很难在微观层面对其进行量化分析。为了测算出学前教育对经济增长的贡献率，本章将先梳理当前教育对经济增长贡献率的测算方法，并在随后的计算中使用或参考该方法。所谓经济增长，是指在给定时期内人类社会创造的财富按照一定的比例持续增加的情况，描述的是国家或地区总体经济增长速度。经济增长是指更多的产出，既包括由于扩大投资和消费所增加的产出，也包括由于科学技术进步和劳动者素质提高等所形成的更高的劳动生产率，即单位投入所带来的财富增加。关于教育对经济增长贡献率的测算方法有很多，使用比较多的是生产函数法，一般通过构建教育投入的经济增长生产函数，估算教育的贡献率，下文简要分析有关方法的优缺点。

一　人力资本的测算方法

早期学者对人力资本存量的计算方法主要有三种——收入法、成本法和教育指标法。

1. 收入法

收入法是采用劳动者的工资报酬来体现蕴含在劳动者身上的人力资本。劳动者的工资报酬本身就是产出的一部分，用工资报酬来体现劳动者的人力资本不仅精确，收集数据更加方便，计算方法更简单，还能将投入与产出紧密联系起来，用其阐释人力资本存量比较有说服力。虽然具体方法存在差别，但总的思路都是以个人未来的工资总收入现值来衡量人力资本；Hermanson（1986）、Flamholtz（1974）等人从企业组织的角度来计算人力资本存量的价值，将个体的人力资本与企业盈利、个体在企业组织的地位等因素结合，进而估算出人力资本将给企业带来的未来产出。但收入法在国内使用得较少，主要是因为我国的劳动力市场还不是完全竞争的市场，工资报酬很难准确反映劳动的边际产品价值即劳动对生产的贡献；另外，这类计算方法需要准确的人口统计数据、不同年龄层劳动者的就业率及工资报酬数据等，就我国目前的统计资料而言很难满足以上计算条件。

2. 成本法

成本法是通过计算人力资本形成所消耗的投入成本，进而计量人力资本存量价值。这种方法在国内采用得较多，比如张帆（2000）将人力资本划分为两部分，人力资本投资Ⅰ包括教育资金、文娱支出、卫生支出等，人力资本投资Ⅱ包括把儿童抚养到15岁所花费的支出，对这两部分计算都是采用每年真实投资额减去折旧加总的方法，估算出中国人力资本的存量和流量；边雅静和沈利生（2004）用教育（投入）系数与寿命系数的乘积来表示人力资本。用成本法计算人力资本存量是计算人力资本的投资成本价值，却没有反映出人力资本在生产过程中的实际效用，另外该方法无法计算知识和经验积累的价值，比如在"干中学"积累的人力资本等。

3. 教育指标法

成本法和收入法虽有差别，但都是使用时间和货币价值直接估计人力资本存量，与之相对比，教育指标法则使用教育和教育带来的收益间接对人力资本进行测定。教育指标法由于指标容易获得、使用普遍等优势而被广大学者采用，计算方法很多，其中又以受教育年限法和学历指数法的研究成果最为丰富。受教育年限法就是用劳动者的受教育年限来计算人力资本存量，具体方法又有区别，比如有的学者是用平均受教育年限衡量人力资本，有的学者则采用劳动者受教育年限总和衡量人力资本（马骁等，2002；张荐华等，2009）。学历指数法就是按照不同学历层次劳动者采用不同的方法衡量人力资本存量，通常做法是对不同学历层次的劳动者进行分类，然后赋予他们不同的学历指数，再以学历指数为权重求总和，得出全体劳动者的人力资本存量。当然，学历指数法的缺点也很明显，主要是因为学历指数的确定具有很强的主观性，与之相比，受教育年限法相对客观。

在初期，学者们对人力资本的测算主要是采用前两种方法，但在具体测算中发现，成本法估算出来的结果容易受到经济条件变化的影响，收入法则忽略了现实中工资报酬变化的多种原因以及由于制度、时期不同而带来的偏误和不稳定性，这两种测算方法都存在先天缺陷。作为对比，用劳动力的受教育年限计算人力资本存量则相对简单，数据获得率更高，精确性更强。受教育年限与人力资本投资成本之间不仅能呈现比较强的正相关性，还能排除用货币计算人力资本投资成本所容易受到的价格波动因素的影响；劳动力的受教育年限与收入之间也呈正相关，能较好地克服收入法在国内不适用的弊端。基于以上原因，受教育年限法被广泛应用于国内的实证研究。但是受教育年限法也有不足之处，其无法体现知识和经验的积累效应，如将小学教育的 1 年时间与大学教育的 1 年时间等同、将基础教育的 1 年时间与专业化教育的 1 年时间等同显然是不合理的。

新人力资本理论开辟了用能力而不是教育作为核心的新的研究思路，新人力资本的理论框架涵盖了整个生命周期，该过程包括：生命早期生长环境对能力形成的影响，生命中期以能力为核心的人力资本决定着个体经济社会行为的发展，生命后期能力影响个体退休决策与寿命。在众多研究方法中，大五人格（OCEAN）分类法是目前被普遍接受和应用的人格分类法，赫克曼在 Costa、McCrae 等人研究的基础上，对大五人格的五个方面做了较为详尽的分析，并将大五人格特征与其他相关的人格特征描述联系在一起，使其成为当前非认知能力的基准测量方法之一。

近年来，国内很多学者在上述几种计算方法中加入自己的创新点，提出了诸多测量人力资本的新思路。例如杨建芳等（2006）构建了内生增长模型，将该模型作为理论依据，设定计量模型，并利用中国 29 个省、自治区、直辖市从 1985 年至 2000 年的经验数据，实证分析了人力资本的积累和存量，估算了人力资本的形成要素（包括教育和健康）对我国经济增长的贡献。刘强（2017）使用迁移人力资本、教育人力资本、健康人力资本与技术创新全要素生产率，构建面板回归模型，并讨论不同门槛变量影响下的技术创新效率的提高情况。刘智勇提出人力资本结构高级化，并通过分析人力资本结构高级化等因素的差异对东部地区、中部地区、西部地区差距形成的影响，发现与人力资本存量等其他因素相比，人力资本结构高级化能够更好地解释东部地区、中部地区、西部地区之间的差距，因此他建议政府从单纯注重提升人力资本存量向促进人力资本结构高级化转变，重点调控各地区小学教育、初中教育、高等教育受教育程度，缩小人力资本的差距。这些研究中的人力资本测算方法各有特色，相对来说更加贴合我国教育的实际情况。

二 教育对经济增长贡献率的测算方法

目前相关学术领域对教育对经济增长贡献率的测算大多是建立在新增长理论（New Growth Theory）[①]基础之上，以人力资本代替劳动投入要素，使用两部门模型估计人力资本对经济增长的影响。教育是形成人力资本的最重要的途径之一，所以此类研究中的人力资本存量主要是指通过教育形成的人力资本存量。学界在测算教育形成的人力资本时通常使用劳动简化系数法，把教育引起的劳动者质量的提高按照一定的简化系数折合成劳动者的数量。用劳动简化系数计算教育对经济增长贡献率的经典方法主要有三种——舒尔茨的教育收益率法、丹尼森的因素分析法和苏联经济学家的劳动简化系数法。

舒尔茨的教育收益率法属于劳动工资简化法，具体分四个步骤：计算

---

① 新增长理论强调经济增长不是外部力量，而是经济体系的内部力量（如内生技术变化）作用的产物，重视对知识外溢、人力资本投资、研究和开发、收益递增、"干中学"等新问题的研究，解释了知识积累和技术进步是经济增长的决定性因素，并对技术进步的实现机制进行了详细分析。

经济增长量及其余数，计算教育资本存量，计算教育资本收益率，计算教育对国民收入增长的贡献。但这种方法在国内研究中使用得并不多，主要是因为其理论前提是假定市场经济处于充分竞争中，劳动力创造的边际产品价值是劳动力的生产贡献，即工资等于劳动力在生产中的贡献。这种前提假设在国内难以成立。

丹尼森的因素分析法属于改进的劳动工资（用收入替代工资确定简化系数）简化法，具体分五个步骤：确定各教育年限的收入简化系数，计算报告期年和基期年的教育量简化系数，计算全期教育量指数增长系数和每年平均增长率，计算教育量增长导致的每年国民收入增长率，计算教育对国民收入增长率的贡献。崔玉平（2000）在丹尼森的方法的基础上总结了高等教育对国民收入增长贡献的算法：先计算全期年平均教育综合指数增长率、全期年平均高等教育指数增长率占全期年平均教育综合指数增长率的百分比、全期国民收入年均增长率；然后通过回归分析，求出产出对教育投入的弹性系数；最后计算高等教育对国民收入增长率的贡献率。丹尼森的因素分析法是采用历年工资额占国民收入总值的百分比作为产出对教育投入量的弹性，这种弹性确定方法现在也很少被采用。在近年来的研究中一般通过总量生产函数的回归，将教育投入量的弹性看作因变量为国民收入产出量自然对数的回归方程中的解释变量，即劳动投入量（或教育投入量、人力资本存量）自然对数的回归系数，相对而言更加科学。

苏联经济学家斯特鲁米林、科马廖夫和科斯塔扬曾分别使用三种劳动简化系数法（劳动质量修正法）计算教育对国民收入的贡献。劳动质量修正方法计算的步骤和具体方法与上述两种方法基本相同：首先计算劳动简化系数，其次计算教育引起的劳动增量和社会劳动总量，最后计算教育对经济增长的贡献。苏联学者坚持马克思主义的政治经济学理论，认为资本不创造新价值，因此在核算国民收入的增量时，他们把国民收入的增加主要归因于劳动力数量的增加和劳动生产率的提高。

教育的消费属性也会对经济增长产生影响，在教育通过消费拉动经济增长贡献率的测算方法方面主要有两种思路。一是探讨教育通过各种途径提升个体的收入水平，进而提高消费水平，此类研究以收入为中介变量讨论教育对个体收入的影响；二是从教育可以影响个体消费行为的角度讨论教育与消费水平和消费结构之间的关系。例如，有的研究将人均消费水平、消费结构与学历做回归分析，发现消费水平和消费结构与学历显著正相关，且受教育程度会影响人的消费方式、消费观念和消费习惯。受教育程度高的人更倾向于接受网购、信贷消费，且更重视商品或服务的品牌（闵维方等，2006；张学敏和何西宁，2006）。有的研究显示，受教育水平与消费结构正相关，受教育水平越高，恩格尔系数越低，相应的非食品类支出越高。有的研究借助分位数回归分析基于微观调查的数据发现，高等教育对具有不同消费倾向和消费结构偏好的消费行为的影响具有异质性，高等教育可以整体上提高消费倾向，优化消费结构；高等教育对消费倾向高的家庭和非生存性消费偏好家庭的影响更大。有的研究集中分析了教育对消费结构的影响路径，主要通过收入、智力水平和交际能力等发挥作用（胡江南，2017）。

总体而言，由于测算方法和侧重点不同，学者们得出的教育对经济增长的贡献率存在较大差异，存在一些争议，但都做了有益的探索，推动了该领域研究的进步，应该给予充分肯定。

三 教育对经济增长贡献率的实证研究

教育对经济增长贡献率的实证研究很复杂，需要从多领域、多角度、多层次进行深入探讨，国内外学者也做了有关研究。

1. 国内有关教育对经济增长贡献率的研究

进入 21 世纪以来，我国教育投入总量不断加大，特别是 2012 年国家财政性教育经费[①]占 GDP 的比重达到 4%，我国经济发展逐步进入新常

① 国家财政性教育经费指中央、地方各级财政或上级主管部门在本年度安排并划拨到各级各类学校、教育行政、教育事业单位，列入国家预算支出科目的教育经费。

态，经济增速开始下滑，此后探讨教育与经济增长之间关系的文献大量涌现。近年来，直接讨论各级教育与经济增长之间关系的相关文献大幅增加，众多学者进行了广泛探索。叶茂林等（2003）把劳动力按受教育程度分为四个层次，即小学教育、中等教育、大学专科、本科和研究生，采用丹尼森的因素分析法计算了1981~2000年各级教育对经济增长的平均贡献率分别为0.21%、7.73%、22.88%、31.38%，进而计算出不同受教育程度劳动力的产出弹性系数，显示各受教育程度劳动力的边际劳动生产率有很大差异，高等教育对经济增长的贡献率明显高于小学教育和中等教育。杭永宝（2007）借用并修正了丹尼森和麦迪逊的分析方法，从六个教育层次（小学、初中、普通高中、中职、高职、本科以上）分别计算1993~2004年我国教育对经济增长的贡献率，结果分别为0.155%、0.643%、0.453%、1.859%、4.038%、1.922%。周国富和李时兴（2012）在Lucas和M-R-W模型的基础上建立了涵盖基础教育、中等职业教育和高等教育等层次的内生增长模式，并通过动态面板模型对全国各省份进行了实证分析，结果显示各层次教育对经济增长的贡献是有差异的，中等职业教育对经济增长的贡献最大。Chi的研究表明，中国全国范围内高等教育对GDP增长的影响大于小学教育和中学职业教育（Wei et al.，2008）。其他学者则把研究重点放在高等教育对经济增长的贡献率上。比如，崔玉平（2000）利用丹尼森和麦迪逊的分析方法，计算得出1982~1990年高等教育对经济增长的贡献率只有0.48%；毛盛勇和刘一颖（2010）采用1999~2007年的分地区高等教育劳动力的面板数据，测算了高等教育劳动力对中国经济增长的贡献率，并认为高等教育劳动力对经济增长贡献率的区域差异十分明显。还有学者选择特定地区进行研究，比如陈光（2011）以四川省2005~2009年高等教育的相关数据，测算了四川省高等教育对经济增长、产业结构、科技创新、人力资本、社会进步的综合贡献率，结果显示，四川省高等教育的综合贡献率约为7%；Lin（2006）以中国台湾地区为例开展研究，发现小学教育、中学教育和高等教育都对经济增长有正向影响；Tallman 和 Wang（1994）的研究表明，就中国台湾地区而言，高等教育对经济增长的正向影响比小学教育和中学教育更大。由此我们可以看出，绝大多数学者研究的是教育与经济增长之间的关系，而集中研究学前教育对经济增长贡献率的文献较少，缺乏实证和定量研究，系统深入地分析学前教育对经济增长的贡献率可以丰富和补充该领域的研究。

2. 国外有关教育对经济增长贡献率的研究

国外学者在教育对经济增长的影响方面也进行了大量分析，大多数学者从自身国家的情况出发，讨论教育对经济增长的贡献。Psacharopoulos（1989）实证研究发现，在欠发达经济体小学教育的回报率高于发达经济体；Esim（1994）也提出了类似的观点，她认为在一些亚洲国家比如韩国、马来西亚和泰国等，中等教育对促进经济发展具有重要意义；Mingat 和 Tan（1992）以 113 个国家为样本进行研究，发现高等教育仅在发达国家组具有显著的正向影响，而小学教育和中等教育在欠发达国家组产生正向影响；Gemmell（1996）以经合组织国家为样本进行研究发现，小学教育对欠发达国家的影响大，而中等教育和高等教育对发达国家的影响大；McMahon（2004）以亚洲国家为样本考察了三种教育水平对经济增长的影响，得出小学教育和中学教育对经济增长有显著的正向影响，而高等教育对经济增长有显著的负向影响；而 Abbas 的研究结果则与 McMahon 相反，他对巴基斯坦和斯里兰卡两国的研究表明，小学教育对经济增长有负向影响，而中等教育和高等教育对两国经济增长有显著的正向影响（鲍威，2010）；Petrakis 和 Stamatakis（2002）的研究发现，教育的增长效应与各国的经济发展水平相关，低收入国家受益于初等教育和中等教育，而高收入国家则受益于高等教育；Self 和 Grabowski（2004）对印度的案例分析表明，除了高等教育，小学教育和中学教育对印度经济增长具有很大的影响；Villa（2005）考察了意大利三种教育水平对经济增长的影响，发现高等教育和中等教育对经济增长有正向影响，而小学教育对经济增长没有显著影响；Gyimah-Brempong 等（2006）的研究发现，在非洲国家，各级教育对人均收入的增长都有积极影响，且在统计上影响显著；Pereira 和 Aubyn（2009）研究表明，葡萄牙的中小学教育对 GDP 有正向影响，而高等教育对 GDP 有较小的负向影响；Loening、Bhaskara 和 Singh 针对危地马拉的案例研究发现，小学教育比中等教育和高等教育更重要；Asteriou 和 Agiomirgianakis（2001）研究表明，小学教育、中学教育和高等教育入学率的提高对 1960~1994 年希腊 GDP 的增长产生了积极影响；Tsamadias 和 Prontzas（2012）使用 M-R-W 模型测算发现，1960~2000 年中等教育入学率对希腊经济增长产生了积极影响。

国内外学者测算教育对经济增长贡献率的方法不同，结果存在较大差异，主要是因为研究对象所处地区和发展阶段不同，教育对经济增长的贡献率也不尽相同。因此在讨论教育对经济增长以及学前教育对经济增长的影响时必须重视地区因素，比如国别差异，城乡差距，东部、中部、西部地区差异等，不能一概而论。作为终身学习的开端，学前教育存在与其他各级教育的不同之处，尤其是作为一种社会福利，学前教育具有很强的外部性，然而与国外研究相比，我国缺乏针对学前教育开展的成规模的追踪调查项目，与社会福利有关的宏观数据可获得性较差，这导致我国学前教育对经济增长贡献率的研究较少。虽然以上问题增大了分析的难度，但也为本章预留了研究空间，指明了前进方向。

第三节　学前教育对经济增长贡献率的测算方法

1. 计量模型

索罗（Solow）和斯旺（Swan）认为，某一经济体的经济增长是由劳动和资本两个内生变量与技术进步这一外生变量共同作用的结果，而人均收入的增长主要取决于技术进步，否则在经济发展中人均经济增长率会趋于 0。索罗的新古典经济增长模型沿用了柯布 – 道格拉斯生产函数模型，主要形式为：

$$Y = A(t)K^{\alpha}L^{\beta} \qquad\qquad （式6.1）$$

式 6.1 中，Y 为总产出；K 表示资本；L 表示劳动力；α 是资本对产出贡献部分；β 是劳动对产出贡献部分；$A(t)$ 是用来度量生产函数随时间变动的技术进步因子，也称全要素生产率。由此，可以推导出劳动、资本、技术进步与经济增长之间的关系，模型为：

$$\ln Y = \ln A + \alpha \ln K + \beta \ln L \qquad\qquad （式6.2）$$

本章引入新古典经济增长模型和柯布 – 道格拉斯生产函数模型，增加了学前教育投入要素，也就是以劳动力投入、社会资本投入和学前教育投入为解释变量，以产出为被解释变量，构建学前教育的生产函数。将学前教育的生产函数模型构建为：

$$Y_{it} = A_{it}K_{it}^{\alpha}E_{it}^{\beta}L_{it}^{\gamma} \qquad\qquad （式6.3）$$

其中，Y 为产出，A 为全要素生产率，K 为社会资本投入（社会固定资产投资），E 为学前教育经费投入，L 为劳动力投入总量，α 为社会资本的产出弹性系数，β 为学前教育投入的产出弹性系数，γ 为劳动力的产出弹性系数，下标 i 为省份，t 为年份。

将上述函数取对数后，构建如下面板回归模型，由于使用的是一组面板数据，因此在模型中加入时间固定效应 v_{it}，ε_{it} 表示随机扰动项。对于系数的意义，β 如果为正数，表示学前教育经费投入对经济增长产生正向促进作用。变形后的模型为：

$$\ln Y_{it} = \ln A_{it} + \alpha \ln K_{it} + \beta \ln E_{it} + \gamma \ln L_{it} + v_{it} + \varepsilon_{it} \qquad （式 6.4）$$

2. 变量选取

经济增长一般是通过国内生产总值（GDP）或国民生产总值（GNP）的增速来测算，我们既可以运用经济增长总量，也可以使用经济增长的相对数量，例如人均 GDP 或人均 GNP，这两个指数通常用于测算经济增长贡献率。设 ΔY_t 为某经济体本年度经济总量的增量，Y_{t-1} 为上年度的经济总量，则该经济体在 t 年的经济增长率 G_t 可用以下公式表示：

$$G_t = \frac{\Delta Y_t}{Y_{t-1}} \times 100\% \qquad （式 6.5）$$

由于 GDP 增量中包含价格因素，比如产品或服务的价格上涨，所以在计算 GDP 增速时，就可以分为用现价计算的名义 GDP 增速和用不变价格计算的实际 GDP 增速。在实际研究中一般用实际 GDP 增速来测算经济增长速度。

本章变量根据模型进行设定，对于每一个变量，既选取了总量数值（如 GDP），也选取了人均数值（如人均 GDP），对于整体发展情况和经济发展水平都进行了刻画。衡量地区经济发展水平最为常用的指标是 GDP

和人均 GDP，本章以各省份各年份 GDP 代表产出。以各省份社会固定资本存量和人均固定资本存量作为社会资本投入的代理变量，并采用永续盘存法计算资本存量。各省份全社会就业劳动力人数代表劳动力投入，以各省份就业人口和平均劳动参与率作为劳动力投入的代理变量，以上变量数据均来自国家统计局。

本章的核心自变量学前教育投入，是由学前教育经费投入总量以及学前教育发展质量两个自变量构成的，其中学前教育经费投入总量包含学前教育经费投入（滞后一期、二期、三期）和学前教育在学规模两个子变量。学前教育发展质量用学前教育生师比（教师 =1）表示，生师比越低，则表示学前教育的质量越高。除此之外，考虑到学前教育经费投入对经济增长产生的效应可能存在滞后性，本章还将学前教育相关变量的滞后项纳入模型中，由此估计学前教育是否会对经济增长产生长期效应。

选择学前教育经费投入和学前教育在学规模两个子变量来衡量学前教育经费投入总量有以下几个理由。

第一，教育经费是中央和地方财政机关预算中的实际教育投入，因此，学前教育经费投入是学前教育发展过程中最重要的教育资源之一，可以从短期和长期两个方面影响经济增长。一方面，学前教育经费的使用会在当下形成消费和投资需求，比如教师和学生的消费需求，学校固定资产投资需求、设备材料和低值易耗物品的购买等需求，都会拉动经济增长。另一方面，学前教育经费投入可以提高学前教育水平，优质的学前教育更有利于人力资本的形成和积累，进一步影响经济发展。此外，学前教育经费投入还影响学前教育在学规模和幼师素质等因素，学前教育经费越充足，覆盖的儿童就越多，在学规模也就越大。

第二，作为学前教育经费投入的产出端，学前教育在学规模是正在学校接受学前教育的儿童数量，这些儿童日后会进入劳动力市场，在学规模可以在一定程度上代表人力资本的增量，而人力资本的增加有利于经济增长。相对于教育经费投入，在学规模对于经济增长的促进作用更加持久。

本研究中的学前教育经费投入总量来自《中国教育经费统计年鉴》，跨度为 1997~2002 年、2004 年、2006~2010 年、2012~2018 年，共 19 年；学前教育在学规模和生师比来自国家统计局、《中国教育统计年鉴》，跨度为 2004~2018 年，共 15 年。最终学前教育经费投入总量数据为 589 个、学前教育在学规模和生师比的数据为 465 个，其余变量可观测样本为 682个。可以看出，20 世纪末至今我国落后地区和发达地区的各变量之间差距很大，从学前教育经费投入这一指标看，最大值为 2018 年广东的学前教育经费投入，约为 364 亿元，该数值是同年学前教育投入最少省份宁夏的20 多倍。这背后反映了我国不同地区之间人口规模、经济发展水平的显著差异。因此，如果要细致探讨学前教育对经济增长的影响，还需要基于地区人口规模和经济发展水平进行差异化分析。本章学前教育对经济增长相关变量的描述性统计见表 6-1。

表 6-1　学前教育对经济增长贡献率的相关变量描述性统计

变量名称	单位	样本量	均值	标准差	最小值	最大值
地区生产总值（GDP）	亿元	682	13179.42	15979.00	77.24	99943.00
人均地区生产总值	元	682	33364.46	24433.75	4317.00	123016.00
社会固定资本存量	亿元	682	6302.16	7275.03	26.94	41839.00
人均固定资本存量	元	682	15933.14	14699.65	772.80	74739.29
学前教育经费投入	万元	589	405439.50	519322.60	1514.80	3644595.20
学前教育在学规模	万人	465	108.62	88.70	0.84	456.22
学前教育生师比	教师 =1	465	16.24	5.86	6.23	42.46
全社会就业劳动力人数	万人	682	2413.48	1682.34	120.22	6767.00

第四节　学前教育对经济增长的拉动作用

一　我国学前教育经费投入总量对经济增长的拉动作用

在使用面板数据进行回归分析时，既可以使用固定效应模型，也可以使用随机效应模型，因此本章利用豪斯曼检验对研究更适合固定效应模型还是随机效应模型进行选择，检验结果证实在研究学前教育经费投入总量与经济增长关系时使用固定效应模型更为适合[①]。通过回归分析和测算，笔者发现我国学前教育经费投入总量对经济增长具有显著正向影响。表 6-2 显示，模型中的社会资本总量、劳动力投入总量、学前教育经费投入总量和全要素生产率（常数项）等均对经济增长产生了正向影响，且在 1% 的统计水平上显著。回归结果的拟合优度 R^2 均高于 0.980，表明模型的拟合效果很好。测算我国学前教育对经济增长的贡献率可以发现，学前教育经费投入总量的对数的弹性系数为 0.118，表明学前教育投入总量每增加 1%，全国经济增长 0.118%，这在一定程度上体现出学前教育经费投入总量对经济增长具有较强的促进作用。当将滞后项放入模型后，核心自变量以及其他自变量依然显著，表明拟合优度良好。然而随着滞后期延长，学前教育变量的回归系数逐渐变小。据此分析，学前教育经费投入总量加入模型后，在当期能迅速形成消费效应，带动当地就业、基建投资和学前教育消费行为，从而拉动经济增长，然而当期刺激效应会随着时间推移而逐渐消退。

本章试图在此基础上对学前教育对经济增长的贡献率加以测算。关于学前教育对经济增长贡献率的测算方法，目前的文献已经有了较为丰富的积累。本章将根据期初和期末的学前教育经费投入和 GDP 计算出两个指标的年均增长率 r，具体公式为：

---

① 豪斯曼检验和滞后效应检验过程详见附录 3。

$$r = \left(\frac{E_1}{E_2}\right)^{1/\Delta t} - 1 \qquad （式6.6）$$

其中，Δt 为起始年至终止年的时间间隔，E_1 为终止年份的数值，E_2 为起始年份的数值。

由此，可以计算出学前教育经费投入对 GDP 的平均贡献率 C_e：

$$C_e = \frac{\beta \cdot r_e}{r_{GDP}} \qquad （式6.7）$$

通过把学前教育经费投入要素纳入索罗的新古典经济增长模型，并选择对其求导展开的方法，可以近似地测算学前教育经费投入对经济增长的贡献率。然而根据测算，学前教育经费投入总量的对数对经济增长的弹性系数为 0.118，学前教育经费投入年均增速 r_e 为 27.1%，经济增长的年均增速 r_{GDP} 为 9.14%，代入公式测算出的学前教育经费投入对 GDP 的平均贡献率数值是 35.0%。这里特别需要指出的是，这一贡献率包括了学前教育经费投入对经济增长的贡献，但并不完全是学前教育经费投入对经济增长的贡献。由于学前教育经费投入和其之后的各级教育（小学、中学、大学）的经费投入与经济发展水平高度相关，因此，当我们把学前教育经费投入总量的对数这一变量代入数学模型测算学前教育对经济增长的贡献率时，客观上也就把大部分其他各级教育对经济增长的贡献包括在这一测算结果之中了。也就是说，实际上 35.0% 的贡献率包含学前教育对经济增长的贡献及其之后的各级教育（小学、中学、大学）对经济增长的大部分贡献。本章使用 2004~2018 年省级面板数据中的 402 个样本，对各级教育经费投入进行相关性系数的测算，结果发现学前教育经费投入与其之后的各级教育经费投入之间存在很高的相关性，相关系数均在 0.9 以上。在这种情况下，如果同时把其他各级教育经费投入作为控制变量代入数字模型，就会导致严重的多重共线性问题，从而使测算结果出现偏误。这意味着，目前在技术上很难将学前教育对经济增长的贡献率非常精确、完整地剥离出来，因此这也是今后随着测算方法的发展和研究的深入需要进一步解决和完善的问题之一。实际上，此前学界也有过类似的研究，例如西南财经大学的宋乃庆曾经利用学前教育经费投入测算了学前教育对经济增长的贡献率，发现学前教育对经济增长的贡献率为33.1%，这一较高的贡献率也是其部分地包含了其他各级教育经费投入对经济增长的贡献所致。尽管存在这种不足，但是从学前教育经费投入总量的对数对经济增长弹性系数为正值的角度来看，我们仍然可以认为学前教育经费投入对经济增长具有一定的拉动作用。

表6-2　学前教育经费投入总量对经济增长贡献的回归结果

变量	模型1	模型2	模型3	模型4
	全样本	学前教育经费投入总量滞后1期	学前教育经费投入总量滞后2期	学前教育经费投入总量滞后3期
社会资本总量的对数	0.5840*** (0.0137)	0.6110*** (0.0129)	0.6350*** (0.0123)	0.6540*** (0.0120)
学前教育经费投入总量的对数	0.1180*** (0.0088)			
学前教育经费投入总量的对数（滞后1期）		0.1070*** (0.00817)		
学前教育经费投入总量的对数（滞后2期）			0.0977*** (0.00771)	
学前教育经费投入总量的对数（滞后3期）				0.0925*** (0.00739)
劳动力投入总量的对数	0.3410*** (0.0569)	0.2890*** (0.0584)	0.2410*** (0.0604)	0.1940*** (0.0630)
常数	4.0430*** (0.3830)	4.1010*** (0.3840)	4.1660*** (0.3900)	4.2680*** (0.3990)
样本量	580	550	520	489
R^2	0.9840	0.9830	0.9820	0.9810
省份数量	31	31	31	31

注：小括号内为标准误，*、**、***分别表示在10%、5%和1%的显著性水平下显著。

考虑到学前教育的特殊性，即儿童接受完学前教育之后，尽管积累了一定量的人力资本，但这部分人力资本进入劳动力市场并最终创造出经济价值、促进经济增长，往往需要较长的时间，可能要等到儿童接受完义务教育、高中教育、本科教育甚至研究生教育后，才能真正发挥作用，且接受教育时间越长，该部分人力资本发挥作用的时滞越长，贡献率也越难测算。有鉴于此，本章还将学前教育经费投入总量的9期滞后项和12期滞后项放入模型中，见表6-3的模型5和模型6。可以看到，相比于当期的全样本回归系数0.118，滞后9期的学前教育经费投入总量的对数对经济增长的弹性系数变为0.201，滞后12期的学前教育经费投入总量的对数对经济增长的弹性系数变为0.212，超过当期的弹性系数。这表示，随着时间推移，接受过学前教育的个体进入劳动力市场，学前教育对经济增长的作用会不断加强，且对经济增长具有长远影响。因此学前教育并不是一劳永逸的事业，只有不断保持教育经费投入，持续积累人力资本，才能不仅在当期刺激经济增长，还能为经济长期可持续增长积累高素质的人力资本。

表6-3　学前教育经费投入总量对经济增长的长期拉动作用的回归结果

变量	模型 1 全样本	模型 5 学前教育经费 投入总量 滞后 9 期	模型 6 学前教育经费 投入总量 滞后 12 期
社会资本总量的对数	0.5840*** (0.0137)	0.6120*** (0.0200)	0.6320*** (0.0321)
学前教育经费投入总量的对数	0.1180*** (0.0088)		
学前教育经费投入总量的对数 （滞后 9 期）		0.2010*** (0.0162)	
学前教育经费投入总量的对数 （滞后 12 期）			0.2120*** (0.0247)
劳动力投入总量的对数	0.3410*** (0.0569)	0.2060** (0.0914)	0.2110* (0.1240)

续表

变量	模型 1	模型 5	模型 6
	全样本	学前教育经费投入总量滞后 9 期	学前教育经费投入总量滞后 12 期
常数	4.0430***	4.0340***	3.6200***
	(0.3830)	(0.5660)	(0.7770)
样本量	580	334	242
R^2	0.9840	0.9650	0.9370
省份数量	31	31	31

注：小括号内为标准误，*、**、*** 分别表示在 10%、5% 和 1% 的显著性水平下显著。

表 6-4 呈现了我国东部地区、中部地区、西部地区和东北地区的学前教育经费投入总量对经济增长的拉动作用。以上四个地区学前教育经费投入总量的对数对经济增长的弹性系数均为正值，且西部地区和东北地区的弹性系数高于全国平均水平。西部地区的学前教育经费投入总量的对数对经济增长的弹性系数最大，对经济增长的拉动作用最明显。但是西部地区劳动力投入总量的对数对经济增长的贡献率为负值，说明人口素质不高和人才流失或许成为制约西部地区经济发展的重要因素。东部地区和中部地区的学前教育经费投入总量的对数对经济增长的弹性系数分别为 0.057 和 0.092，均低于全国平均水平，而东部地区和中部地区的社会资本总量（社会固定资产）的对数对经济增长的弹性系数分别为 0.702 和 0.644，均高于全国平均水平，表明这两个地区的学前教育经费投入对经济增长为正向影响，社会固定资产投资促进经济增长的作用更强，而学前教育经费投入对经济增长的拉动作用不如社会固定资产投资明显。东北地区的学前教育经费投入总量的对数和社会资本总量的对数对经济增长的弹性系数分别为 0.129 与 0.468，说明东北地区通过增加学前教育经费投入促进经济增长也比较有效，但是劳动力投入总量的对数对经济增长的弹性系数不显著，这可能与 21 世纪以来东北地区劳动力不断流失有关。

表6-4 我国东部、中部、西部、东北地区学前教育经费投入总量

对经济增长贡献的回归结果

变量	模型 1	模型 7	模型 8	模型 9	模型 10
	全样本	东部地区	中部地区	西部地区	东北地区
社会资本总量的对数	0.5840***	0.7020***	0.6440***	0.5680***	0.4680***
	(0.0137)	(0.0326)	(0.0279)	(0.0181)	(0.0324)
学前教育经费投入总量的对数	0.1180***	0.0570***	0.0920***	0.1580***	0.1290***
	(0.0088)	(0.0163)	(0.0143)	(0.0129)	(0.0215)
劳动力投入总量的对数	0.3410***	0.5040***	0.1920	-0.3880***	0.4640
	(0.0569)	(0.0968)	(0.2030)	(0.0834)	(0.4280)
常数	4.0430***	1.6280***	4.4430***	8.8350***	5.1620*
	(0.3830)	(0.5390)	(1.3940)	(0.5530)	(2.7900)
样本量	580	189	114	220	57
R^2	0.9840	0.9850	0.9910	0.9890	0.9870
省份数量	31	10	6	12	3

注：小括号内为标准误，*、**、*** 分别表示在10%、5%和1%的显著性水平下显著。

从社会资本总量的对数对经济增长的弹性系数看，我国四个地区的社会资本总量的对数对经济增长的弹性系数均高于其学前教育经费投入总量的对数和劳动力投入总量的对数对经济增长的弹性系数，尤其是东部地区和中部地区的社会资本总量的对数对经济增长的弹性系数均高于全国平均水平，这表明社会固定资产投资对促进我国经济增长发挥主要作用。东部地区社会资本总量的对数对经济增长的弹性系数最高，为0.702，即社会资本投入每增加1%，东部地区经济增长0.702%，足见社会资本投入对东部地区经济增长的重要作用。东部地区劳动力投入总量的对数对经济增长的弹性系数为0.504，与社会资本总量的对数对经济增长的弹性系数差距不大，这表明东部地区的劳动力投入和社会资本投入对经济增长的促进作用差异不大，二者共同构成该地区经济增长的主要推动力。此外，中部地区的社会资本总量的对数对经济增长的弹性系数也高于全国平均水平，为0.644。相比之下，西部地区和东北地区的社会资本总量的对数对经济增长的弹性系数较低。由此可以推断出，与西部地区和东北地区相比，社会资

本投入对于东部地区和中部地区的经济增长发挥着更大作用。

　　京津冀、长江三角洲和珠江三角洲地区为我国经济最发达的三个地区，讨论此三地学前教育经费投入总量对经济增长的贡献程度可以为其他地区学前教育的发展提供参考。京津冀地区包括北京、天津和河北；长三角地区包括上海、江苏、浙江、安徽；珠三角地区为广东9个城市。京津冀、长三角、珠三角地区学前教育经费投入总量对经济增长贡献的回归结果见表6-5。其中京津冀地区的学前教育经费投入总量的对数对经济增长的弹性系数为0.110，略低于全国平均水平，其社会资本总量的对数和劳动力投入总量的对数对经济增长的弹性系数分别为0.553和0.893，这表明对京津冀地区经济增长发挥推动作用的分别为劳动力投入、社会固定资产投资和学前教育经费投入。长三角地区的学前教育经费投入总量的对数对经济增长的弹性系数为0.142，劳动力投入总量对数和社会资本总量对数对经济增长的弹性系数分别为0.712和0.615，均高于全国平均水平，表明在长三角地区，与学前教育经费投入相比，劳动力投入与社会固定资产投资相互作用，是推动经济增长的主力。珠三角地区的学前教育经费投入总量的对数的弹性系数为-0.0247，且回归结果不显著，表明学前教育经费投入没有对当地经济增长发挥积极作用。珠三角地区的劳动力投入总量的对数和社会固定资产的对数对经济增长的弹性系数分别为0.867和0.736，表明珠三角地区的经济增长主要由劳动力投入与社会固定资产投资共同推动。

　　尽管珠三角地区的广东学前教育经费投入总量居全国首位，但其弹性系数为负值且不显著，对于这样的分析结果，可以从以下两个方面做出解释。第一，广东GDP较高，而年学前教育生均经费投入较低，学前教育经费投入增速落后于GDP增速。根据原始调查数据，广东2018年的GDP为9.99万亿元，从1988年至2018年连续20年位列全国第一，而2018年其学前教育生均经费投入仅为7988元，位列全国31个省（区、市）学前教育生均经费投入的中间偏上水平。广东学前教育经费投入与经济发展水平不匹配，其增速落后于经济增长速度，这可能是导致学前教育经费投入对经济增长的贡献率为负值的主要原因。第二，广东省第三产业在 GDP 中占比过半，电子信息业等高新技术产业成了支柱产业，社会固定资产投资和科技创新对经济增长的影响远高于学前教育经费投入这一指标。截至 2018 年底，广东第一产业、第二产业和第三产业在 GDP 中的占比分别为 4.2%、43.0% 和 52.8%，GDP 构成已经演变升级为"三二一"格局。第三产业属于劳动密集型产业，是广东重要的支柱产业。因此，广东经济增长主要由劳动力投入和社会固定资产投资推动，学前教育经费投入的贡献远不及前两者。

表 6-5　我国京津冀、长三角、珠三角地区学前教育经费投入
总量对经济增长贡献的回归结果

变量	模型 1	模型 11	模型 12	模型 13
	全样本	京津冀	长三角	珠三角
社会资本总量的对数	0.5840***	0.5530***	0.6150***	0.7360***
	(0.0137)	(0.0487)	(0.0368)	(0.1150)
学前教育经费投入总量的对数	0.1180***	0.1100***	0.1420***	-0.0247
	(0.0088)	(0.0290)	(0.0214)	(0.0246)
劳动力投入总量的对数	0.3410***	0.8930***	0.7120***	0.8670**
	(0.0569)	(0.1450)	(0.1120)	(0.3980)
常数项	4.0430***	0.9270	0.4280	-1.1570
	(0.3830)	(0.7710)	(0.7760)	(1.6040)
样本量	580	56	76	19
R^2	0.9840	0.9890	0.9930	0.9980
省份数量	31	3	4	1

注：小括号内为标准误，*、**、*** 分别表示在 10%、5% 和 1% 的显著性水平下显著。

二　我国学前教育在学规模对经济增长的拉动作用

学前教育经费投入表征一个地区对学前教育的重视程度，经费投入

也是学前教育发展的重要资源和依靠。然而，在研究某地区的学前教育发展情况时还需要考量该地的学前教育在学规模，即当前接受学前教育的学生人数，该指标与学前教育经费投入之间有重要的联系，而且可以表示该地区未来发展的人才储备情况。本章将学前教育在学规模也纳入回归模型中，其结果见表6-6。由分析结果可知，学前教育在学规模的对数对经济增长的弹性系数为0.149，表明全国学前教育在学规模每增加1%，GDP会相应地增长0.149%。通过考察学前教育在学规模的3期滞后项，发现随时间推移该弹性系数非但没有减少，反而有所增加。这说明比起增加学前教育经费投入，扩大学前教育在学规模和覆盖范围，提高学前教育的入园率，或许更为紧迫和必要，也能对经济增长产生长期影响。另外，社会资本总量的对数对经济增长的弹性系数为0.732，高于学前教育在学规模的对数和劳动力投入总量的对数对经济增长的弹性系数，说明加大社会资本投入仍然是拉动经济增长最重要和最直接的方法。

表6-6　我国学前教育在学规模对经济增长贡献的回归结果

变量	模型 14	模型 15	模型 16	模型 17
	全样本	学前教育在学规模滞后 1 期	学前教育在学规模滞后 2 期	学前教育在学规模滞后 3 期
社会资本总量的对数	0.7320*** (0.0159)	0.7150*** (0.0171)	0.7060*** (0.0184)	0.6840*** (0.0200)
学前教育在学规模的对数	0.1490*** (0.0291)			
学前教育在学规模的对数（滞后 1 期）		0.1890*** (0.0293)		
学前教育在学规模的对数（滞后 2 期）			0.2030*** (0.0292)	
学前教育在学规模的对数（滞后 3 期）				0.2330*** (0.0290)
劳动力投入总量的对数	0.2180** (0.0871)	0.1920** (0.0928)	0.1700* (0.0995)	0.1660 (0.1070)

续表

变量	模型 14	模型 15	模型 16	模型 17
	全样本	学前教育在学规模滞后 1 期	学前教育在学规模滞后 2 期	学前教育在学规模滞后 3 期
常数项	1.7300*** (0.4910)	1.6990*** (0.5160)	1.8490*** (0.5500)	1.9060*** (0.5940)
样本量	457	426	395	364
R^2	0.9630	0.9600	0.9530	0.9440
省份数量	31	31	31	31

注：小括号内为标准误，*、**、*** 分别表示在 10%、5% 和 1% 的显著性水平下显著。

我国不同地区的学前教育在学规模差异较大，对经济增长贡献率存在差异。表 6-7 显示的是我国东部地区、中部地区、西部地区和东北地区学前教育在学规模对经济增长贡献的回归结果。由分析结果可知，东部地区学前教育在学规模的对数对经济增长的弹性系数为 0.203，即学前教育在学规模每增加 1%，经济增长 0.203%。但也应看到，东部地区学前教育在学规模对经济增长的拉动作用远不如社会资本总量投入这一指标，东部地区社会资本总量投入对经济增长的促进作用是全国最高的。中部地区学前教育在学规模的对数对经济增长的弹性系数为 0.342，高于东部地区和西部地区，即中部地区通过扩大学前教育在学规模拉动经济增长，比东部地区和西部地区都更为有效。西部地区学前教育在学规模的对数对经济增长的弹性系数为 0.123，略低于全国平均水平，社会资本总量的对数对经济增长的弹性系数为 0.749，高于全国平均水平，因此西部地区经济增长的主要动力来自社会资本投入。东北地区的学前教育在学规模的对数对经济增长的弹性系数达到了 1.113，远高于全国平均水平，也是全国唯一学前教育在学规模对经济增长的拉动作用大于社会资本投入的地区，这表明东北地区扩大学前教育在学规模或许比加大社会资本投入更能直接拉动经济增长，地方政府需格外关注。

表6-7　我国东部、中部、西部、东北地区学前教育在学规模

对经济增长贡献的回归结果

变量	模型14	模型18	模型19	模型20	模型21
	全样本	东部地区	中部地区	西部地区	东北地区
社会资本总量的对数	0.7320*** (0.0159)	0.7710*** (0.0442)	0.6330*** (0.0479)	0.7490*** (0.0211)	0.3530*** (0.0603)
学前教育在学规模的对数	0.1490*** (0.0291)	0.2030** (0.0811)	0.3420*** (0.0784)	0.1230*** (0.0445)	1.1130*** (0.2130)
劳动力投入总量的对数	0.2180** (0.0871)	0.1220 (0.1510)	0.3670 (0.2560)	-0.0535 (0.1670)	1.5140** (0.5870)
常数项	1.7300*** (0.4910)	1.2270 (0.8650)	-0.4910 (1.8240)	3.5330*** (0.8620)	-13.8400*** (3.2680)
样本量	457	149	90	173	45
R^2	0.9630	0.9680	0.9790	0.9660	0.9590
省份数量	31	10	6	12	3

注：小括号内为标准误，*、**、*** 分别表示在10%、5% 和1% 的显著性水平下显著。

　　表6-8 显示的是不同经济区学前教育在学规模对经济增长贡献的回归结果，由分析结果可知，京津冀地区的社会资本总量的对数、学前教育在学规模的对数、劳动力投入总量的对数对经济增长的弹性系数分别为0.360、0.616 和1.354，这表明京津冀地区的社会固定资产投资、学前教育在学规模和劳动力投入三者相辅相成，共同推动经济增长。京津冀地区的学前教育在学规模的对数对经济增长的弹性系数远高于全国的平均水平，甚至高于京津冀地区社会资本总量的对数对经济增长的弹性系数，表明京津冀地区学前教育在学规模对经济增长具有显著促进作用。京津冀地区劳动力投入总量的对数对经济增长的弹性系数不但远高于其他两个经济区，也高于京津冀地区社会资本总量的对数对经济增长的弹性系数，这或许表示在当前的发展阶段，京津冀地区的社会资本投入已经较为饱和，扩大学前教育在学规模、增加劳动力投入比增加社会固定资产投资更有效率。长三角地区的学前教育在学规模的对数对经济增长的弹性系数为 -0.118，不但

为负值而且不显著。社会资本总量的对数和劳动力投入总量的对数两个变量对经济增长的弹性系数分别为 1.017 和 0.362，说明长三角地区社会资本投入和劳动力投入两个指标仍是经济发展的重要引擎，两者共同推动长三角地区经济发展。珠三角地区的学前教育在学规模的对数对经济增长的弹性作用为负值且显著，为 -0.562，这表明珠三角地区学前教育在学规模每增加 1%，经济反而下降 0.562%。考虑到广州的学前教育生均经费投入增速滞后于经济增速的情况，如果不增加学前教育经费投入，单纯地扩大学前教育在学规模，可能会降低每个儿童获得的学前教育质量。比较而言，社会资本投入是推动珠三角经济发展的最重要的因素，社会资本总量的对数对经济增长的弹性系数为 1.206，珠三角地区还拥有所有地区中最高的全要素生产率系数，为 14.8600，这也说明与发展学前教育相比，加大社会资本投入、大力提升科技创新水平更符合珠三角地区的经济发展策略。

表 6-8　我国京津冀、长三角、珠三角地区学前教育在学规模
对经济增长贡献的回归结果

变量	模型 14	模型 22	模型 23	模型 24
	全样本	京津冀	长三角	珠三角
社会资本总量的对数	0.7320***	0.3600***	1.0170***	1.2060***
	(0.0159)	(0.0585)	(0.0480)	(0.2390)
学前教育在学规模的对数	0.1490***	0.6160***	-0.1180	-0.5620**
	(0.0291)	(0.0789)	(0.0908)	(0.2430)
劳动力投入总量的对数	0.2180**	1.3540***	0.3620**	-1.0810
	(0.0871)	(0.2100)	(0.1540)	(0.9770)
常数项	1.7300***	-5.6230***	-0.7340	14.8600*
	(0.4910)	(1.0120)	(0.9900)	(7.2940)
样本量	457	44	60	15
R^2	0.9630	0.9870	0.9870	0.9970
省份数量	31	3	4	1

注：小括号内为标准误，*、**、*** 分别表示在 10%、5% 和 1% 的显著性水平下显著。

第五节　学前教育质量对经济发展水平的拉动作用

对于接受学前教育的儿童来说，学前教育质量直接决定了他们的教育体验和教育获得感，考虑到我国不同地区经济发展水平可能存在较大差异，仅仅通过总量测算，可能不能估计出学前教育对该地区经济发展水平的影响。对于一所幼儿园，教师数量反映该学校的师资是否充足、能否进行相关课程开发和保育方式的创新，也决定着每个儿童能否得到足够的关注和看顾。因此，本章在模型中纳入学前教育生师比，作为该地区学前教育质量的代理指标。由于生师比体现的是每位教师负责的学生数量，因此在相同情况下，生师比越低，代表该学校的教学质量越高、看护越周到。根据模型可知，代表学前教育质量的学前教育生师比对经济发展有显著负向影响，且这种负向影响会随着时间的滞后增大，即生师比提高不但会对当期的经济产生更高的负向影响，更会影响下一期的经济增长（见表6-9）。当前我国优秀幼师十分缺乏，很多幼儿园的教职工人员并不具备相关的资质，从长期来看，不利于当地学前教育质量的提高，且很多不专业的教学方式还会对幼儿教育产生负面影响。

表6-9　我国学前教育生师比对经济发展水平贡献的回归结果

变量	模型 25 全样本	模型 26 学前教育生师比 滞后 1 期	模型 27 学前教育生师比 滞后 2 期	模型 28 学前教育生师比 滞后 3 期
人均资本存量的对数	0.7210*** (0.0149)	0.7220*** (0.0157)	0.7110*** (0.0167)	0.6930*** (0.0186)
学前教育生师比	-0.2960*** (0.0340)			
学前教育生师比 （滞后 1 期）		-0.3040*** (0.0334)		

续表

变量	模型 25	模型 26	模型 27	模型 28
	全样本	学前教育生师比滞后 1 期	学前教育生师比滞后 2 期	学前教育生师比滞后 3 期
学前教育生师比（滞后 2 期）			-0.3260*** (0.0345)	
学前教育生师比（滞后 3 期）				-0.3530*** (0.0375)
劳动参与水平的对数	0.1520 (0.1100)	0.2470** (0.1110)	0.3570*** (0.1150)	0.4740*** (0.1220)
常数项	4.2010*** (0.2550)	4.2820*** (0.2650)	4.5290*** (0.2790)	4.8670*** (0.3070)
样本量	436	425	395	364
R^2	0.9650	0.9600	0.9540	0.9430
省份数量	31	31	31	31

注：小括号内为标准误，*、**、***分别表示在 10%、5% 和 1% 的显著性水平下显著。

分地区来看，从表 6-10 可知，我国中部地区学前教育生师比的提高对经济增长的负向影响最大，这可能是与当期的人口规模和经济发展水平有关，如果某地区学前教育教师缺口较大，优质幼师稀缺，那么学前教育生师比可能是阻碍学前教育质量提升的重要因素。东部地区和东北地区的学前教育生师比影响相对较小，但是也对经济产生重要影响。相比之下，西部地区学前教育生师比的提高对经济增长的负向影响最低，其系数为 -0.217。因此，需要在全国范围内扩充幼儿园师资队伍，降低学前教育生师比，尤其要在中部地区提高对学前教育的重视程度和扩大幼师规模，才能为我国经济高质量发展积蓄后劲。

表 6-10　我国东部、中部、西部、东北地区学前教育生师比

对经济增长贡献的回归结果

变量	模型 25	模型 29	模型 30	模型 31	模型 32
	全样本	东部地区	中部地区	西部地区	东北地区
人均资本存量的对数	0.7210*** (0.0149)	0.7730*** (0.0237)	0.6620*** (0.0368)	0.7250*** (0.0229)	0.5060*** (0.0600)
劳动参与水平的对数	0.1520 (0.1100)	-0.5520*** (0.1350)	-0.2030 (0.2720)	0.4860** (0.1870)	1.2890* (0.6860)
学前教育生师比	-0.2960*** (0.0340)	-0.4270*** (0.0580)	-0.5610*** (0.1040)	-0.2170*** (0.0500)	-0.4240*** (0.1260)
常数项	4.2010*** (0.2550)	3.8260*** (0.3910)	5.3360*** (0.6470)	3.9790*** (0.4130)	7.3260*** (0.9800)
样本量	436	143	87	164	42
R^2	0.9650	0.9780	0.9780	0.9640	0.9530
省份数量	31	10	6	12	3

注：小括号内为标准误，*、**、***分别表示在10%、5%和1%的显著性水平下显著。

分经济区来看，由表 6-11 可知，京津冀地区和长三角地区的学前教育生师比提高对经济增长的负向影响显著大于全国的平均水平，而珠三角地区该现象不明显。这可能是因为与京津冀地区、长三角地区历来重视文化教育产业不同，教育在珠三角地区的发展水平和被重视程度不如前两个地区。北京和上海作为我国文化教育产业最为发达的两个城市，其文化教育产业在经济增长中占有重要地位，这种拉动作用也辐射了周围城市。珠三角地区与京津冀地区、长三角地区呈现不同的发展特点，以深圳为例，大部分城市青壮年劳动力为其他地区的外来人口，他们并没有在工作地接受基础教育和学前教育，珠三角地区作为以科技创新与社会资本为主要经济增长支撑的地区，学前教育对其经济增长的促进作用确实不明显，这也可能意味着珠三角地区享受了其他地区学前教育投入的红利。

表6-11　我国京津冀、长三角、珠三角地区学前教育生师比对经济
经济增长贡献的回归结果

变量	模型25	模型33	模型34	模型35
	全样本	京津冀	长三角	珠三角
人均资本存量的对数	0.7210*** (0.0149)	0.8620*** (0.0428)	0.8550*** (0.0359)	0.6360*** (0.0888)
劳动参与水平的对数	0.1520 (0.1100)	-2.1920*** (0.5100)	-0.3220** (0.1500)	0.7450 (0.6550)
生师比	-0.2960*** (0.0340)	-0.3130*** (0.1040)	-0.3420*** (0.0783)	-0.3410 (0.2270)
常数项	4.2010*** (0.2550)	1.5960** (0.7570)	3.0110*** (0.5730)	5.8160*** (1.5300)
样本量	436	44	57	15
R^2	0.9650	0.9690	0.9910	0.9950
省份数量	31	3	4	1

注：小括号内为标准误，*、**、***分别表示在10%、5%和1%的显著性水平下显著。

第六节　本章小结

发展学前教育有助于解决儿童发育迟缓的问题，降低个体成年后对福利和失业救济等公共援助项目的依赖，减少政府支出；高质量的学前教育还可以降低犯罪和刑事司法成本，更有利于社会的和谐稳定。学前教育可以使不同家庭背景的儿童获得相同的基础教育，缩小贫富差距导致的教育机会不公平不平等，提高社会阶层的流动性，更有利于社会稳定和经济繁荣。学前教育经费投入对于经济总量的增长和经济发展水平的提升等都有重要作用。增加学前教育经费投入可以拉动当地经济增长，这种拉动作用在当期有较强的消费刺激效应，但随着时间推移而逐渐消退。从长期看，学前教育的人力资本积累效应会发挥作用，为当地经济长期可持续增长助力。扩大学前教育师资队伍、降低学前教育生师比、提高学前教育质量也会对经济增长产生深远影响。

在不同地区的学前教育对经济增长的贡献存在一定差异。发展学前教育对全国大部分地区的经济增长能产生积极作用，但由于各地区经济发展层次和阶段不同，学前教育的发展方向存在差异。就增加学前教育经费投入来说，在东北地区和西部地区增加学前教育经费投入总量比东部地区和中部地区更有效；在东北地区扩大学前教育在学规模，其促进作用尤为明显，甚至高于增加东北地区社会资本投入总量。对东部地区和中部地区来说，提高学前教育质量比增加学前教育经费投入的作用更大，学前教育生师比是影响学前教育作用于经济增长的重要因素，如能降低这两个地区的学前教育生师比，将对经济增长产生显著的正向影响。

通过分析京津冀、长三角、珠三角地区的学前教育对经济增长的影响，我们发现，即便是经济发达地区，学前教育对经济增长的贡献也存在较大差异。发展学前教育需要必要的人力、物力和经费投入做保障，而财政投入是学前教育投入的重要组成部分。财政投入讲究效益、预算和平衡，不仅需要平衡教育事业和科技、卫生等事业的关系，还需要在教育体系内部平衡学前教育与其他各级教育之间的关系。因此，各地区在制定学前教育规划时，应从自身实际出发，根据当前发展现状和发展模式，合理制定学前教育规划和路径，提高投入的边际效应，切忌盲目跟风。

学前教育作为一种准公共产品，如果完全由市场调节会导致市场失灵，因此我国于 2010 年提出发展普惠性学前教育，强调学前教育的公共属性，通过政府控价和提供可支付的服务，减轻家庭的经济负担，提高学前教育的普及水平，目前已取得了一定成效。然而，由于我国学前教育起步晚、基础薄弱，目前整体发展水平不高，提供高质量的学前教育仍面临诸多困难和瓶颈，因此，需要我们继续深入研究和思考，探索提高我国学前教育质量的高效、合理、易操作的路径和模式。

第七章

学前教育投入的国际比较与普惠性学前教育的发展

改革开放 40 多年来，我国经济快速发展，经济总量不断扩大，"家底"日渐丰厚、经济体制日渐成熟，但同时，经济结构的优化、全要素生产率的提升、新动能新优势的壮大要求我们进一步提高人力资本质量。学前教育作为教育体系的重要组成部分，对于提升劳动力的整体素质起着至关重要的作用。良好的学前教育能够培养儿童的语言表达能力、社交能力、创造力和解决问题的能力，这些都是劳动力市场所需要的核心竞争力，对于个体的职业发展和国家的经济增长具有重要意义。

我国政府在过去几十年间通过大量的教育投入显著提高了人口素质、知识和技能，直接促进了人力资本的形成和积累，但是相比而言，我国学前教育的发展还较为薄弱，在经费投入、公益性和普惠性、农村覆盖率、法治建设情况等方面还存在进步的空间。通过研究其他发达国家学前教育发展的轨迹和经验，再从我国的实际情况出发，对我国学前教育事业未来的发展方向、目标、途径和策略等做出长远规划，可以让我国的学前教育更好地适应经济社会全面、可持续发展的需要。本章将从 OECD 国家学前教育投入特点出发，进而梳理我国学前教育投入情况和普惠性学前教育的发展现状，对其进行深层次分析，并展望未来的发展方向。

第一节　OECD 国家学前教育投入与经济增长之间的相关性分析

当前，世界各国受不同社会观念、政治制度、经济体制以及传统文化等的影响，学前教育发展模式和情况不尽相同。一部分 OECD[①] 国家，比如美国、瑞典、英国、德国等，由于学前教育起步早，已经形成了比较成熟的学前教育投入方式。本章将通过分析部分 OECD 国家学前教育投入与经济增长之间的关系，梳理它们的学前教育发展情况，为后续总结其学前教育发展的共性、对我国学前教育投入的启示等进行铺垫。

对学前教育财政投入的衡量有总量指标和生均指标。由于不同国家的人口规模差异较大，学前教育适龄人口的总量明显不同，所以总量指标的可比性较弱，而生均指标的可比性较强。因此，本节将使用学前教育生均财政投入的数据[②]来衡量某一国家学前教育投入情况。有关数据见表7-1。

表7-1　OECD 主要国家学前教育生均财政投入（2004~2011 年）

单位：美元，%

国家	2004 年	2005 年	2006 年	2007 年	2008 年	2009 年	2010 年	2011 年	增长率
卢森堡	—	—	—	—	13460	16751	20958	25074	86.29
澳大利亚	—	—	4252	6507	6408	8493	8899	10734	152.45
法国	4938	4817	4995	5527	5787	6185	6362	6615	33.96
丹麦	5323	5320	5208	5594	6382	8785	9454	14148	165.79
芬兰	4282	4395	4544	4789	5334	5553	5372	5700	33.12
美国	7896	8301	8867	9394	10070	8396	10020	10010	26.77
英国	7924	6420	7335	7598	7119	6493	7047	9692	22.31
意大利	5971	6139	7083	7191	8187	7948	7177	7868	31.77

---

① 即经济合作与发展组织（Organization for Economic Co-operation and Development）。

② 本章数据来源为 OECD 官网，受到数据可获得性的限制，数据的时间跨度为 2004~2011 年，2011 年后缺少对有关数据的统计。由于 OECD 国家的学前教育财政投入较为平稳，所以其数据仍有一定的参考价值。

续表

国家	2004年	2005年	2006年	2007年	2008年	2009年	2010年	2011年	增长率
瑞典	4417	4852	5475	5666	6519	6549	6582	6915	56.55
西班牙	4617	5015	5372	6138	6708	6946	6685	6725	45.66
挪威	4327	5236	5625	5886	6572	6696	6610	6370	47.22
日本	3945	4174	4389	4518	4711	5103	5550	5591	41.72
韩国	2520	2426	3393	3909	4281	6047	6739	6861	172.26
德国	5489	5508	5683	6119	6887	7862	—	8351	52.14
瑞士	3581	3853	4166	4506	4911	5147	5186	5267	47.08
新西兰	5112	4778	5113	5185	7431	11202	11495	11088	116.90

注：除了卢森堡、澳大利亚学前教育生均财政投入增长率分别为2008~2011年、2006~2011年增长率，其他国家均为2004~2011年增长率。

资料来源：OECD官网。

表7-1中展示了16个OECD国家2004~2011年的学前教育生均财政投入，从总量来看，OECD主要国家的学前教育生均财政投入都在增长，说明有关国家很重视学前教育，对学前教育的财政投入不断增加，投入的增长率大多高于经济增长率。其中，增长率超过100%的国家有澳大利亚（152.45%）、丹麦（165.79%）、韩国（172.26%）和新西兰（116.90%），其中增幅最大的是韩国，从2004年的2520美元增加到了2011年的6861美元。以上四个国家的老龄化问题比较严重，出生率较低，对新生儿的补贴不断增长。学前教育生均财政投入增长率为50%~100%的国家有卢森堡（86.29%）、瑞典（56.55%）和德国（52.14%）。不过新生儿的存量减少也可能是导致学前教育人均财政投入大幅增长的主要原因。

2011年OECD主要国家学前教育的生均财政投入平均为9188美元。高于平均水平的国家有卢森堡（25074美元）、丹麦（14148美元）、新西兰（11088美元）、澳大利亚（10734美元）、美国（10010美元）、英国（9692美元）。卢森堡的生均财政投入水平最高，是平均水平的2.73倍。学前教育生均财政投入水平低于OECD主要国家平均水平的国家有瑞典（6915美元）、韩国（6861美元）、西班牙（6725美元）、法国（6615美元）、挪威（6370美

元）、芬兰（5700美元）、日本（5591美元）、瑞士（5267美元）、德国（8351
美元）、意大利（7868美元）。其中瑞典和瑞士的学前教育经费虽然全部由政
府承担，但生均财政投入并不高，大大低于16个OECD主要国家的平均水
平，可能原因有三，一是学前教育服务水平不高；二是已形成比较完备的基
础设施和服务功能，当期财政投入较少；三是财政投入的效率较高。笔者认
为后两者的可能性更大，因为这两个国家的经济发展水平较高，同时学前教育
的历史悠久，在财政投入方面积累了很多成熟的经验，因此表现得更加平稳。

为了得到更客观的分析结果，本章对16个OECD国家间学前教育
投入与经济增长之间的关系进行了量化分析。通过制作16个OECD国家
2004~2011年学前教育生均财政投入情况和人均GDP之间的散点图和拟合线
图（见图7-1），可知两个变量的拟合线的斜率为正，说明学前教育生均财政
投入情况与人均GDP正相关。此后，本章计算了16个OECD国家的学前教
育生均财政投入和人均GDP之间的相关性系数，得到两者之间相关性系数为
0.67。一般来说，相关性系数大于0.60可以认为两个变量之间有正相关关系，
因此，我们可以认为本书选取的16个OECD国家的学前教育财政投入与经济
增长呈正相关。

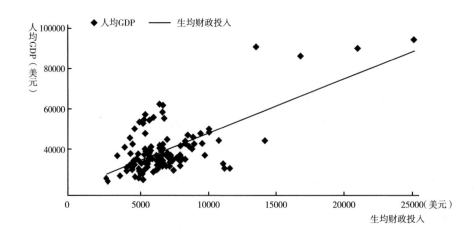

图7-1 16个OECD国家学前教育生均财政投入和人均GDP的散点和拟合线

第二节 OECD 主要国家与我国学前教育财政 投入情况的对比

由于学前教育具有很强的公益性和外部性，再加上学前教育服务需求和供给的信息不对称问题，所以无法完全依靠市场力量保证学前教育的有效供给，这是大家的共识，也为实践所证实，因此各经济体（尤其是发达国家）都很重视对学前教育的财政投入，以解决学前教育市场失灵问题。尽管各国支持学前教育的方式有所不同，但政府都在学前教育发展中发挥主导作用，具体表现为担任学前教育管理责任主体、增加财政投入和保障学前教育公平等。比如美国是市场化程度很高的国家，近年来美国政府接连退出包括军工、航天在内的很多领域，但它仍承担着学前教育投入的主要责任。2014 年，美国学前教育的公共经费占学前教育总经费的 78.6%，此后大体稳定在该水平。美国还建立了学前教育资助体系，并以立法的形式确定政府拨款额度，例如，其 2005 年颁布的《幼儿保育与发展固定拨款法》规定，2006 年幼儿保育方面的拨款为 23 亿美元，另外还推行"开端计划"、"州 Per-K 项目"、幼儿特殊项目等，不断拓宽学前教育的筹资渠道，扩大学前教育覆盖范围。美国还颁布了多个与学前教育有关的法案，比如 1979 年的《儿童保育法》、1990 年的《儿童早期教育法》和《儿童保育和发展固定拨款法》、1998 年的《1999 年法案：向所有儿童提供优质教育》、2002 年的《不让一个孩子掉队法案》（NCLB）、2015 年的《每个学生成功法案》（ESSA）等，明确联邦、州和地方政府在学前教育领域应该承担的责任。

在我国经济快速增长、人均收入不断提高的大背景下，发达国家的学前教育模式和财政投入方式逐渐引起了学界和政策制定者的重视。张冀飞、黄洪（2016）和刘建发、吴传毅（2012）等学者曾对该问题做了比较全面的研究，本书充分肯定并借鉴以上研究成果，将从学前教育财政投入占学前教育投入的比重、学前教育财政投入占 GDP 的比重、学前教育财政投入占财政总支出的比重、学前教育财政投入在各级教育财政投入的占比、学前教育财政投入的主要方式等五个方面对 16 个 OECD 主要国家的学前教育财政投入情况进行描述，在此基础上分析我国的学前教育财政投入情况。

一　学前教育财政投入占学前教育投入的比重

各国对学前教育的资金投入主要包括财政投入和民间投入两条渠道，民间投入主要包括家庭承担的学前教育费用和其他民间机构对学前教育的投入（张翼飞、黄洪，2016）。从投入角度看，财政投入占比可以作为衡量政府对学前教育支持力度的重要指标，该比重越大，说明政府对学前教育的财政投入越多，与之对应的社会与家庭投入负担越小，学前教育的公益性也就越强。

表 7-2 列出了 2004~2011 年 16 个 OECD 主要国家的学前教育财政投入占学前教育投入的比重。从横向看，学前教育经费完全由政府承担的国家是北欧的瑞典和瑞士，这两个国家的家庭和其他民间机构不需要承担任何学前教育费用。此外，卢森堡的财政投入占比也非常高，维持在 99% 左右，仅次于瑞典和瑞士。以上三个国家都是典型的高福利国家。法国、芬兰和意大利的学前教育财政投入占比也比较高，均在 90% 以上。而学前教育财政投入占比最低的有日本、韩国等东亚国家，各年份基本低于 50%，表明日本和韩国的家庭为子女的学前教育支付相对较高的费用。

从纵向看，2004~2011 年 OECD 主要国家的学前教育财政投入占比也呈现不同的变化趋势，总体呈下降趋势的国家有澳大利亚、法国、芬兰、美国、英国、西班牙、挪威、日本等；总体呈上升趋势的国家有卢森堡、丹麦、德国、新西兰等。其中上升趋势最显著的是新西兰，从 2004 年的 57.60% 升至 2011 年的 84.80%，涨幅达到 27.20 个百分点。

表 7-2　OECD 主要国家的学前教育财政投入占学前教育投入的
比重(2004~2011 年)

单位：%

国家	2004 年	2005 年	2006 年	2007 年	2008 年	2009 年	2010 年	2011 年	平均值
卢森堡	—	—	—	—	98.20	99.40	98.80	99.00	98.85
澳大利亚	68.30	67.50	63.10	40.50	44.51	44.51	55.80	45.00	53.65
法国	95.80	95.50	95.50	94.00	94.00	94.00	94.00	94.00	94.60
丹麦	81.10	80.80	81.40	81.20	81.20	81.20	86.70	90.00	82.95
芬兰	91.10	91.10	90.80	90.60	90.50	90.50	90.10	90.90	90.70
美国	75.40	76.20	77.60	77.80	79.50	79.80	70.90	70.00	75.90
英国	94.90	92.90	92.70	86.10	85.50	84.50	91.40	91.40	89.93
意大利	90.80	91.10	93.50	93.10	93.30	93.30	91.80	91.80	92.34
瑞典	100.00	100.00	100.00	100.00	100.00	100.00	100.00	100.00	100.00
西班牙	82.50	84.90	85.70	78.20	76.70	76.70	73.20	73.20	78.89
挪威	86.30	87.20	90.50	82.60	83.90	83.90	84.60	84.60	85.45
日本	50.00	44.30	43.40	43.80	43.50	43.50	45.20	45.00	44.84
韩国	37.90	41.10	46.30	49.70	45.50	45.50	47.50	42.60	44.51
德国	70.80	72.10	72.20	72.80	73.50	73.50	—	80.00	73.56
瑞士	100.00	100.00	100.00	100.00	100.00	100.00	100.00	100.00	100.00
新西兰	57.60	62.10	62.40	89.20	91.60	91.60	84.80	84.80	78.01

二　学前教育财政投入占 GDP 的比重

由表 7-3 可知，2011 年 16 个 OECD 主要国家学前教育财政投入
占 GDP 的比重平均为 0.63%，其中占比最高的是卢森堡，为 3.1%；其
次是号称实行"从摇篮到坟墓"全民福利政策的丹麦，占比 1.4%；最
低的是澳大利亚、韩国和日本，占比不足 0.3%；其他国家大多占比
0.3%~0.8%。

从 2004 年至 2011 年，各 OECD 主要国家学前教育财政投入占 GDP
的比重较为稳定，波动不大。其中小幅度下降的有英国（从 0.4% 下降到

0.3%）、美国（从 0.4% 下降到 0.3%）、日本（从 0.2% 下降到 0.1%）。比重保持不变的国家有澳大利亚（0.1%）、瑞士（0.2%）、芬兰（0.4%）、德国（0.5%）和法国（0.7%）。学前教育财政投入占 GDP 的比重增幅最大的是卢森堡，从 2008 年的 0.5% 猛增到 2011 年的 3.1%，增长了 5 倍多，这在一定程度上缓解了卢森堡的老龄化问题；从 2012 年至 2017 年卢森堡的人口增长率保持在 3% 左右，总人口从 2011 年的 51.8 万人增至 2017 年的59.6 万人，增长 15.1%。其次为丹麦，其学前教育财政投入占 GDP 的比重从 2008 年的 0.7% 增至 2011 年的 1.4%，涨了 1 倍；其人口增长率从 2012年至 2017 年分别是 0.38%、0.42%、0.51%、0.71%、0.78% 和 0.64%，总人口从 2011 年的 557 万人增至 2017 年的 576 万人，增长 3.4%。[①] 这两组数据说明，增加学前教育财政投入能提高人口增长率，且学前教育财政投入增长越快，人口增长越快，因此这是应对人口老龄化的有效方法。

表 7-3　OECD 主要国家学前教育财政投入占 GDP 的比重（2004~2011 年）

单位：%

国家	2004 年	2005 年	2006 年	2007 年	2008 年	2009 年	2010 年	2011 年
卢森堡	—	—	—	—	0.5	0.6	0.8	3.1
澳大利亚	0.1	0.1	0.1	0.1	0.1	0.1	0.1	0.1
法国	0.7	0.7	0.7	0.7	0.7	0.7	0.7	0.7
丹麦	0.9	0.8	0.7	0.7	0.7	1.0	1.0	1.4
芬兰	0.4	0.4	0.4	0.4	0.4	0.4	0.4	0.4
美国	0.4	0.4	0.4	0.4	0.4	0.3	0.4	0.3
英国	0.4	0.3	0.3	0.3	0.3	0.3	0.3	0.3
意大利	0.5	0.5	0.5	0.5	0.5	0.5	0.4	0.4
瑞典	0.5	0.5	0.6	0.6	0.7	0.7	0.7	0.7
西班牙	0.6	0.6	0.6	0.7	0.8	0.7	0.7	0.7
挪威	0.3	0.3	0.3	0.4	0.5	0.3	0.4	0.5

---

① 《2020 年中国养老产业分析报告——行业运营态势与未来趋势研究》。

国家	2004 年	2005 年	2006 年	2007 年	2008 年	2009 年	2010 年	2011 年
日本	0.2	0.2	0.2	0.2	0.2	0.1	0.1	0.1
韩国	0.1	0.1	0.2	0.2	0.2	0.1	0.1	0.2
德国	0.5	0.5	0.5	0.5	0.5	0.4	—	0.5
瑞士	0.2	0.2	0.2	0.2	0.2	0.2	0.2	0.2
新西兰	0.3	0.3	0.3	0.3	0.5	0.5	0.5	0.5

三 学前教育财政投入占财政总支出的比重

2009~2011 年，16 个 OECD 主要国家学前教育财政投入占财政总支出比重平均为 1.03%，2011 年占比最高的国家是丹麦（2.4%），最低的是日本（0.2%）。其中低于 1.0% 的国家有意大利（0.9%）、美国（0.9%）、挪威（0.8%）、芬兰（0.7%）、英国（0.7%）、瑞士（0.6%）、韩国（0.5%）、澳大利亚（0.3%）、日本（0.2%）；位于 1%~2% 的国家有卢森堡（1.8%）、新西兰（1.5%）、西班牙（1.5%）、瑞典（1.4%）、法国（1.2%）、德国（1.0%）；高于 2% 的只有丹麦。

表 7-4　OECD 主要国家学前教育财政投入占财政

总支出的比重（2009~2011 年）

单位：%

国家	2009 年	2010 年	2011 年
卢森堡	1.4	1.7	1.8
澳大利亚	0.2	0.2	0.3
法国	1.2	1.2	1.2
丹麦	1.7	1.8	2.4
芬兰	0.7	0.7	0.7
美国	0.8	0.8	0.9

续表

国家	2009 年	2010 年	2011 年
英国	0.6	0.6	0.7
意大利	0.9	0.9	0.9
瑞典	1.3	1.4	1.4
西班牙	1.6	1.5	1.5
挪威	0.7	0.7	0.8
日本	0.2	0.2	0.2
韩国	0.3	0.5	0.5
德国	0.9	—	1.0
瑞士	0.6	0.6	0.6
新西兰	1.4	1.5	1.5

2009~2011 年，OECD 主要国家学前教育财政投入占财政总支出的比重大多数呈上升趋势。其中，丹麦增长幅度最大，从 2009 年的 1.7% 增至 2011 年的 2.4%，增长 0.7 个百分点。略微下降的只有一个国家——西班牙，从 2009 年的 1.6% 下降到 2011 年的 1.5%。总体而言，16 个 OECD 国家中大多数国家学前教育财政投入占财政总支出的比重是稳步增长的。这说明 16 个 OECD 国家大多数政府重视学前教育及其公益性，不断增加学前教育财政投入，并将其作为稳定的财政支出项目，长期保持。

四 学前教育财政投入在各级教育财政投入的占比[①]

2004~2011 年，16 个 OECD 主要国家中大部分国家对教育的总投入在增加，其中学前教育的财政投入大多低于其他各级教育。16 个 OECD 国家中大多数国家对大学教育的生均财政投入是最高的。以芬兰为例，2011 年芬兰学前教育的生均财政投入为 5700 美元，低于小学教育生均财

---

① 有关数据见附录 4。

政投入（8159 美元），也低于中学教育生均财政投入（9792 美元），更低于大学教育生均财政投入（18002 美元）。类似的国家还有瑞士、德国、韩国、日本、挪威、西班牙、美国、意大利、瑞典、美国和英国等。

这表明，与其他各级教育相比，学前教育的财政投入相对较少，这是常态，但并不代表各国政府不重视学前教育。笔者认为，与其他各级教育相比，学前教育投入之所以较低，主要是因为学前教育所要求达到的标准较低，儿童在园时间也比较短，重点培养儿童的生活技能和社会交往能力，这就造成学前教育的知识和技术含量较低，对师资培养和配备、儿童活动场所、教学设备等方面的要求也比较低。因此，完成学前教育要求的投入（包括财政投入）相对较少。

五 学前教育财政投入的主要方式

当前 OECD 主要国家政府财政投入学前教育的方式很多，除了以政府为责任主体进行直接的财政拨款和税式支出，很多国家通过学费减免和学费补贴等方式鼓励家庭增加对学前教育的投入，在降低家庭学前教育成本的同时，提高全社会的学前教育普及程度。另外，还有很多国家通过政府采购的方式购买一些学前教育机构必需的物资，向其提供实物援助，间接促进学前教育发展。

1. 财政拨款

OECD 国家的学前教育财政投入方式大体分为三种，即单级财政拨款、两级财政拨款和多级财政拨款。

单级财政拨款是指由某一级政府承担学前教育的全部经费，代表国家有新西兰和挪威。新西兰对学前教育的财政拨款全部来自中央政府，挪威对学前教育的财政拨款全部来自地方政府（县级政府）。

两级财政拨款是指由中央政府、省级政府、地方政府中的任意两级政府负责对学前教育拨款。实行两级财政拨款的国家主要有澳大利亚、瑞士、瑞典、芬兰、英国和卢森堡。在澳大利亚，政府对学前教育的财政拨款大多来自省级政府，省级政府对学前教育财政拨款占比约为57%，中央政府对学前教育财政拨款占比约为43%。在瑞士，对学前教育的财政拨款以省级政府为主、以地方政府为辅，省级政府的财政拨款占比达到55%以上，地方政府的财政拨款占比一般在45%以下。在芬兰，学前教育所需财政经费主要来自地方政府财政拨款，占比约为74%，中央政府的财政拨款约占26%。英国政府对学前教育的财政投入与芬兰相同，以地方政府为主、以中央政府为辅，中央政府对学前教育的总支出小于6%，地方政府的支出占比达到94%以上。在卢森堡，对学前教育的财政投入以中央政府为主、以地方政府为辅，在学前教育的总财政投入中，约56%的经费来自中央政府，地方政府的财政拨款约占44%。

多级财政拨款是指由中央政府、省级政府和地方政府共同承担学前教育所需的财政经费，代表国家有意大利、西班牙、日本、丹麦、德国、美国、法国和韩国。以中央政府财政拨款为主、以省级和地方政府财政拨款为辅的国家有意大利；以省级政府财政拨款为主、以中央政府和地方政府财政拨款为辅的国家有西班牙和日本；以地方政府财政拨款为主、以中央政府和省级政府财政拨款为辅的国家有丹麦、德国、美国；以中央政府和地方政府财政拨款为主、以省级政府财政拨款为辅的是法国；学前教育所需财政拨款由三级政府相对均衡负担的国家是韩国。

至于何种财政拨款方式更合理，目前没有统一的标准，可能与各国政体、财政收入来源等存在差异有关。

2. 税式支出

税式支出（tax expenditure）是指国家为达到一定的政策目标，对一些特定纳税人或课税对象提供税收优惠，以发挥税收激励或税收照顾的功效。与财政支出相比，税式支出是一种虚拟性支出，也是实现资源再分配的重要方式。具体在学前教育领域，税式支出是指政府通过减免税收等方式来支持学前教育发展，很多发达国家采取退税或减免家庭应纳税额等方式，补贴家庭为孩子支付的学前教育费用，减轻家庭的学前教育负担。

比如，美国政府实施的"依赖型托儿税收减免"（The Dependent Care Tax Credit）政策，就是一种税式支出政策，可以在税前抵扣学前教育学费。该政策由美国财政部制定，规定只有 1 个孩子的工作家庭可以获得最高 2400 美元的补助；如果该家庭有 2 个以上的孩子，则可以获得 4800 美元的补助。此外，拥有独生子女的美国家庭最高可以获得 720 美元的税收减免，多子女的家庭最高可获得 1440 美元的税收减免。事实上，很少有家庭能获得最高限度的税收减免，因为收入很低的家庭不用支付任何税金，或者没有足够的可抵扣的费用来达到税收的最大减免额。

英国政府实施了"工作家庭税收减免"政策。该优惠政策针对英国的低收入家庭。这项政策使得英国 2/3 的家庭从中受益。为了享受该项政策，一个家庭如果有 0~14 岁孩童，父母每周至少工作 16 个小时。一个家庭如果有 1 个孩子正在接受学前教育，该家庭将得到 70 英镑的税收减免；如果有 2 个孩子正在接受学前教育，该家庭将获得 105 英镑的税收减免。在法国，每个家庭一年最高可以获得 575 欧元的税收减免，如果是有保姆的家庭，每年最高可获得 3500 多欧元的税收减免。

韩国政府实施了《免税法案》（The Tax Exemption Act）和《所得税执行法令》（The Income Tax Enforcement Decree），主要为有孩子在私立学前教育机构就读的低收入家庭提供间接的财务支持。

3. 学费减免和学费补贴

学费减免是指一国政府对正在接受学前教育的儿童的家庭实行不同程度、不同形式的学费减免，以减少这些家庭需支付的学前教育费用。针对主要发达国家的统计显示，义务教育平均开始于 6 岁，大部分国家的学前教育开始于 3 岁。不同国家向幼儿提供学费减免政策的时间长短不同，比如一年免费教育、两年免费教育和三年免费教育。一年免费教育是指幼儿在 5~6 岁阶段完全享受免费学前教育，此类国家有澳大利亚、加拿大和美国等。两年免费教育主要是指接受学前教育的幼儿在 4~6 岁阶段，家庭不用支付学费，学费完全由政府财政承担，此类国家有丹麦和瑞典等。三年免费教育是指幼儿在整个学前教育阶段（3~6岁）享受免费学前教育，家庭不用支付学前教育学费，此类国家有法国、意大利和英国等。此外，丹麦学前教育的学费还与家庭收入有关，家庭年收入低于109700克朗的，不用支付学前教育学费。

学费补贴是指国家给予低收入家庭补贴，以帮助其支付学前教育学费的一种形式。法国政府实施学费补贴方式对中低收入家庭给予适当的补贴，以抵扣学前教育的学费。对于有3岁以下儿童的家庭，家庭年收入低于12912欧元，可以获得203欧元的补贴来抵扣学前教育学费；家庭年收入在12912欧元到17754欧元的家庭，则可以获得160欧元的补贴。韩国也采用学费补贴的形式来帮助低收入家庭抵扣学前教育的各种费用。该政策由韩国计划预算部制定，规定韩国家庭要想获得政府的补贴必须满足严格的条件，即家庭人口在5人以上，家庭月收入低于1000美元，家庭总资产不超过20000美元。

4. 实物援助

实物援助是指政府采购一些学前教育机构必需的物资，比如教学设备、教科书、食物等，供各学前教育机构免费使用。例如，在芬兰，省级政府和地方政府负责向每一位正在接受学前教育的适龄儿童提供免费的伙食、学习资料、健康护理服务和牙齿保健服务等。韩国政府也采用实物援助对学前教育进行支持，如韩国政府财政投入的一个很重要的方向便是对学前教育教学设备的投入。此外，澳大利亚联邦政府对新建立的非营利性家庭托儿中心直接拨款，这些拨款主要用于购买教学设备和作为启动资金等，澳大利亚联邦政府还鼓励民间资本向这些机构投资。

六 2010年后我国学前教育财政投入情况

2010年之后，我国政府更加重视学前教育发展，中央率先投入大量财政资金支持学前教育，鼓励和引导地方对学前教育的财政投入。《国家中长期教育改革和发展规划纲要（2010-2020）》和"国十条"出台后，各省、市、县（区）级财政开始设立学前教育专项经费，但由于对学前教育专项经费的投入总量和比例没有明确规定，各级政府对学前教育财政投入的硬性约束少，稳定性较差。再加上学前教育经费投入多年来一直处于较低水平，我国学前教育事业发展的经费保障水平较低，普通家庭的学前教育负担偏重。从财政性学前教育经费投入占学前教育经费投入总量的比重看，2010年该比重为33.57%，此后十年，此数据呈现"升—降—升"的趋势，2012年提升至49.72%，随后2014年下降到45.59%，此后不断上升到2020年的60.24%。但与OECD国家相比，我国财政性学前教育经费投入占学前教育经费投入总量的比重低于OECD国家十年前的平均水平，甚至低于俄罗斯和南非等金砖国家。这表明我国公共财政支持学前教育发展的力度有限，可拓展空间较大。2020年，我国学前教育经费总投入占GDP的比重为0.413%，低于OECD主要国家学前教育财政投入占GDP的比重（0.63%），而我国学前教育财政投入占GDP的比重仅为0.249%，不到OECD主要国家学前教育财政投入占GDP比重的平均数值的一半。图7-2、表7-5和表7-6展示了2010年至2020年间我国财政性学前教育经费投入的变化趋势。

图7-2 2010~2020年财政性学前教育经费投入占学前教育总经费投入的比重

资料来源：《中国教育经费统计年鉴》（2011~2020），数据以2010年为基期进行了CPI价格平减处理。

表7-5　2010~2020年我国学前教育经费投入和学前教育财政性教育经费

投入规模及增长情况

单位：亿元，%

年份	财政性学前教育经费投入	财政性学前教育经费投入同比增长率	学前教育经费投入	学前教育经费投入同比增长率
2010	244.4	46.96	728.0	198.36
2011	415.7	70.09	1018.6	39.92
2012	747.7	79.87	1503.9	47.64
2013	862.4	15.34	1758.1	16.90
2014	934.1	8.31	2048.8	16.53
2015	1132.9	21.28	2426.7	18.44
2016	1326.1	17.05	2803.5	15.53
2017	1563.6	17.91	3256.1	16.14
2018	1773.9	13.45	3672.4	12.79
2019	2007.9	13.19	4104.9	11.78
2020	2532.0	26.10	4204.63	2.39

资料来源：《中国教育经费统计年鉴》（2011~2021）。

表7-6　2010~2020年我国学前教育总经费投入占GDP的比重、

学前教育经费投入占教育经费总投入的比重

单位：%

年份	财政性学前教育经费投入占GDP的比重	学前教育经费投入占GDP的比重	学前教育经费投入占教育经费总投入的比重
2010	0.059	0.177	3.722
2011	0.086	0.210	4.267
2012	0.139	0.279	5.248
2013	0.146	0.298	5.790
2014	0.145	0.318	6.245
2015	0.165	0.354	6.717
2016	0.179	0.378	7.209
2017	0.188	0.391	7.650
2018	0.193	0.399	7.960
2019	0.202	0.414	8.169
2020	0.249	0.413	7.928

资料来源：《中国教育经费统计年鉴》（2011~2021）。

充足的经费投入是全社会学前教育发展的基础，只有建立充足又公平合理的学前教育投入体系，才能激励学前教育机构提供优质优价的学前教育服务，扩大学前教育供给，才能保证学前教育服务"付得起"。目前，我国尚未建立财政性学前教育经费投入体制，学前教育财政投入尚未单项列支，仍以专项经费的形式投入，一直被包括在中小学教育预算中，也未制定基于成本核算的统一的学前教育生均公用经费标准和生均财政拨款标准，各级政府财政投入责任和比例尚不明确。这种"非制度性经费"难以保障公办幼儿园获得稳定长效的财政支持，在一定程度上导致我国财政性学前教育经费投入明显不足。未来宜加大这方面的投入和制度建设力度，以更好地发挥财政对学前教育的保障和扶持功能，这是保障学前教育长期稳定发展的需要，也是全面推进中国式现代化建设的需要。

从经费投入的对象上看，财政资金等公共资源更多地投向公办幼儿园或示范园，对其他性质学前教育机构的投入相对不足；东部发达地区的经费投入较多，而西部地区及广大边远农村地区的经费投入较少。由于公办幼儿园资源供给与社会需求存在较大缺口，许多弱势群体家庭不得不选择民办幼儿园，而民办幼儿园因获得的政府财政支持较少，只能靠提高学费来维持幼儿园的运行，这相应加重了弱势群体家庭的经济负担，甚至会引发学前教育投资的"马太效应"，导致幼儿园中强者越来越强，弱者越来越弱。

学前教育作为一项公共事业，强调其公益性是对人们教育需求的回应，也是对教育公平的关注。新中国成立后我国学前教育经历了一系列制度变迁，从计划经济体制下的"上层建筑"到市场化改革阶段的产业或商品，再到促进社会公平必须提供的公共服务，这体现了社会各界对学前教育的性质定位和发展规律认识的不断深化。新时代背景下，人民日益增长的"有园上，上好园"的需求与学前教育不平衡不充分发展之间的矛盾成为当前我国学前教育领域的主要矛盾。面对"学位少""差距大"等体现的资源不足和配置失衡的矛盾，本书建议将各级政府摆在推进学前教育发展的关键位置，不断强化政府财政投入在学前教育发展中的扶持作用，明确界定各级财政在学前教育投入中的责任。

第三节　充分发挥政府在普惠性学前教育发展中的作用

前文中提到，准公共产品介于公共产品与私人产品之间，在供给形式上往往采用政府、市场二者的混合形式。然而学前教育又与一般的准公共产品有明显不同，它具有教育的基础性与公平性，以及强烈的正外部性，连接着个体与家庭、社会以及国家。学前期是个体人格完善、心智培养的起步阶段，学前教育是公民培养的开端，肩负着使个体社会化并从私人领域走向公共领域，进而形成公共理性与公共精神的使命。同时，学前教育与人民生产生活息息相关，也是大众普遍的利益诉求。然而，由于学前教育处于教育体系的根基部分，其外部性效果在短时间内不会产生立竿见影的效果，所以如果缺乏政府的强激励和监督，很容易导致学前教育在地方公共事务中被忽视，产生诸多不良后果，比如优质学前教育资源供给不足、公办幼儿园数量短缺、民办幼儿园办学资质以及教育质量参差不齐、学前教育发展不平衡不充分等。

教育市场化虽然能提升供给效率，但容易形成两极化分布，大量资源流向城市和富裕地区，而农村地区资源相对不足，导致教育失衡。实践证明，由国家承担教育的主要责任，加大国家在教育事业中的干预力度，建立完善的困难群体补助机制，加大财政投入，都是促进教育公平的有效途径。这在经济学界已基本达成共识，比如约翰·梅纳德·凯恩斯认为，国家干预能有效弥补教育资源供给不足，主张政府直接参与社会福利的建设投资；弗里德里奇·哈耶克从知识的特殊性、家长关怀主义等角度，指出政府应主要从教育经费筹措方面干预教育，因为单靠市场教育发展的规模有限，无法形成充足的教育机会；米尔顿·弗里德曼同样从家长关怀主义角度，认为政府有义务给儿童教育提供资助；同时认为儿童受教育可以促进社会稳定与发展，政府会是其中最大的受益者，应当对教育进行适当干预。

2009年，我国有幼儿园13.8万所，在园幼儿2657.8万人，学前三年毛入学率为51%，这意味着还有一半的学前适龄儿童不能在正规机构接受学前教育，尤其是在农村和中西部很多贫困地区，入园率不足30%。2010年，国务院出台的"国十条"中明确提出"发展学前教育，必须坚持公益性和普惠性"，"采取政府购买服务、减免租金、以奖代补、派驻公办教师等方式，引导和支持民办幼儿园提供普惠性服务"。这是我国第一次在政府文件中对"学前教育为什么人服务"以及如何举办"让人民满意的学前教育"等做了正面回答，明确界定了政府在发展学前教育上的兜底性角色与责任。同时也表明，国家在推进学前教育发展的路径选择上，将从原先相对单一、局部性的政策举措，走向以政府顶层设计为主，努力实现自上而下推动与自下至上创新的有机结合。这是政策取向上的重大转型，更是政府部门致力于社会建设、关注社会民生在学前教育领域的具体表现（王海英，2011）。

我国普惠性学前教育公共服务取得了明显进展。与此同时，我们也要看到，由于早年重视不足，学前教育体系建设起步晚、底子薄、欠账多，造成"入好园贵""入好园难"的问题依旧存在，不充分、不平衡、不完善问题依旧突出，与实现"办人民满意的教育"、达成"普惠共享"的目标还存在一定差距，尤其是在学前教育规模扩大、教育资源配置效率提高和教育质量提升等方面仍存在一定困难。在认真总结以往学前教育实践经验的基础上，党的二十大报告中再次强调要"强化学前教育普惠发展"，制定和实施普惠性学前教育政策，坚持学前教育的普惠性，让学前教育公共服务普遍惠及更多幼儿。这既为下一步学前教育事业指明了发展方向，体现了民心所向，也有助于加强学前教育制度建设，从政策制度上保障学前教育的社会效益，保证儿童公平享有学前教育的基本权利，提高社会财富二次分配的公平性。

一 普惠性学前教育的概念

普惠性学前教育公共服务指基于公共性、公益性、公平性的理念，由政府主导，市场、社会等多元主体参与，面向全体 3~6 岁儿童，不以营利为目的的收费合理、办园规范、有质量的学前教育准基本公共服务（王艺芳和姜惠，2022）。普惠性幼儿园是普惠性学前教育公共服务的基本供给途径，是指向社会提供普惠性学前教育公共服务的幼儿园，其基本特征是由政府举办，或接受政府委托，获得财政性学前教育经费支持、接受政府限价与监督管理、机构性质为非营利性的幼儿园，包括公办幼儿园（含公办性质幼儿园）和普惠性民办幼儿园。公办幼儿园是指既有教育职能又提供保育服务，主要接收 3~6 周岁的学龄前儿童，一切财产属于公有，由财政拨付建设经费、办公经费等日常经营支出的专门开展学前教育活动的机构，具有非营利性。普惠性民办幼儿园作为普惠性幼儿园的重要组成部分，具有中国特色，"国十条"对其表述涉及两点：一是面向大众，二是收费较低。在学界讨论中，众多学者对普惠性民办幼儿园的界定也比较统一，主要围绕三大基本特点：普遍惠及，收费合理，质量可靠。

在普惠性学前教育提出之时，社会各界尤其是学界给予了积极回应，有学者预测普惠性学前教育无论是从当时还是从长远看，都有利于学前教育事业的科学健康可持续发展，能够解决"入园难""入园贵"的问题并提高教师质量和保教质量（秦旭芳等，2011）。推动普惠性学前教育有利于为学前教育未来奠基、促进教育公平，以教育公平推动社会公平，救助弱者以阻断贫困代际传递，从而创造国家财富（李晖，2015）。

公益性和普惠性虽然已成为我国学前教育事业发展的主基调，但我们不难发现，在政策文件中关于普惠性本质的阐述比较模糊，并未明确指出普惠性的科学内涵和具体特征（姜勇等，2019）。随着普惠性学前教育的提出，很多关于普惠性学前教育的研究展开了关于其内涵的讨论。王海英（2011）对普惠性原则进行了解读，认为普惠性的核心是"普遍惠及、人人享有，核心属性是高包容性、非竞争性、非排他性"。所谓高包容性是指学前教育的经费投入不仅惠及特权儿童、弱势儿童、残障儿童，更包括其他所有儿童，普惠性服务尊重的是公民权利，而不受身份、阶层背景、经济基础等限制。宋伟、袁爱玲（2012）认为，学前教育的普惠性是指普及学前教育，针对的是学前教育领域，其最终受益者是幼儿，是普及、惠及所有幼儿的受教育权利，是公平、公正的受教育权利，而非个别人的特权。郑子莹（2012）从内涵和外延两个方面建构学前教育普惠性的概念，她认为学前教育的普惠性的主要内涵是普遍惠及、人人享有，即学前教育的各项制度和措施能够普遍惠及广大人民群众，其核心属性是高度包容性；其外延主要包括"广覆盖、保基本""基本的，有质量的""覆盖城乡、布局合理""面向大众、收费较低"等层面。从定义来看，普惠性具有普遍性、非歧视性和非互惠性三个基本特点。姜勇等（2019）认为普惠性应当在面向大众和收费较低这两项核心要素的基础上，同时突出第三个核心要素——有质量，他们在知网上对"学前教育"或"幼儿园"和"普惠"这几个关键词进行检索，发现收录的225篇文献中关于普惠性的阐释中"质量"（197次）是学者使用的高频词汇，甚至超过"面向大众"和"收费"的频次，说明在学术层面上"有质量"是普惠性学前教育的一个关键指标。

二　普惠性学前教育的基本特点

根据以上研究和相关政策要求，我们可以大体归纳出一些普惠性学前教育的基本内涵和衡量标准，即有质量、方便就近、灵活多样、多种层次、广覆盖、保基本、面向大众、收费较低等，也就是说，学前教育的普惠性对于幼儿家庭来说应主要具有便利性、有质量、低价位、多样性和公平性五个特点。而这些特点归结起来就是要确保学前教育对于幼儿家庭的可选择性和可接受性，如此才能保证学前教育真正"普遍惠及每一个儿童"。

1.便利性

由于学前教育的服务对象是幼儿，大部分家庭在选择托幼机构时，通常会把"接送是否方便"作为主要考虑因素之一，因此，从规划布局角度看，应保证普惠性学前教育服务的数量，努力实现"方便就近"，尽量便利绝大多数幼儿和家庭。

关于便利性的通常标准，各地一般根据《中华人民共和国国家标准城市居住区规划设计规范 GB 50180—93（修改本）》相关指导原则，规定"一社区一园或服务半径 1.5 公里一园"，且每 5000 人口规划建设 1 所规模至少为 6~8 个标准班的幼儿园，或每 10000 人口规划建设 1 所规模至少为 12~15 个标准班的幼儿园。但在实际操作中，也面临诸多问题，比如按照这个标准，学前教育经常无法覆盖那些处于社区边界以外或人口规模不足 5000 人的小区居民。因此，我们认为，为了更好地体现普惠性学前教育的便利性，宜将以上规定修订为：以学前教育适龄儿童为中心，确保每一个儿童尤其是弱势阶层、低收入家庭的儿童，能够接受方圆 1.5 公里以内的普惠性学前教育服务。

2. 有质量

幼儿期是一个不可复制的过程，对幼儿成长而言，普惠性学前教育的质量和机会同样重要，不能因偏重教育机会而忽视质量问题。同样，只有那些有质量的学前教育才能真正被幼儿接受，也只有"被接受了的学前教育"才能真正惠及儿童。"国十条"倡导幼儿园提供普惠性服务，不仅重视学前教育服务的范围和数量，还重视服务质量，幼儿园更不能因收费低而降低服务质量。要解决这二者之间的矛盾，需要发挥政府这只"看得见的手"的作用。

提高学前教育质量涉及很多因素，包括适合各年龄段的课程、游乐设施、图书和其他教育材料、社会性刺激、健康、营养和卫生设施，以及家长的参与等（见图 7-3）。建议政府在深入调研的基础上，科学制定普惠性学前教育的质量标准，并出台相应的质量保障措施和补贴标准。当然，舍得投入才能从根本上保证适龄儿童普遍享受有质量的普惠性学前教育服务。

图 7-3　儿童与家长一起参加亲子运动会

3. 低价位

在市场经济条件下，价格往往是影响产品和服务供需的决定性因素。对于大部分普通家庭来说，学前教育费用是父母选择托幼机构时必须考虑的重要因素。因此，能否让人民群众以合适的且能够承受的价格接受他们认可的学前教育服务，是普惠性学前教育理应考虑的重要问题。

低价位不仅意味着价格与服务相匹配，还意味着能够被家庭所接受和承受。低价位涉及在政府、家庭与社会之间如何划分和承担学前教育成本的问题。从世界范围看，由于各国社会制度、经济发展水平等差异较大，政府与家庭的学前教育经费分担比例有所不同。但总体上看，只要政府关注学前教育的普惠性与公益性，财政部门就会承担较大比重的学前教育开支。在 OECD 国家中，有的国家实行免费幼儿教育，有的国家则采用财政支持和家庭支付并行的办法，家庭支付的费用一般不超过幼儿教育总成本的 30%。

我国年人均收入已达到 1.3 万美元，许多发达地区的经济发展水平已超过 OECD 国家的平均水平，因此可以参照 OECD 国家的有关标准，初步确定政府、家庭分担学前教育成本的比例，并以此对各级各类普惠性幼儿园办园成本进行核算，然后依据家庭承担费用不超过幼儿教育总成本的30% 的比例，确定各级各类幼儿园的收费标准，取得成熟经验后再逐步向其他地区推广。

4. 多样性

当前我国社会的一个重要特点就是资源分布不平衡，社会均质性低，家庭收入差距大，不同家庭对公共教育服务的需求存在较大差异。因此，构建公共教育服务体系不能搞"一刀切"，应注重多样性，针对不同地区、不同群体的需求区别对待，采取有针对性的举措，确保所提供的公共教育服务能被主要服务区域的大部分群体接受和认可。

构建普惠性学前教育体系也应充分考虑我国国情，尽量从各地实际出发，提供有针对性的、多样性的学前教育服务。当然，多样性体现的是不同幼儿园教育理念和特色的多样性，而不是质量的差异。保证质量是实现学前教育服务多样性的前提，不能顾此失彼。

5. 公平性

公平性指同等条件的民众不分彼此，都能享受同等水平的教育服务，体现的是基本公共服务的均等化。教育的普惠性就是要更加充分地体现教育公平，让每个学生及其家庭都能享受经济社会发展的成果，这就要求各地努力提供公平的办学条件、公平的学习机会和公平的教育服务。

有鉴于此，公平性也是学前教育普惠性必须遵循的基本原则。要努力实现学前教育的"起跑线公平"，即儿童在接受学前教育时，不因家庭背景、社会地位、经济贫富等差异，而在获取教育机会，享受教育资源等方面产生差别，确保"有教无类"。保证普惠性学前教育的公平性，应当保障那些来自低收入家庭、相对弱势儿童群体优先享受由政府投入的普惠性学前教育，唯有如此，才能有效地促进社会流动，增强社会公平。

三 普惠性学前教育面临的难题

分类型来看，不同类型的幼儿园面临的困难明显不同，比如编制问题成为公办园教师队伍建设的最大限制，而经费来源的缺乏则导致部分普惠性民办幼儿园陷入生存的困境，需要分类考虑。

1. 公办幼儿园的编制问题

公办幼儿园是普惠性学前教育公共服务供给体系的支柱，对于兜底、促公平、平抑幼儿园收费、引领幼儿园办园方向、提高幼儿园保教质量等都具有重要意义（刘炎，2019）。近年来，虽然公办幼儿园数量和在公办幼儿园就读的幼儿数量都有显著增长，但是公办幼儿园仍然无法满足人民群众的需要，在很多地方，"入园难"主要表现为入公办幼儿园难。其中原因很多，而教师编制严重不足已成为掣肘公办幼儿园发展的主要因素。

公办幼儿园教职工编制与投入公办幼儿园的财政性学前教育经费紧密关联。当前，除极少数公办幼儿园（比如机关幼儿园、企事业单位幼儿园等）因历史原因保留了一些编制外，近年来大批新建公办幼儿园没有专门的编制。许多地方的公办幼儿园多年未核定编制或人员，且"只出不进"，编制缺口越来越大。一些地方解决公办幼儿园教师编制问题的办法是把政府机关、中小学富余的编制调剂到幼儿园，但调剂的编制数量极其有限。在现有的编制核拨和管理使用政策下，许多地方无法给公办幼儿园补足配齐教职工尤其是专任教师。很多地方政府采用安排公益岗、劳务派遣和临时聘用等方式补充幼儿园教职工，造成非在编教师的工资远低于在编教师的情况，同工不同酬现象非常严重。很多幼儿园需要自聘教职工，导致幼儿园运行经费不足，影响幼儿园教育质量的提升。

当前，公办幼儿园教职工编制问题在短期内很难获得解决。2018年11月，《中共中央、国务院关于学前教育深化改革规范发展的若干意见》提出，"各地要认真落实公办园教师工资待遇保障政策，统筹工资收入政策、经费支出渠道，确保教师工资及时足额发放、同工同酬"。在这一背景下，要大力发展公办幼儿园，实现到 2020 年全国原则上公办幼儿园占比 50% 的目标，就需要破解编制之困，解绑"钱随人走"，厘清"钱""人""走"和"谁"的关系，不断创新财政性学前教育经费投入机制。深圳近年来用"以事业编制定费"的财政经费投入方式，举办新型公办幼儿园，为公办幼儿园破解编制之困提供了很好的经验，值得研究借鉴。

建议中央和地方出台公共财政投入学前教育的"硬"条款，在学前教育资金开支的有关事项上，保证资金投入的充足和精确度，"把钱花在刀刃上"。综合各种研究成果，笔者认为宜建立以下财政投入的硬性考核指标。比如，公办幼儿园数量占本地幼儿园总数的 50% 以上；在编幼儿园教师占本地幼儿园教师总数的 50% 以上；财政性学前教育经费投入占本地学前教育经费投入的 50% 以上。在经济和教育相对发达地区，可将以上指标提高至 60% 甚至 70% 以上。

2. 普惠性民办幼儿园的经费问题

与公办幼儿园不同，普惠性民办幼儿园面临的主要问题是经费不足。普惠性民办幼儿园是我国普惠性学前教育公共服务供给体系的重要组成部分，但在推进普惠性民办幼儿园发展上，普遍存在政府扶持不力的问题。各地对普惠性民办幼儿园的管理主要采取限价政策，但财政性学前教育经费投入非常有限，在资助的额度、内容等方面存在较大的随意性和不稳定性，主要采取以奖代补、实物资助等资助形式，不能真正帮助普惠性民办幼儿园解决运行经费不足这一最大困难。政府对普惠性民办幼儿园的扶持不到位，部分原因是地方政府财力有限，而更主要的问题是缺乏完善的非营利制度设计，一些政府担心财政性学前教育经费进入普惠性民办幼儿园后转化为"红利"，进入私人"腰包"，因此不敢作为。

我国大多数民办幼儿园是在民政部门登记的"民办非企"，属于非营利性机构。按照新版《民办教育促进法》规定，非营利性幼儿园举办者不能从办园收入中获取"合理回报"。由于新版《民办教育促进法》实施办法尚未出台，各地政府对普惠性民办幼儿园的政策引导主要在收费标准上，还未限制举办者分红或获取"合理回报"，导致很多普惠性民办幼儿园举办者抱有"普惠"与"营利"两种性质可以兼得的误解或期盼。这种政策上的概念模糊，可能为新版《民办教育促进法》颁布后普惠性民办幼儿园的发展埋下隐患。在新版《民办教育促进法》的框架下，如何引导和支持非营利性幼儿园进入普惠性幼儿园序列，向社会提供普惠性学前教育公共服务，也是有关部门亟待研究和解决的问题。

非营利性是普惠性学前教育公共服务的基本特征。普惠性学前教育公共服务体系的建设，需以非营利性学前教育公共服务供给制度为前提。非营利性学前教育公共服务供给制度要求幼儿园举办者不以营利为目的，不能从办园收入中获取利润，办学所得只能用于幼儿园的发展，这是民办幼儿园接受政府资金支持、转变成普惠性幼儿园的先决条件；而要建设普惠性学前教育公共服务体系，必须设计完备的非营利性的政策制度，包括对非营利性幼儿园的免税政策、政府投入资金的使用与监管制度、关联交易的预防与惩处方法等。唯有创新制度，才能从根本上解决政府公共财政资金进入普惠性民办幼儿园的合法性问题，实现资金使用的规范监管。

四 改善普惠性学前教育的可行路径

目前，国际上对学前教育的主流做法是加强国家干预，并适度引导市场进入。因为市场具有天然逐利性，如果由市场主导学前教育发展，则不能保障儿童平等接受学前教育的机会。以政府为主导，加大公共财政投入是保证学前教育规范高效发展、保证学前教育目标实现的重要措施。国际经验表明，政府应准确定位自身在学前教育发展中的责任和角色，清晰地认识学前教育的公共性、普惠性等特质，保证每位儿童都有接受学前教育的机会。笔者认为改善普惠性学前教育，政府应当发挥主体责任，通过多种方式增加学前教育投入，主要有以下几条较为可行的路径。

一是要坚持以政府主导、政府举办为主。政府主导、统筹规划，才能让儿童享受真正的普惠、公益的高质量学前教育。在发展学前教育的过程中，政府要扮演好自己的角色、落实好自己的责任。建议通过立法等明确政府及有关部门在学前教育方面的工作职责，明确政府的一项重要职责是发展普惠性幼儿园，保障每个家庭的孩子都能上得起学，都能接受优质的学前教育。在原有基础上，由政府出面吸引社会力量积极规范办园，加强民办幼儿园的监管工作，完善相关的评价机制，引导民办幼儿园良性竞争、互相帮扶与学习、实现共同发展。政府还应当统筹谋划学前教育发展的经费投入、办学标准、教师编制、区域协调等重点工作，构建起覆盖城乡的公益普惠学前教育公共服务体系，加强资源整合力度，增加优质学前教育供给，缩小城乡之间、区域之间的发展差距。

二是建立多级政府的学前教育财政投入方式。从财政投入体制上看，我国学前教育的财政事权主要集中到基层政府，特别是县（区）级政府，省级政府主要负责制定学前教育发展规划，由中央政府重点支持学前教育薄弱环节，设立专项经费，并对学前教育进行整体协调和指导[1]。当前我国财力主要集中在中央或省级政府，但学前教育的支出主要由县（区）级政府承担，因此，笔者建议认真总结国际上比较成熟的学前教育财政投入做法，采取多级政府的财政投入方式，由中央政府、省级政府、地市级政府和县（区）级政府共同投入，并明确各级政府在学前教育投入方面的职责。在该方式下，中央财政应当发挥更大作用，通过专项补助等承担"老少边穷"地区家庭困难幼儿的资助责任和部分公用费用，并对贫困地区学前教育加大转移支付力度；省级政府制定本省份的学前教育生均财政拨款标准和学前教育生均公用经费[2]财政拨款标准，与地市级政府共同承担基建、教

---

[1] 比如 2011~2021 年中央财政安排支持学前教育发展资金累计约 1728 亿元，其中 2021 年中央财政下达支持学前教育发展资金预算为 198.4 亿元，重点改善普惠性幼儿园办园条件，配备适宜的玩教具和图画书，同时对能够辐射带动薄弱园开展科学保教的城市优质园和乡镇公办中心园给予支持。

[2] 学前教育生均公用经费主要用于保育教育活动及行政管理、后勤服务所开展的日常消耗性支出，不得用于人员经费、基本建设、偿还债务、园舍租赁以及幼儿资助等非日常消耗性支出。

师培训和部分教师工资与福利经费；县（区）级政府承担学前教育投入的主体责任，保障学前教育基本运转，负担比例按地区经济发展水平和财力而定，缺口部分由中央和省级政府按1∶1的比例补足。同时，上级政府需要加强对下级政府学前教育投入资金的监管和审计工作，确保资金使用的合理性、合规性和效益性。另外，建议借鉴国外发达国家采用的税式支出的方式，对低收入家庭和贫困地区家庭实施部分税收减免的政策，同时更好地发挥学前教育税收、学费减免、学费补贴等方式的作用，引导学前教育健康发展。

三是完善学前教育的财政投入体系。按照"国十条"的精神，建议各级政府扩大财政投入的覆盖面，建立科学有效的财政投入机制，完善学前教育生均公用经费拨付制度。建立财政保障机制，各级财政都要在财政预算中单列学前教育经费，并逐步提高学前教育经费投入占各级政府教育经费投入的比重，不断提升学前教育生均公用经费财政拨款标准，严格落实普惠性幼儿园的扶持政策。构建覆盖所有适龄儿童和幼儿园的助学体系，完善助学金制度和儿童发展支持计划，保障所有儿童受教育机会公平。

完善财政经费奖补体系和转移支付体系，通过中央政府与省级政府的奖补和财政转移支付，重点对欠发达地区、农村地区、薄弱幼儿园给予补助。合理划分县（区）、地市、省（自治区、直辖市）、中央四级政府学前教育财政投入的责任，从东部地区到西部地区、从城市到农村、从发达地区到欠发达地区，四级政府学前教育财政投入的配比可逐级调整。在西部地区、农村和欠发达地区，由于县（区）级政府甚至地市级政府财力有限，财政责任分担的重心和占比可适当上移至省级政府和中央级政府，以确保所有普惠性学前教育公共服务供需适配，充足够用。

强化财政投入管理体系、投入体系、监督体系、评估和激励体系，建立学前教育经费投入与使用的全方位动态跟踪与评价机制，建议将各级政府的学前教育经费投入落实情况纳入督导评估和目标考核体系，进行动态跟踪、持续督导和评估，确保学前教育经费分配与使用的科学化、民主化；

对学前教育经费投入的总效益进行评估，并将效益评估结果作为改进下一个环节或下一年度预算管理和经费安排的重要参考。打破民办学前教育机构和公办学前教育机构的壁垒，建立财政支持激励机制，不管哪种性质的学前教育机构，只要能满足学前教育服务评价标准，均应给予财政资金奖励。探索购买学前教育服务和发放教育券等路径，扶持普惠性民办幼儿园。

四是拓宽融资渠道，提高资金使用效率。探索政府和社会资本合作（PPP）模式在学前教育领域的运用，吸引各种社会资本参与学前教育供给，鼓励企业和个人等对学前教育的慈善捐赠，扩建和改造民办幼儿园。加强监管，督促教育部门和幼儿园树立"花钱必问效、无效必问责"的理念，并将其贯穿预算编制、申报、执行全过程，提高资金使用效率。针对农村贫困地区等学前教育资源稀缺和薄弱的问题，应当重点加大学前教育经费投入，补齐农村学前教育短板，阻断贫困的代际传递，保证教育公平。公办幼儿园布局重点向农村、边远地区和"三区三州"地区[①]倾斜，每个乡镇至少办好1所公办中心幼儿园，完善县、乡、村三级农村学前教育服务网络，补齐农村普惠性学前教育服务的不足与供给短板。制定农村公办幼儿园布局专项规划，处理好学前教育质量提升与扩大学前教育覆盖面、方便就近入园的关系，努力满足农村适龄幼儿就近接受普惠性学前教育的需求，减轻幼儿家庭的经济负担，提高农村普惠性幼儿园的覆盖率。

在充分论证的基础上，建议由教育部牵头委托专门机构发行"学前教育长期债券"，在银行间债券市场发行和流通，期限30~50年，财政部予以贴息，由中央和地方政府按不同比例共同偿还，经济欠发达地区的偿还比例适当降低。如此，可筹集扶持学前教育发展的大量长期资金。这部分资金可以在全国范围内分配，并向贫困落后地区倾斜。为了鼓励发行"学前教育长期债券"，可制定必要的优惠和扶持政策，提高"学前教育长期

---

① "三区三州"中的"三区"是指西藏自治区，青海、四川、甘肃、云南四省藏区，南疆的和田地区、阿克苏地区、喀什地区、克孜勒苏柯尔克孜自治州四地区；"三州"是指四川凉山州、云南怒江州、甘肃临夏州。"三区三州"都是国家层面的深度贫困地区。

债券"的吸引力,比如规定该类债券交易免征印花税、企业所得税和营业税减半等,进而提高此类债券的收益,增强其流动性。

卡片 7.1　广东佛山多渠道增加普惠性资源供给

——学前教育普及普惠在这里可见可感

"作为曾经的边远薄弱村的村级园,我们不曾想过能成为省一级园,如今,美好愿景竟然成了现实。"广东省佛山市南海区西樵镇新田村党委书记李卫升感慨地说。原来,2001 年新田幼儿园刚创办时,新田村本村幼儿入园率只有 52%,部分村民宁愿送孩子到镇内较远的幼儿园。

变化始于 2011 年 7 月,在南海区西樵镇发展公益普惠性幼儿园的政策下,新田幼儿园正式成为由西樵镇教育局、西樵镇中心园、新田村委会三方合作办普惠园的先行试点,新田幼儿园变身为西樵镇中心幼儿园新田分园(以下简称"新田分园")。此后,幼儿园驶入发展"快车道"。

2023 年佛山市学前教育现场会暨创建全国学前教育普及普惠区部署会在新田分园召开。大会肯定了西樵镇学前教育发展的好经验、好做法,并聚焦佛山市学前教育"双普创建幼有优育"主题进行了工作部署。

会上,新田分园园长何蔼如介绍了幼儿园的相关情况。作为普惠园,新田分园保教费实惠,在村委会的大力支持下,幼儿园新增用地 13 亩,计划投入 200 多万元打造自然研学基地。如今,周边村镇的孩子慕名而来,新田村幼儿入园率达到 96% 以上,越来越多的孩子在家门口就能"上好园"。

集体办园是佛山市公办园的主要类型,也是提升学前教育质量的关键。作为佛山市第一所领取事业单位法人证的集体办幼儿园，新田分园"蝶变"的背后，是西樵镇多渠道增加普惠性资源供给、创新多元办园机制、提高质量的生动写照。近几年，西樵镇通过盘活资源、派驻骨干力量、培训教师以及集团化办园等多种形式，实现普惠园广覆盖。

"'十三五'期间，佛山市学前教育的改革成效在西樵镇得到了集中体现。'十四五'学前教育应该怎么干，在西樵镇也展现出鲜活的实践样本。把优质学前教育送到各个村居（委），惠及千家万户，每个家庭门口都有好幼儿园的美好愿景，在这里得到实现。学前教育普及普惠在这可见、可感、可得。"佛山市教育局局长管雪对学前教育的"西樵范式"予以肯定。

对标新时代学前教育高质量发展要求，佛山市找准阻碍学前教育政革发展的"拦路虎"，打出推动学前教育高质量发展的"组合拳"，推出"1+N"系列政策文件。其中，"1"是指《佛山市第四期学前教育发展提升行动计划》，"N"是指针对学前教育具体工作或问题的细化配套文件。

按照要求，到 2025 年，佛山市高质量普及学前教育，各区积极创建全国学前教育普及普惠区，力争至少 2 个区通过全国学前教育普及普惠区督导评估。

"开展全国学前教育普及普惠区督导评估，是落实党中央、国务院决策部署的具体举措，是检验各地学前教育普及普惠水平的重要标尺。"佛山市副市长黄少文强调，各区、各有关部门单位要进一步提高政治站位，以问题为导向，切实增强学前教育发展的责任感和使命感，推动各区创建全国学前教育普及普惠区。

资料来源：王荣丹、张紫欣、刘盾《广东佛山多渠道增加普惠性资源供给——学前教育普及普惠在这里可见可感》，《中国教育报》2023 年 8 月 6 日。

第四节　普惠性学前教育发展的法律保障

法律具有全局性、权威性与强制性，教育立法是保障教育公益性的最有效手段。学前教育的普及与质量提升必须有立法的保障，这是各国学前教育发展的基本经验。将学前教育纳入法治化轨道，可以为学前教育高质量发展提供法律保障。比如，美国曾在 1994 年出台的《2000 年目标：美国教育法》中提出，让所有儿童都能够接受高质量的学前教育；2002 年出台的《不让一个孩子掉队法案》中提出，要确保所有儿童都拥有获得高质量教育的公正、平等和重要的机会，从立法上明确学前教育的公益性质，强调全社会要尊重儿童，保障儿童的合法权益。

2020 年教育部公布《中华人民共和国学前教育法（草案）》（征求意见稿）[①]，标志着学前教育立法工作拉开帷幕。该草案明确和细化了政府的主导责任，在完善举办体制和管理机制的基础上，明确各级政府及有关部门在构建覆盖城乡、布局合理、公益普惠的学前教育公共服务体系中相应的职责划分（见表 7-7）。通过调整学前教育投入的结构，重点投入普惠性幼儿园，提高对非公办园投入的比例，完善幼儿园收费管理办法，实行专项经费管理，并合理配置教育资源，提高教育经费的使用效率。同时，该草案还提出要提高财政的投入和支持水平，强化政府对公办幼儿园的经费保障，完善对普惠性幼儿园的扶持政策，切实解决"入园难""入园贵"的问题。在弱势群体的倾斜和关爱方面，该草案规定，国家要建立学前教育资助制度，为家庭经济困难的适龄儿童等接受普惠性学前教育提供资助，这可以保障满足经济困难儿童、孤儿、残疾儿童等特殊儿童的学前教育服务需求。

该草案还对政府的经费管理、投入机制、财政分担和经费保障等方

---

① 该法案全文见附录 5。

面做出了明确的规定，要求"县级人民政府对学前教育发展负主体责任"，实行"政府投入为主、家庭合理负担，其他多渠道筹措经费的机制"，逐步提高学前教育财政投入和支持水平，以稳定对学前教育发展的预期。该草案还要求重点扶持农村地区、革命老区、边疆地区、民族地区和贫困地区发展学前教育，建立国家对欠发达地区的倾斜性支持制度，提升有关地区学前教育的普及、普惠和质量水平，促进学前教育持续发展，真正使学前教育走出"洼地"，补齐短板，为提升学前教育的总体质量提供制度保障。

表7-7 《中华人民共和国学前教育法草案（征求意见稿）》中关于政府学前教育投入责任的条目

条目	内容
第十五条 （政府供给）	各级人民政府应当通过举办公办幼儿园、支持民办幼儿园提供普惠性学前教育服务，为学前儿童提供公平而有质量的学前教育。地方人民政府及有关部门应当优先保证经济困难家庭的学前儿童、边远贫困地区的学前儿童接受普惠性学前教育服务
第十六条 （弱势群体）	国家建立学前教育资助制度，为经济困难家庭的学前儿童接受普惠性学前教育提供资助，保障孤儿、事实无人抚养儿童、特困人员中的儿童、家庭经济困难的残疾儿童接受免费学前教育
第五十三条 （政府统筹）	省、自治区、直辖市以及设区的市、自治州人民政府负责统筹学前教育工作，健全投入机制，明确分担责任，制定政策并组织实施。县级人民政府对学前教育发展负主体责任，负责制定本地学前教育发展规划和幼儿园布局规划，负责公办幼儿园的建设、运行，教师配备补充和工资待遇保障，对幼儿园等学前教育机构进行监督管理。乡（镇）政府、城市街道办事处应当支持本辖区内学前教育发展
第五十七条 （经费管理）	县级以上人民政府应当建立健全学前教育经费预算管理和审计监督制度。任何组织和个人不得侵占、挪用学前教育经费，不得向幼儿园非法收取或者摊派费用
第六十一条 （投入机制）	学前教育实行政府投入为主、家庭合理负担，其他多渠道筹措经费的机制。幼儿园经费由举办者依法筹措，确保稳定的经费来源。国务院和地方各级人民政府应当逐步提高学前教育财政投入和支持水平，保证学前教育财政经费在同级教育财政经费中占合理比例。

续表

条目	内容
第六十二条 （财政分担）	学前教育财政补助经费按照事权划分的原则列入各级预算。国务院和省、自治区、直辖市人民政府统筹安排学前教育资金，重点扶持农村地区、革命老区、边疆地区、民族地区和贫困地区发展学前教育
第六十三条 （经费保障）	地方各级人民政府应当科学核定办园成本，以提供普惠性学前教育服务为衡量标准，统筹制定财政补助和收费政策，合理确定分担比例。省、自治区、直辖市人民政府制定并落实公办幼儿园生均财政拨款标准或者生均公用经费标准，以及普惠性民办幼儿园生均财政补助标准。残疾学前儿童的生均财政拨款标准和生均公用经费标准应当考虑保育教育和康复需要适当提高

2023 年 6 月 2 日，国务院常务会议讨论并原则通过了《中华人民共和国学前教育法（草案）》，8 月 28 日，《中华人民共和国学前教育法（草案）》提请十四届全国人大常委会第五次会议初次审议，这意味着学前教育即将迈进"有法可依""依法办园"的时代，对学前教育改革发展会产生重大的影响。2024 年 7 月，《学前教育法（草案）》（二次修订稿）提请全国人大常委会会议审议，目前正在公开向社会公众征求意见，这使得学前教育离"有法可依"的目标又进了一步。相比一审稿，草案二审稿在学前儿童权益保障、规范幼儿园举办管理、财政投入等方面，都做出了重要修订或进一步明确了立场。体现了促进学前教育向普及、普惠、安全、优质方向发展的立法目的，并突出强调了政府在学前教育发展中的责任。相信在不久的将来，一部全新的《学前教育法》将呈现在我们面前。

第五节　本章小结

重视学前教育就是重视国家未来竞争力，因此，从"筑建国家财富"的高度看待学前教育，是国际社会越来越认同的理念。回顾发达国家学前教育200多年的发展历史，尤其是近几十年来学前教育的发展历程，可以发现这是一个由私人行为发展成为政府公共责任的历程。从各国学前教育发展的经验来看，为社会大众提供普惠公平的学前教育福利是现代社会政府应承担的责任，促进学前教育的发展不仅有助于保障广大儿童的受教育权，能使家庭和社会受益，还能有效应对老龄化问题。在具体的教育政策中，各国日益重视学前教育事业，持续增加学前教育财政投入，增加儿童接受学前教育的机会，保障学前教育质量和公平，不使儿童囿于经济因素而减少接受学前教育的机会。

学前教育要重视普惠性。所谓普惠，主要是指普遍惠及和无歧视性或普及性，是对公平正义的体现。教育的普惠性，即提供的教育服务不是面向某个群体或个人，而是面向大众，面向社会各个群体，使每个人都平等地享受获得教育服务的权利，体现的是基本公共服务的均等化。

制约我国学前教育健康发展的主要问题有投入主体不明确、政府间支出责任模糊、学前教育费用分担机制尚未建立等。为了让所有适龄儿童都拥有享受低价、优质的学前教育服务的机会，使学前教育服务体系真正平等惠及所有儿童，具体改善建议为以下几点。推动学前教育法治建设与规划等，建立满足社会需要的普惠性学前教育体系；发挥政府在学前教育发展中的基础性作用，同时调动各方积极性，丰富学前教育供给路径和模式；完善学前教育资金投入模式，建立以公共财政投入为主、社会参与、家庭合理分担的学前教育投入机制；扩大普惠性学前教育服务的覆盖面和辐射力度等。

第八章

逐步建立满足高质量发展需要的优质学前教育体系

随着全面建成小康社会目标的基本实现，我国学前教育事业取得了长足发展和巨大成就，尤其是实现了学前教育规模、数量和覆盖面的快速扩张，与我国综合实力的大幅提升基本同步并紧密相关。这样的成就，我们无论怎样肯定都不为过。同时，我们也应该清醒地认识到，我国已迈进全面建设社会主义现代化国家的新征程，在实现中华民族伟大复兴的事业中，需要培养大批高质量的劳动力，唯有如此，才能大力发展新质生产力，为我国经济的长期可持续发展注入永不枯竭的动力。在进入高质量发展阶段后，我国对学前教育提出了新的更高要求，需要从大规模扩张向建立高质量学前教育体系转变，夯实我国人力资本培养的根基，而要实现这个宏伟目标，我国的学前教育事业仍需不断完善。

第一节　制约学前教育高质量发展的因素

"外行看热闹，内行看门道"，在肯定我国学前教育成就的同时，也要看到，制约我国学前教育高质量发展的问题还有不少，有些前文已分析，比如制度体系建设、财政支持等，这里不再赘述。同时，还有一些问题虽然社会关注度不高，却是制约学前教育质量提升的短板，也需引起重视。

1. 幼儿教师队伍不稳定，综合素质和专业化水平有待提高

幼儿教师队伍不稳定的主要原因是幼儿教师的社会地位和待遇普遍偏低。近年来，虽然我国幼儿教师的地位与待遇得到改善，但是改善情况始终有限。《教育法》虽然明确规定幼儿教师享受的政治和经济待遇与中小学教师相同，但是在具体执行中许多幼儿园尤其是民办幼儿园的教师薪资待遇较低，低于义务教育阶段的教师薪资水平，导致人才缺口和师资素质参差不齐，难以稳定和吸纳优秀人才，许多普惠性民办幼儿园招收的幼儿教师准入门槛较低，学历多为专科。

除此之外，在幼儿园内部资源分配不公平的问题也很突出，即便是在同一所幼儿园，"身份"不同往往导致"同工不同酬"和专业发展机会不平等。与此同时，偏低的社会声望也会严重降低幼儿教师对所从事的职业的自我认同感，导致大量专业幼儿教师流失，幼师队伍很不稳定（庞丽娟，2009），甚至出现了刚培训完一批教师又换一批新教师的现象，培训效益低下、经费浪费严重。这不仅影响了幼儿教师素质的提高，也挫伤了幼儿教师提高自身素质的积极性。

另外，部分农村地区的幼儿教师在职称评定、工资收入、进修培训、医疗保险等方面的福利待遇等大多无法兑现，也在一定程度上影响了农村地区学前教育师资队伍的稳定，使得农村学前教育的发展需求难以满足。

2. 学前教育质量差异大，质量有待提高

总体来看，我国学前教育资源不足、覆盖面不够的问题依然存在，相对于其他各级教育，学前教育的硬件条件和师资队伍建设较为落后。这主要体现为：普惠、有质量的幼儿园数量仍然不足；城市幼儿"入好园难""入好园贵"；农村幼儿就近入优质幼儿园难；等等。然而当下构建覆盖城乡、布局合理的学前教育公共服务体系的任务仍十分艰巨。地区经济发展不平衡导致的学前教育质量差异较大。部分乡镇农村没有独立的公办幼儿园，有些幼儿园还是中心小学的幼儿部。在城镇化进程中，迁移到城市的农民工子女越来越多，随迁农民工子女入园和留守儿童的入园问题日益突出，成为社会关注的焦点。另外，面向贫困儿童、孤儿、残疾儿童等特殊儿童和特殊家庭的财政资助体系尚未形成，未能起到兜底、托底作用。

3. 学前教育教授内容超前化、小学化

学前教育一个重要目标是引导孩子树立正确的学习观念，这就需要十分重视孩子心理素质的培养，但现实情况是，很多幼儿园存在将小学一年级的学习内容提前教授的现象，即"学前教育小学化"。一些学前教育机构过于注重知识记忆和技能训练，教育内容涉及拼音、识字、计算等课程，教育方式以课堂教学为主，压缩了儿童游戏和活动的时间，有些机构甚至用考试和分数来评价幼儿教育。

"学前教育小学化"倾向是应试教育前移的一种表现，无疑是一种"揠苗助长"的行为，其危害是多方面甚至是永久性的、无法弥补的（庞丽娟等，2012）。违背儿童学习的特点和规律，不但会损害儿童对于学习的兴趣、造成儿童在上小学前就产生厌学情绪，还可能对儿童身心成长和大脑发育造成不可逆的损伤，不利于儿童小学阶段的学习。这背后反映的问题，其实是对学前教育科学研究的不重视，以及家长和社会忽视科学育儿理念。儿童的生理和心理发展有着不以人的意志为转移的客观规律，有着不可逆的顺序性和发展进程。因此，要想纠正"学前教育小学化"的倾向，应从源头出发，加强对儿童生理、心理发展以及幼儿园教育规律的研究和宣传。

4. 学前教育对家庭的支持力度有待加大

接受学前教育的儿童在园时间较短，儿童入园年龄较大，对家长尤其是母亲的服务支持作用有限。相对于国外针对 0~2 岁幼儿的保育和 3~5 岁幼儿的教育，当前我国大部分学前教育仍然是针对 3~6 岁儿童，如果儿童的母亲希望在生育之后立刻回归职场，则很难找到合适的学前教育机构，只能依赖祖辈隔代照料的方式。学前教育尚未被纳入义务教育范畴，在整个教育体系中的地位是补充而非主流。很多幼儿园的放学时间早于家长的下班时间，部分幼儿园甚至仅提供半天的托育服务，忽视了学前教育支持父母工作的服务性功能，很难为儿童及其家庭提供有效的、足够的托管照料服务。这也从一个侧面映射出在学前教育体系中家长缺乏对有关事务的建议权和决策权，缺乏表达合理需求和愿望的渠道，家庭权益被严重漠视和边缘化。学前教育供给与家庭需求不匹配必定制约学前教育的可持续发展。

第二节　构建高质量学前教育体系的有关建议

质量是学前教育的生命，关乎个体的终身发展和民族未来。当前中国经济正从高速增长阶段转向高质量发展阶段，这是遵循经济规律发展的必然要求，无论是从结构还是从过程都对学前教育提出高质量要求，既需要提高硬件设施质量，比如室内生均面积、户外活动场地和教玩具种类等，又需要提升参与和互动水平，比如教师儿童互动、家长参与等，目标是建立普惠共享、创新发展、开放多元、协调均衡、供需适配、可持续的高质量学前教育体系。在这个过程中，要充分考虑我国经济发展不平衡不充分的现实，总结和沿用国际成功经验，处理好继承与创新的关系。具体来说，要构建高质量的学前教育体系，宜关注以下几个方面的工作。

1. 加强教师队伍建设，提高教学水平

提高学前教育质量的关键是建设一支师德高尚、业务精良的幼儿教师队伍。建议幼儿教师依法享有与中小学教师同等的地位、待遇和社会保障；依法保障幼儿教师获得各种津贴、补贴、晋升和奖励的权利；建立专项补助等政府购买服务的长效机制，提高优质代课教师的工资福利待遇，实现同工同酬；完善民办幼儿园教师社会保障机制，保障其合法权益。

积极开辟幼儿教师供给渠道，发挥定向招聘、人事代理、义务教育学校富余教师转岗等多种灵活方式的作用，尽快配齐公办幼儿园教师。切实提高幼儿教师的政治地位和薪资待遇，充分调动教师积极性，提升教师职业幸福感、成就感和荣誉感。聘用教师的工资水平应根据其具体工作与职务确定，并应努力实现同工同酬；应当督促民办学前教育机构依法配备教职人员，保障其工资福利，逐步缩小与公办学前教育机构的待遇差距，稳定学前教育师资队伍。

扩大本专硕学历的学前教育专业方向招生，建立教育学、教育经济学、教育管理学、心理学和医学等跨专业培养机制。建立与学前教育相关的教学助理和保育员的专业资格认证机制，严格执行学前教育教师的专业标准，全面落实学前教育教师持证上岗制度；广泛开展教师培训，职前培训重点帮助学前教育教师了解从事儿童教育工作的要求和规范，职后培训重点为教师提供专业技能学习机会，不断提高学前教育教师队伍的专业性。明确学前教育教师专业化发展目标和方向，建立完善的学前教育教师职业培训体系，激发学前教育教师专业发展动力。另外，还要重视学前教育教师的非正式学习，比如教师自发开展经验交流活动，通过同行评教反馈等方式了解自身的优势与不足，在交流协作中提升自身专业水平。

针对民办幼儿园中教师流动性大，综合素质和专业化水平有待提高的问题，要依法落实民办幼儿园教师地位和待遇，吸引高层次人才加入学前教育师资队伍，进一步完善民办幼儿园教师专业技术职称评聘机制和社会保障政策，切实解决民办幼儿园教师的职称晋升问题。建议政府免费为民办幼儿园教师提供培训、继续教育的机会，规定不同级别教师每年的培训时数，幼儿园每年开展全员教师培训的次数，不断提高师资队伍素质。

2. 注重保育教育，认真落实《3~6岁儿童学习与发展指南》

在幼儿园保育过程中，应当以儿童的身心发展规律为出发点。学前教育的本源意义和终极目标是促进人的全面发展，实现人的尊严和个性的完善。一切与儿童相关的事务都应经由儿童权利理论检视，都应以"儿童利益优先"为原则。因此，发展学前教育应始终坚持以人为本和儿童利益优先原则，将儿童利益作为政策的出发点和本源，在此基础上协调其他利益关系。应当坚持以游戏为基本活动，加强教学科研，设置合理的支持儿童主动探索、发现、交往和表达的行为的辅助活动（见图 8-1），加强"幼小衔接"，落实《3~6岁儿童学习与发展指南》，促进儿童全面和谐发展。加强幼儿园与家长之间的沟通合作，对 3~4 岁、4~5 岁、5~6 岁三个年龄段末期幼儿应知道什么、能做什么、发展到什么水平等关键问题达成共识，进而形成对学前教育的合理预期。学前教育对小学教育及后续教育奠定基础，"幼小衔接"的关键是杜绝"学前教育小学化"，尊重儿童身心发展特点和学前教育的规律，同时，通过有效的教育积极推动儿童在身心各个方面为进入小学做好准备。建议有条件的地方政府设置一定的财政项目，支持在学前教育课程、游戏、民间乡土资源、中华优秀传统文化等方面的开发与利用。对学前教育的片面化、特色化取向宜采取更加审慎的态度，纠正和防止幼儿园课程的"小学化"倾向。

图8-1　孩子们"过家家"

3. 合理规划布局

建议在科学预测人口发展趋势和布局规律的基础上，扩展普惠性学前教育服务资源，并对普惠性学前教育公共服务进行合理规划和布局。在人口相对聚集的农村地区，除了建设乡镇中心幼儿园，还应从方便儿童入园方面考虑，以行政村为依托，合理规划，新建、改建一批村幼儿园，以满足儿童在家门口就近接受有质量的学前教育的需要。建议通过统一规划布局，使优质学前教育资源进入需求稀缺的农村地区、贫困地区，从而实现学前教育的广覆盖。在人口分散、入园困难的边远地区和山区，建议采用定期送教上门、移动幼儿园、指导家长科学育儿等灵活方式，提供有针对性的普惠性学前教育公共服务。

卡片 8.1　出生人口连年下降，在园幼儿数减少

——民办园如何提质量谋发展

根据国家统计局数据，2016 年以来，我国出生人口连年下降，2022 年为 956 万人，比 2016 年的 1786 万人减少了将近一半。随着新生儿减少，在园幼儿数也在减少。全国教育事业统计结果显示，2022 年，全国共有学前教育在园幼儿 4627.55 万人，比2020 年、2021 年分别减少 190.71 万人、177.66 万人。日前，"2023 新形势下民办幼儿园高质量发展论坛"由中国民办教育协会学前教育专业委员会在北京举办。在过去几年政策、市场双重调整以及疫情冲击、出生人口不断下降的影响下，与会代表围绕新形势下民办园如何规范与高质量发展进行了深入探讨。

研判人口变化，提升质量，把握机遇

在出生人口下降的情况下，部分幼儿园出现了学位富余，但总体来看，全国学前教育会出现学位过剩吗？国务院发展研究中心研究员佘宇认为，在学前教育毛入园率不断提升的情况下，适龄幼儿数减少是在园幼儿数下降的主要原因，但学前教育学位缺口仍然存在。

在假定 2022 年和 2023 年全国出生人口均保持在 2021 年

水平的基础上，佘宇分三种情境对 2022~2025 年学位缺口变化情况进行了测算。以第二种情境为例，假定 2025 年 3~5 岁幼儿入园率达到 95%，则 2022~2025 年幼儿入园率平均每年在 2021 年的基础上提高 1.75 个百分点，2022 年 3~5 岁幼儿入园率为 89.88%，在园幼儿数 4530.36 万人，3~5 岁幼儿人口 4753.70 万人，学位缺口 223.34 万个。从以上数据可知，2023~2024 年学位缺口仍然存在，从 2025 年起，学位开始富余。

需要正视的是，适龄幼儿数减少确实让部分民办园面临着很大挑战。在佘宇看来，营利性幼儿园目标群体明确，可以为适龄幼儿提供多样化、个性化的服务，相对来说有一定优势；而对于普惠性民办园，由于认定标准、扶持政策不够完善，将面临严峻的挑战。

中国民办教育协会学前教育专业委员会副理事长杨文泽介绍了《2022 中国民办学前教育行业发展报告》中的一些数据：2022 年，在参与调研的 1541 家民办园中，84% 的园所出现了资金短缺，全年只有 4% 的幼儿园正常收到保教费。此外，在参与调研的普惠性民办园中，有 24% 的园所表示没有享受生均定额补助，另有 17% 的园所未能按时收到 2022 年的补助。

随着在园幼儿数减少，值得注意的是，以 2019 年为界限，民办园教职工和保教人员数也出现了减少的趋势，由此将带来教职工分流和再就业问题，但也为改善师幼比提供了机会。

佘宇建议，政府全面掌握在园幼儿数与学位缺口变化，科学研判人口变化带来的风险挑战。与此同时，加大对普惠性民办园的扶持力度，充分发挥财政资金对幼儿园主动改善师幼比的引导作用，在幼儿园内部解决教职工分流和再就业问题，及时把握民办园提升质量的机会窗口期。

拓展专业服务，走高质量发展之路

"尽管新生儿减少，幼儿园会出现结构性调整和布局性变化，但不会出现大面积的倒闭潮。"中国民办教育协会会长刘林表示，民办园要坚持初心定力，通过拓展专业服务来应对市场、人口变化等带来的挑战。

现在民办园总体教育水平参差不齐，其重要的原因是规模不大、"各自为政"，相互竞争、交流不多。中国民办教育协会名誉会长李连宁认为，各地都在采取集团化办园模式，但多是自发的，没有从体制机制上来研究，行业协会应积极研究探索民办学前教育多种形式集团化办园的体制机制，引导民办园走向高质量发展的道路。

山东银座英才幼教集团经过 22 年的发展，目前有 30 所基地园、200 多所联盟园、10 余所托育园。该集团董事长袁霞总结了其高质量发展的路径：一个方向、两个核心、三个原则。一个方向就是坚持办园方向，坚守教育初心；两个核心指的是质量与市场；三个原则就是变革、创新、开放。

"作为民办教育人，既要有教育家的情怀，也要有企业家的精神。"袁霞说，英才幼教集团在变革和创新过程中做了三个转型。一是稳存量，不再盲目扩张；二是特色化，从同质化竞争走向特色化发展；三是多元化，由单一化发展走向多元化发展。

基于如何为幼儿的后续学习和终身发展奠定根基的思考，新语境幼儿园总园长刘东梅寻找到了幼儿园高质量发展的方向和路径，那就是"厚植爱国基因、培育科学意识、开发语言智能"。

民办园要实现长足发展，必须走高质量发展之路，很多民办园不约而同地把抓课程建设作为提升质量的"牛鼻子"。

拥有 29 年办园历程的东方之星学前教育机构，一直致力于以问题为出发点，探索高品质教育内容的解决方案。

近几年，东方之星根据"双减""幼小教育科学衔接"等要求，完善课程体系及服务，提供了完整的课后服务解决方案、幼小教育科学衔接解决方案及数字化课程解决方案等，用专业服务赢得家长认同。

延伸托育服务，寻找新的生长点

在学位出现富余的情况下，一些民办园把目光投向了3岁以下婴幼儿的托育服务，而从全国托育服务供给来看，该领域目前确实有很大缺口。

《"十四五"公共服务规划》提出，到2025年，全国每千人口拥有3岁以下婴幼儿托位数达到4.5个。国家卫健委数据显示，截至2022年底，全国共有托育服务机构约75万家，每千人口拥有婴幼儿托位数约2.5个，由此可见，距离2025年目标仍有很大差距。

2022年，国家卫健委等17部门下发《关于进一步完善和落实积极生育支持措施的指导意见》，其中提到"在满足学前教育普及的基础上，鼓励和支持有条件的幼儿园招收2~3岁幼儿"。

"现实中，幼儿园开设托育班往往比只开设3岁以下照护服务的托育机构更受家长青睐。"佘宇认为，随着在园幼儿数减少，政府要做好托育资源转化的可行性评估和政策储备，及时把握托育服务扩大供给的机会窗口期，尽快制定幼儿园开设托育班的管理办法，以及对师资、环境、课程等方面的要求，既体现0~3岁与3~6岁保育和教育的衔接性、连贯性，又遵循3岁以下婴幼儿发展规律的特殊性。

民办园规范高质量发展，是推进学前教育普及普惠和安全优质发展的题中之义。"高质量托育是政府所急、社会所需、人民所盼。"苏州尔家幼教集团总监顾洁说，民办园往下探索0~3

岁托育服务，可以为 3~6 岁招生"蓄水"，民办学前教育机构从业者要勇于开拓，把托育服务作为学前教育机构发展的第二次创业，做市场的先行者。

资料来源：纪秀君、田玉、赵彩侠《出生人口连年下降，在园幼儿数减少——民办园如何提质量谋发展》，《中国教育报》2023 年 6 月 18 日。

4. 着力提高教育质量

政府应当与教育举办者共同努力，在师资队伍建设、办园、质量评估与监测等方面切实加大投入力度；完善准入制度、财政投入机制、质量督导评估机制、问责机制等，保证普惠性学前教育服务真正有利于儿童的健康发展。在认定普惠性幼儿园方面，建议有关部门提出明确的质量准入标准，研究出台促进儿童健康发展的办园质量底限和标准。加强对普惠性幼儿园的管理和规范，需要制定国家级学前教育课程标准，尽快开展国家级学前教育课程编写工作，统一学前教育标准和质量。强化对办园质量的评估和督导，并建立质量信息披露机制、问责机制和普惠性幼儿园退出机制，实施与质量挂钩的财政激励政策，对违背教育规律的办园行为予以问责，绝不姑息。

5. 向弱势地区倾斜

财力不足是限制西部地区和农村地区普惠性学前教育发展的现实问题，实现普惠性学前教育广覆盖的关键是增加投入和补齐短板。针对当前我国城乡学前教育差距较大的现状，政府可以对农村地区、边疆地区、民族地区采取倾斜政策，通过对弱势群体进行补偿等方式缩小学前教育差距，促进学前教育均衡发展，保障适龄儿童在教育起点上的公平。例如，甘肃在财力有限的情况下，从 2016 年 3 月开始率先实行全省幼儿园三年保教费减免，减免省内公办幼儿园和普惠性民办幼儿园中具有甘肃户籍的在园幼儿以及普惠性民办幼儿园中非甘肃户籍的家庭经济困难儿童、孤儿和残疾儿童保教费，标准为每生每年 1000 元，是国内首个实行这一政策的省份。建议各级政府在财政投入上向西部地区有所倾斜，设立西部地区、农村地区的发展基金或专项计划等，着力增加农村普惠性学前教育资源供给，真正提高落后地区的学前教育普及率。

6. 加强供给侧结构性改革和跨区域合作，推进学前教育协调均衡发展

针对当前供给数量不足造成的"入园难"问题，需要着力增加学前教育资源，包括增设新园、利用其他形式的托育机构盘活现有小区配套民办幼儿园的资源存量等。建议有关部门在统筹公办园、委托园和民办园的合理分布的基础上，审慎决定新建小区配套幼儿园的性质，以增加家长选择不同性质幼儿园的机会。在无法或没有必要建设配套幼儿园但有入园需求的小区，建议政府允许和支持建立家庭式幼儿园或其他形式托育机构，通过购买服务来增加有效教育供给，同时将其纳入政府财政支持与行政监管体系，进而扩大学前教育的覆盖面。

建议积极发展和合理配置城乡之间、地区之间和不同等级城市之间的学前教育资源，着力保障贫困地区、农村地区儿童的学前教育权益。建立学前教育供给侧的费用监管和平衡机制，控制市场化学前教育机构费用的非理性上涨。加强各地区之间、城乡之间、各类学前教育机构之间的联系，建立跨地域帮扶、城乡帮扶机制，推进城乡要素双向流动和资源共享。

建议以县（区）为单位，以区域内三四所优质幼儿园（如县城和乡镇的优质园）为核心，建立农村幼儿园发展联盟，推进联盟成员之间的管理交流与资源共享，联盟成员集合力量共同开展教研合作、同行评教、文化共建等活动，提高农村小微幼儿园和薄弱幼儿园的办学水平，缩小城乡学前教育差距。为进一步保障学前教育体系协调均衡发展，学前教育增加的资源应主要用于保障农村地区家庭和城市困难家庭。对于学前教育资源短缺的地区，应给予政策倾斜与专项拨款，比如增加转移支付、实施税收减

免和优惠政策等。

　　基于以上思考，本书认为，我国当前学前教育应当重点扩大普及覆盖面，补齐普惠政策短板；扩大优质学前教育供给，加强制度建设，逐步建立满足高质量发展需要的完善的学前教育体系。

结　语

本书对学前教育促进经济增长的作用机制进行了梳理和实证验证，在研究过程中总结出了学前教育的以下特性，综合来看，形成了以下几个方面的贡献，供读者参考。

一　梳理学前教育的特性

笔者认为，在推动学前教育发展的过程中，应当关注学前教育的以下特性。

1. 准公共属性

学前教育既是教育又是看护，关乎民生、教育公平、以人为本和人民美好生活向往的实现；同时具有较大的正外部性，不仅能提升个体自身的能力，还能对家庭和社会产生巨大益处，需尽量扩大其覆盖面，尤其是弱势群体，能教尽教。要想尽快让每一个儿童享受到学前教育的福利，不能过分依靠市场，否则过程将极其缓慢。扩大学前教育的覆盖面要从中国的国情出发，需要重视并动用政府的力量，统筹各种资源强力推进。

2. 服务于妇女解放

发展学前教育从家庭的角度看，婚育女性是主要受益方，规模化、标准化的学前教育不仅能够普及科学的育儿观，还可以降低看护成本，将众多婚育女性从繁重的幼儿看护中解放出来，使其尽快回到劳动力市场，不但增加全社会的劳动力供给，还有助于提高全社会的性别平等程度。学前教育不仅可以促进婚育女性解放，而且可以增加家庭收入、提高婚育女性社会地位，而婚育女性社会地位的变化将直接影响学前教育、经济增长和全社会的发展进步，意义重大。

3. 长期的正向影响

学前教育对经济增长的作用机制很复杂，既有短期影响又有长期影响，发展学前教育不能只看当期消费和投资的增加，还要看到学前教育是从生命周期早期培养儿童能力，其影响是深远的、综合的，能提高劳动者的整体素质，进而提升全社会的人力资本水平，需久久为功持续投入，要有长远眼光和长期规划，要舍得投入并提高投入效率。

4. 地区差异

在不同地区，比如城市与农村之间、发达地区与欠发达地区之间等，学前教育对其经济增长的影响机制和路径有所不同，贡献也存在差异，各地区在制定学前教育政策时需充分调研，从本地实际情况出发，制定适合本地发展的政策措施，发挥各地资源禀赋优势。

二 主要贡献

在对学前教育的研究中，笔者深刻体会到，学前教育可以直接提高劳动者的综合能力与素质，增加劳动者个人收入，同时还可以提高社会劳动生产率，推动技术进步和产业革新。在探讨学前教育对经济增长的促进作用时，本书对于教育经济学的边际贡献主要包括以下方面。

1. 对学前教育研究的深入和细化

与其他各级教育类似，学前教育可以通过科学的保育和教育手段，提升儿童的能力和素质，实现人力资本积累。与此同时，儿童接受学前教育的积极作用具有持续性，会对其发展产生长期的正向影响，使其成长为更优质的劳动者，从而推动经济增长。因此，研究学前教育对于经济增长的重要作用不能脱离教育促进经济增长的研究框架与理论背景，所以在理论意义方面，本书研究是对教育与经济增长之间关系这一经典教育经济学问题的细分，是在教育规律一般性中探寻学前教育规律的特殊性，是拓展教育经济学研究领域的重要尝试。

2. 贴近中国实际

学前教育不但可以直接作用于受教育者并实现人力资本积累，还会对受教育者的家庭产生作用，即学前教育的意义不只在于提升儿童的能力与素质，更重要的是可以将家长从幼儿看护中解放出来，帮助家长尤其是母亲重返劳动力市场，增加劳动力供给。服务家庭、支持父母劳动是举办学前教育的重要作用，因此相对于其他各级教育来说，学前教育又具有特殊性。中国发展进入新阶段后，国际发展环境日趋复杂多变，国内面临需求收缩、供给冲击、预期转弱三重压力，经济增速放缓，人口老龄化程度持续加深，经济增长的后劲令人担忧。在这一背景下，研究学前教育对人力资本积累、劳动供给和消费等重要经济问题的微观和宏观影响，建立贴近现实的理论体系和框架，不仅可以丰富教育收益的内涵，促进人力资本理论发展和"中国化"，还有可能为中国经济高质量发展寻找和培育新动能，值得探索。

3. 建立了学前教育的"三层面"分析框架

本书通过对已有理论进行梳理，从现实角度出发，总结出学前教育对经济增长的三条路径，并构建"个体—家庭—社会"三个层面分析框架，提出学前教育促进经济增长的作用机制主要是通过提高个体劳动者素质和人力资本水平、增加家庭劳动力供给、刺激全社会消费和投资等多种路径来实现的。

该框架打破了传统单一的基于微观个体层面的人力资本解释路径，进一步厘清了学前教育对于经济发展的驱动机制。通过实证分析和检验，本书论证了学前教育无论是从个体、家庭的微观层面还是从全社会的宏观层面，都可以对经济增长产生正向促进作用。增加学前教育经费投入能在当期产生较强的消费刺激效应和乘数效应，迅速拉动当地经济增长，但该拉动作用会随着时间的延长而消退。从长期看，学前教育的人力资本积累效应会发挥作用，为当地经济增长注入长期动力和源泉；扩大学前教育师资队伍、降低生师比、提高学前教育质量也会对经济增长产生深远影响。在不同地区之间，学前教育对经济增长的贡献存在差异。发展学前教育对全国大部分地区的经济增长有着正向作用，但由于不同地区的经济发展层次和阶段存在差异，学前教育的前进方向应有所侧重，各地需因地制宜，制定符合自身情况的学前教育发展策略。

从个体角度看，学前教育能影响劳动力素质和能力，早期教育的质量能影响个体后续教育的偏好。发展和普及学前教育，可以推动个体能力的发展，为个体更好适应社会发展奠定基础。本书研究表明，接受过学前教育的个体在高中教育阶段的学业表现更加出色，而接受了完整学前教育的个体更有可能在高考的筛选中胜出。进入劳动力市场后，接受过学前教育的个体薪资水平更高，对当前工作也更满意；尤其是对于初次参加工作的劳动者来说，学前教育对于其初始薪资的正向影响更加显著。总体来说，学前教育可以提高个体的受教育程度、学业表现以及薪资待遇，提高劳动者素质和劳动生产率，为经济增长注入持久的内生动力。

从家庭角度看，通过建立和完善学前教育体系，提高质优价廉学前教育的可获得性，能够把更多婚育女性从幼儿看护中解放出来，提高婚育女性劳动参与率，延长其工作时长，从而增加劳动力供给总量。笔者发现，家中适龄儿童全部接受学前教育的婚育女性，其参与劳动的可能性是家中适龄儿童未全部接受学前教育的婚育女性的1.32倍；对于参与劳动的婚育女性，家中适龄儿童全部接受学前教育可以将其每周工作时长增加4个小时。将样本按照家庭收入和户口类型进行分类后，发现子女接受学前教育可以显著提高高收入家庭中婚育女性劳动参与率，并且延长农村家庭婚育女性每周工作时长。在我国劳动年龄人口不断下降、人口红利逐渐消失的背景下，通过发展学前教育增加劳动力供给是保持我国国民经济可持续增长的重要举措。

从全社会的角度看，发展学前教育可以在短期内迅速刺激消费、扩大内需。本书运用省级行政区面板数据，实证检验了学前教育通过消费促进经济增长的影响机制。研究发现：从家庭角度来说，学前教育能够提升消费水平，增加家庭的总体消费数额。从社会角度来说，在学前教育建设尚不完善的地区，也可以通过学前教育产业建设扩大内需，进而对经济增长产生促进作用。不同地区学前教育促进消费、拉动经济增长的机制存在差异，比如在西部地区和中部地区，学前教育对家庭消费水平的影响尤为明显，在西部地区加大学前教育投入，有利于拉动经济增长。

三　研究不足

第一，尽管本书量化分析了学前教育对经济增长的三条影响路径，但是不同路径之间的关系还较为模糊。学前教育对个体、家庭和社会都会产生影响，也会对经济增长有所贡献，也很难说明这三条路径中的哪一条对经济增长的贡献作用更大。不但如此，这三条路径在并存的同时还相互关联，例如，家庭层面婚育女性劳动参与率的强化在一定程度上能增强家庭的教育可支付能力，由此增加学前教育的私人部门投入，但受到数据可获得性的限制，在当前无法进行更深层次的量化分析，可在未来对该方向进行深入研究。

第二，在微观层面分析时，尽管本书在第三章使用PSM模型来解决一部分内生性问题，在第四章通过工具变量的方式对变量内生性进行了检验，但由于数据的限制，始终未能通过因果推断的方式从源头上对内生性问题做出更好的处理。同时在数据处理上，由于数据的限制，部分模型的样本量较少，可能会影响样本的代表性和研究结论的无偏性。

第三，尽管我国当前学前教育毛入学率已经达到发达国家水平，学前教育已经基本实现了覆盖，但是各地区的学前教育质量仍然存在较大差异，不同质量的学前教育对经济增长产生的影响也必然不同，但是受到数据可获得性的限制，当前很难将学前教育的质量进行量化测算并运用至实证分析，这使得本书的研究结果仍存在细化的空间。

第四，学前教育作为基础教育的开端，可以通过人力资本的积累促进经济增长，但是当前我国存在大规模的人口迁移，大量劳动者并未在其接受学前教育的地方工作、创造经济价值，考虑到人口流动难以测算，学前教育对经济增长的测算可能存在一定的不准确性。

以上不足是笔者下一步研究和完善的重点，是笔者砥砺前行的动力，也衷心希望该拙作能为我国学前教育的发展尽绵薄之力。

随着我国国民经济和社会的全面发展，社会各界将越来越重视学前教育事业，各级政府将不断加大学前教育投入，管理力度将不断加大，城乡间、地区间的学前教育水平将日趋均衡化，学前教育覆盖率和质量将稳步提升，朝着更普及、普惠、高质量的方向发展，办成人民满意的教育。笔者坚信，我国学前教育事业必定前景广阔，潜力巨大，将迸发出勃勃生机，成为拉动中国经济持续、健康、均衡增长的重要引擎。

附　录

附录 1　通过工具变量进行稳健性检验

当回归误差项和解释变量相关时，工具变量回归是得到总体回归系数一致估计量的一种一般性方法，常用来解决选择偏误导致的内生性问题。通过将解释变量 X 的变动分为与误差项 ε 相关的内生变量和与 ε 无关的外生变量两部分，人们可以利用附加工具变量 Z 分离出与 ε 无关的 X 的变动，从而使回归系数估计量具有一致性。下面以单个自变量和单个工具变量的线性回归模型为例说明。

假定因变量 Y 和解释变量 X 的总体回归模型为：

$$Y_i = \beta_0 + \beta_1 X_i + \varepsilon_i \qquad （式 1）$$

我们引入工具变量 Z 使得其满足如下工具相关条件和工具外生条件：

$$\mathrm{Corr}\left(Z_I, X_i\right) \neq 0$$
$$\mathrm{Corr}\left(Z_I, \varepsilon_i\right) = 0 \qquad （式 2）$$

然后通过两阶段最小二乘法对系数 β_1 进行估计，首先第一阶段将 X 分解为分别与回归误差相关和不相关的两部分，建立如下回归模型：

$$X_i = \pi_0 + \pi_1 Z_i + \mu_i \qquad （式3）$$

其中第一部分 $\pi_0 + \pi_1 Z_i$ 由于 Z_i 的工具外生性与误差项 ε_i 无关，第二部分 μ_i 与 ε_i 相关。我们通过 OLS 估计出参数 $\hat{\pi}_0$ 和 $\hat{\pi}_1$，并取与误差项无关的 X_i 的预测值：

$$\hat{X}_i = \hat{\pi}_0 + \hat{\pi}_1 Z_i \qquad （式4）$$

第二阶段再次使用 OLS 建立 Y_i 关于 $\hat{X}_1$ 的回归模型得到两阶段最小二乘估计量 $\hat{\beta}_0$ 和 $\hat{\beta}_1$：

$$Y_i = \hat{\beta}_0 + \hat{\beta}_1 \hat{X}_1 + \varepsilon_i \qquad （式5）$$

大样本情况下两阶段最小二乘估计量是一致的，并且服从正态分布，因此可随后通过 t 统计量获得 $\hat{\beta}_1$ 的置信区间。

具体来说，当工具变量和内生解释变量是负相关关系时，第一阶段回归中工具变量前的系数应当为负。在第二阶段回归中，通过工具变量拟合之后的解释变量前的系数应当与原 Logit 模型相同，即显著为正，说明工具变量选取合适。之后通过对工具变量进行 Wald 检验和 AR 检验，如果发现两个检验均显著，就可以证明工具变量外生且有效，且不存在过度识别的问题。

在第四章中研究儿童照管方式对婚育女性就业行为影响的主要困难是选择性偏误问题。一方面，儿童照管方式的选择与婚育女性劳动供给决策之间可能存在逆向因果关系，例如，工作意愿低、家庭观念强的婚育女性可能倾向于退出劳动力市场、选择自己照管孩子，而拥有良好职业前景的婚育女性由于照管孩子的机会成本较高，可能会寻求学前教育机构或祖辈隔代照料儿童。另一方面，一些不可观察的因素比如社会习俗和地域文化等，也会影响婚育女性在育儿和就业方面的决策。因此，对婚育女性劳动供给行为而言，儿童照管方式的选择可能是内生性的，而不是外生性的。本书使用了 Probit 工具变量模型（Instrumental Variable Probit, IV Probit）来研究学前教育对婚育女性劳动供给影响的情况，主要目的是解决选择偏误导致的内生性问题，并对模型的解释力度进行检验。本书以受访者居住地的学前教育家庭消费水平的对数为工具变量，来验证子女是否接受学前教育对婚育女性重返劳动力市场的影响。学前教育的家庭消费水平来自问卷中"过去一个月您向学校交纳的费用"这一题项，由于不同年份的调查问题设计略有不同，本书将学前教育年消费转化为月消费进行分析。

由于当前因变量为分类变量，因此，本书将使用以因变量为分类变量的 IV Probit 来解决选择偏误导致的内生性问题，并通过两步法估计，对模型的解释力度进行检验。从工具变量的角度来说，当地学前教育消费水平很难做到和自变量完全独立，但在现有的条件下，很难找到更加合适的工具变量。为了让结果更加可靠准确，本书也在模型中加入以县为单位的聚类分析，提高该工具变量的有效性。由于学前教育消费水平与子女的学前教育参与情况是负相关关系，即某一地区的学前教育服务价格水平越高，家庭对学前教育服务的需求就越低。而子女接受学前教育的可能性越低，婚育女性就越倾向于退出劳动力市场，因此工具变量和内生变量是负相关的，即第一阶段回归中工具变量前的系数应当为负；在第二阶段回归中，通过工具变量拟合之后的解释变量前的系数应当与原 Logit 模型相同，即显著为正。

由表 1 的回归结果可知，第一阶段回归中工具变量前的系数显著为负，这是由于当地学前教育消费水平越高，婚育女性回归职场的机会成本越高，通过让子女参与学前教育从而参与劳动的意愿就越低，符合我们的预期。第二阶段回归中内生解释变量前的系数显著为正，而且通过对工具变量进行 Wald 检验和 AR 检验，发现两个检验均显著，即工具变量外生且有效，且不存在过度识别的问题，符合工具变量的相关要求。通过使用学前教育消费水平这一工具变量，本书验证了家中适龄儿童全部接受学前教育可以显著地促进婚育女性参与劳动力市场。

表1 工具变量两阶段回归

变量名称	模型5	模型6
	工具变量第一阶段回归	工具变量第二阶段回归
家中适龄儿童是否全部接受学前教育		1.978*
		(1.146)
该地区学前教育消费水平的对数	-0.063***	
	(0.015)	
婚育女性年龄	0.003*	0.014
	(0.002)	(0.008)
婚育女性受教育程度	0.006***	0.009
	(0.002)	(0.013)
健康程度	-0.029	0.280*
	(0.031)	(0.148)
祖辈隔代照料	-0.084***	0.511***
	(0.016)	(0.125)
子女数量	-0.039***	0.181***
	(0.009)	(0.062)
家庭年收入对数	0.002	-0.171***
	(0.011)	(0.054)
家庭总资产对数	0.002	0.107***
	(0.007)	(0.035)
城乡户口类型（非农户口=1）	0.105***	-0.172
	(0.018)	(0.132)
家庭所在地区	0.050***	-0.049
	(0.010)	(0.069)
常数项	0.349***	-2.270***
	(0.135)	(0.594)
样本量	5167	5167
年份固定效应	是	是
R^2	0.123	
Prob>chi2		0.000

注：小括号内为标准误，*、**、***分别表示在10%、5%和1%的显著性水平下显著。

附录 2　中介效应模型

在分析自变量 X 对因变量 Y 产生影响的内部机制中，如果自变量 X 通过影响变量 M 而对因变量 Y 产生影响，就可将 M 作为中介变量。中介效应模型是用来检验某个变量能否成为中介变量，以及发挥何种程度中介作用的重要方法。考虑自变量 X 作用于因变量 Y：

$$Y = cX + \varepsilon_1 \qquad （式1）$$

由于不涉及第三个变量，所以系数 c 代表了自变量作用于因变量的总效应，如考虑中介变量 M：

$$M = aX + \varepsilon_2 \qquad （式2）$$

$$Y = c'X + bM + \varepsilon_3 \qquad （式3）$$

公式 1 中的系数 c 为自变量 X 对因变量 Y 的总效应，公式 2 中的系数 a 为自变量 X 对中介变量 M 的效应，公式 3 中的系数 b 是在控制了自变量 X 的影响后，中介变量 M 对因变量 Y 的效应，系数 c′ 是在控制了中介变量 M 的影响后，自变量 X 对因变量 Y 的直接效应，系数乘积 a*b 即为中介效应（间接效应）。

$$ab+c'= 总效应 =c \qquad （式4）$$

最后可通过逐步回归检验法、乘积系数法等中介效应检验方法来检测间接效应 ab 是否存在，以及它在总效应 c 中的占比，体现中介效应的作用程度。

附录3 豪斯曼检验和滞后效应检验

一 豪斯曼检验

在使用面板数据进行回归分析时，既可以使用固定效应模型，也可以使用随机效应模型，因此本书利用豪斯曼检验对更适合固定效应模型还是随机效应模型进行检验。豪斯曼检验结果显示（见表1），卡方统计量均小于0.05，应该拒绝原假设，证实在研究学前教育投入与经济增长关系时使用固定效应模型更为合适。

表1 豪斯曼检验结果

	自变量	豪斯曼检验	
全样本	学前教育经费投入总量	chi2=229.97	Prob>chi2=0.0000
	学前教育在学规模	chi2=78.50	Prob>chi2=0.0000
	学前教育生师比	chi2=50.23	Prob>chi2=0.0000
东部地区	学前教育经费投入总量	chi2=86.16	Prob>chi2=0.0000
	学前教育在学规模	chi2=39.62	Prob>chi2=0.0000
	学前教育生师比	chi2=25.94	Prob>chi2=0.0000
中部地区	学前教育经费投入总量	chi2=119.81	Prob>chi2=0.0000
	学前教育在学规模	chi2=55.49	Prob>chi2=0.0000
	学前教育生师比	chi2=75.65	Prob>chi2=0.0000
西部地区	学前教育经费投入总量	chi2=308.87	Prob>chi2=0.0000
	学前教育在学规模	chi2=45.53	Prob>chi2=0.0000
	学前教育生师比	chi2=61.35	Prob>chi2=0.0000

二 滞后效应检验

为了研究学前教育投入对经济增长的当期和长期影响，本书将在模型中加入学前教育投入的滞后项。在确定滞后阶数时，通常依据 R^2、AIC、BIC 来对滞后阶数进行综合确定。赤池信息量准则（Akaike Information Criterion，AIC）是日本统计学家赤池弘次在信息熵概念的基础上创立和发展的，是通常用来评估统计模型的复杂度和衡量统计模型拟合优良性（Goodness of Fit）的标准（丰璐等，2009）。AIC 可以表示为：

$$AIC = 2k - 2\ln L \qquad （式1）$$

其中，k 是参数数量，L 是似然函数。

假设条件是模型的误差服从独立正态分布。将 n 作为观察数、RSS 作为残差平方和，那么 AIC 变为：

$$AIC = 2k + n\ln(RSS / n) \qquad （式2）$$

增加自由参数的数目可以提高拟合的优良性，AIC 鼓励数据拟合的优良性，但尽量避免过度拟合（over-fitting），所以选取最优模型应该以 AIC 值最小为原则。其实，赤池信息量准则的目标是寻找可以最好地解释数据但包含最少自由参数的模型。当两个模型存在较大差异时，差异主要体现在似然函数项，当似然函数差异不显著时，公式2中第一项，即模型复杂度起作用，从而参数数量少的那个模型就是较好的选择。通常情况下，当模型的复杂度提高（增大），似然函数就会增大，使 AIC 减小，当模型的复杂度过大时，似然函数增速就减缓，导致 AIC 增大，如果模型过于复杂，就很容易导致过度拟合问题。AIC 不仅要提高模型拟合度（极大似然函数值），而且引入了惩罚项，使模型的参数尽量减少，有助于降低过度拟合的可能性。

贝叶斯信息准则（Bayesian Information Criterion, BIC）。贝叶斯决策理论是主观贝叶斯派归纳理论的重要组成部分，是在情报不完全的条件下对部分未知的状态用主观概率来估计，然后用贝叶斯公式对发生概率进行修正，最后利用期望值和修正概率做出最优决策。公式为：

$$BIC = \ln nk - 2\ln L \qquad （式3）$$

其中，k 为模型参数数量，n 为样本数量，L 为似然函数。$\ln nk$ 惩罚项的维数很大且训练样本数据相对较小时，可以更好地避免维数灾难现象。与 AIC 相似，训练模型时，增加参数数量，即提高模型的复杂度，会增大似然函数，但也会导致过度拟合问题。为了解决这一问题，AIC 和 BIC 都引入与模型参数数量相关的惩罚项，BIC 的惩罚项比 AIC 的惩罚项大，考虑了样本数量，当样本数量过多时，能够较好地防止模型精度过高而造成模型复杂度过高问题。

AIC 和 BIC 越小，模型越好，因此，应选择 AIC 和 BIC 较低的那个模型。而 R^2 越大，则表示模型拟合效果越好，一般要选择 R^2 最大的那个模型。本书对加入学前教育相关变量滞后 1~3 期的模型进行了检验，结果如表 2 所示。

表 2　滞后效应检验结果

	模型	观测值	AIC	BIC	R^2
学前教育经费投入总量	滞后 1 期	550	-477.7717	-456.2221	0.983
	滞后 2 期	520	-541.1132	-515.5902	0.982
	滞后 3 期	489	-616.7671	-587.4205	0.981
学前教育在学规模	滞后 1 期	426	-644.7104	-624.4382	0.960
	滞后 2 期	395	-696.5437	-672.6703	0.953
	滞后 3 期	364	-789.2255	-761.9454	0.944

	模型	观测值	*AIC*	*BIC*	R^2
学前教育生师比	滞后 1 期	425	-583.2056	-562.9451	0.960
	滞后 2 期	395	-662.4235	-638.5501	0.954
	滞后 3 期	364	-743.9890	-716.3345	0.943

附录4 OECD 主要国家各级教育生均财政投入（2004~2011 年）

单位：美元

国家	教育类型	2004 年	2005 年	2006 年	2007 年	2008 年	2009 年	2010 年	2011 年
卢森堡	学前	—	—	—	—	13460	16247	20958	25074
	小学	13458	14079	13676	13985	13648	16494	21240	23871
	中学	17876	18845	18144	17928	19898	19324	17633	16182
	大学	—	—	—	—	—	—	—	—
澳大利亚	学前	—	—	4252	6507	6408	8493	8899	10734
	小学	5776	5992	6311	6498	6723	8328	9463	8671
	中学	7969	8408	8700	8840	9052	10137	10350	10354
	大学	14036	12579	15016	14726	15043	16074	15142	16267
法国	学前	4938	4817	4995	5527	5787	6185	6362	6615
	小学	5082	5365	5482	6044	6267	6373	6622	6917
	中学	8737	8927	9303	9532	10231	10696	10877	11109
	大学	10668	10995	11568	12773	14079	14642	15067	15375
丹麦	学前	5323	5320	5208	5594	6382	8785	9454	14148
	小学	8081	8513	8798	9176	10080	11166	10935	9434
	中学	8849	9407	9662	9675	10720	11036	11747	10937
	大学	15225	14959	15391	16466	17634	18556	18977	21254

续表

国家	教育类型	2004 年	2005 年	2006 年	2007 年	2008 年	2009 年	2010 年	2011 年
芬兰	学前	4282	4395	4544	4789	5334	5553	5372	5700
	小学	5581	5557	5899	6234	7092	7368	7624	8159
	中学	7441	7324	7533	7829	8659	8947	9162	9792
	大学	12505	12285	12845	13566	15402	16569	16714	18002
美国	学前	7896	8301	8867	9394	10070	8396	10020	10010
	小学	8805	9156	9709	10229	9982	11109	11193	10958
	中学	9938	10390	10821	11301	12097	12550	12464	12731
	大学	22476	24370	25109	27010	29910	29201	25576	26021
英国	学前	7924	6420	7335	7598	7119	6493	7047	9692
	小学	5941	6361	7732	8222	8758	9088	9369	9857
	中学	7090	7167	8763	8892	9487	10013	10452	9649
	大学	11484	13506	15447	15463	15310	16338	15862	14223
意大利	学前	5971	6139	7083	7191	8187	7948	7177	7868
	小学	7390	6835	7716	7383	8671	8669	8296	8448
	中学	7843	7648	8495	8004	9315	9112	8607	8585
	大学	7723	8026	8725	8673	9553	9562	9580	9990
瑞典	学前	4417	4852	5475	5666	6519	6549	6582	6915
	小学	7469	7532	7699	8338	9080	9382	9987	10295
	中学	8039	8198	8496	9143	9940	10050	10185	10938
	大学	16218	15946	16991	18361	20014	19961	19562	20818
西班牙	学前	4617	5015	5372	6138	6708	6946	6685	6725
	小学	4965	5502	5970	6533	7184	7446	7291	7288
	中学	6701	7211	7955	8730	9792	10111	9608	9615
	大学	9378	10089	11087	12548	13366	13614	13373	13173

续表

国家	教育类型	2004 年	2005 年	2006 年	2007 年	2008 年	2009 年	2010 年	2011 年
挪威	学前	4327	5236	5625	5886	6572	6696	6610	6370
	小学	8533	9001	9486	9922	11077	11833	12255	12459
	中学	11109	10995	11435	11997	13070	13833	13852	13939
	大学	14997	15552	16235	17140	18942	19269	18512	18840
日本	学前	3945	4174	4389	4518	4711	5103	5550	5591
	小学	6551	6744	6989	7247	7491	7729	8353	8280
	中学	7615	7908	8305	8760	9092	9256	9957	9886
	大学	12193	12326	13418	14201	14890	15957	16015	16446
韩国	学前	2520	2426	3393	3909	4281	6047	6739	6861
	小学	4490	4691	4935	7247	5420	6658	6601	6976
	中学	6761	6645	7261	8760	7931	9399	8060	8199
	大学	7068	7606	8564	14201	9081	9513	9972	9927
德国	学前	5489	5508	5683	6119	6887	7862	—	8351
	小学	4948	5014	5362	5548	5929	6619	—	7579
	中学	7576	7636	7548	7841	8606	9258	—	10275
	大学	12255	12446	13016	13823	15390	15711	—	16723
瑞士	学前	3581	3853	4166	4506	4911	5147	5186	5267
	小学	8570	8469	8793	9211	9063	10597	11513	12907
	中学	12176	12861	13268	13982	17825	15645	14972	15891
	大学	21966	21734	22230	20883	21648	21577	21893	22882
新西兰	学前	5112	4778	5113	5185	7431	11202	11495	11088
	小学	5190	4780	4952	4675	5582	6812	6842	8084
	中学	6299	6278	6043	5933	6994	7960	8170	9312
	大学	8866	10262	9288	9905	10526	10619	10418	10582

附录5 中华人民共和国学前教育法草案（征求意见稿）

中华人民共和国学前教育法草案（征求意见稿）

2020年9月7日

第一章 总则

第一条（目的依据） 为了保障适龄儿童接受学前教育的权利，促进学前教育事业普及普惠安全优质发展，规范学前教育实施，提高全民素质，根据宪法和教育法，制定本法。

第二条（适用范围） 在中华人民共和国境内实施学前教育，适用本法。

本法所称学前教育是指由幼儿园等学前教育机构对三周岁到入小学前的学前儿童实施的保育和教育。

第三条（性质制度） 学前教育是学校教育制度的起始阶段，是国民教育体系的重要组成部分，是重要的社会公益事业。

国家实行三年学前教育制度。

第四条（方针目标） 实施学前教育应当坚持中国共产党的全面领导，全面贯彻国家教育方针，坚持社会主义办学方向，落实立德树人根本任务，遵循儿童身心发展规律，培育社会主义核心价值观，促进儿童德智体美劳全面发展，为培养担当民族复兴大任的时代新人奠定基础。

第五条（教育权利） 凡具有中华人民共和国国籍的适龄儿童，不分本人及其父母或者其他监护人的民族、种族、性别、户籍、职业、家庭财产状况、身体状况、受教育程度、宗教信仰等，依法享有平等接受学前教育的权利。

第六条（发展原则） 发展学前教育应当坚持政府主导，以政府举办为主，大力发展普惠性学前教育资源，鼓励、支持和规范社会力量参与。

第七条（政府责任） 国家普及学前教育，构建覆盖城乡、布局合理、公益普惠的学前教育公共服务体系。

国务院和地方各级人民政府应当依法履行职责，合理配置资源，缩小城乡之间、区域之间学前教育发展差距，为学前儿童接受学前教育提供条件和支持。

国家采取措施，支持革命老区、民族地区、边疆地区和贫困地区发展学前教育。

第八条（家庭责任） 父母或者其他监护人应当依法履行抚养与教育儿童的责任，尊重学前儿童身心发展规律和特点，创设良好家庭环境，科学开展家庭教育。

第九条（社会参与） 全社会应当为适龄儿童接受学前教育、健康成长创造良好环境。

公共博物馆、图书馆、美术馆、科技馆等公共文化服务机构应当提供适合学前儿童身心发展的公益性教育服务，按照有关规定对学前儿童免费或者优惠开放。

第十条（管理体制） 学前教育实行国务院领导，省、自治区、直辖市人民政府和设区的市、自治州人民政府统筹规划实施，县级人民政府为主管理的体制。

第十一条（鼓励教研） 国家鼓励和支持学前教育、儿童发展方面的科学研究，宣传、推广科学的教育理念和方法。

第十二条（表彰奖励） 各级人民政府和有关部门对在学前教育工作中做出突出贡献的社会组织和个人，按照国家有关规定给予表彰、奖励。

第二章 学前儿童

第十三条（儿童权利） 国家保障学前儿童的受教育权。

对学前儿童的教育应当坚持儿童优先和儿童利益最大化原则，尊重儿童人格，保障学前儿童享有游戏、受到平等对待的权利。

第十四条（入园保障） 学前儿童入幼儿园等学前教育机构接受学前教育，除必要的身体健康检查外，不得组织任何形式的考试或者测试。

第十五条（政府供给） 各级人民政府应当通过举办公办幼儿园、支持民办幼儿园提供普惠性学前教育服务，为学前儿童提供公平而有质量的学前教育。

地方人民政府及有关部门应当优先保证经济困难家庭的学前儿童、边远贫困地区的学前儿童接受普惠性学前教育服务。

第十六条（弱势群体） 国家建立学前教育资助制度，为经济困难家庭的学前儿童接受普惠性学前教育提供资助，保障孤儿、事实无人抚养儿童、特困人员中的儿童、家庭经济困难的残疾儿童接受免费学前教育。

第十七条（特别保护） 任何组织或者个人不得组织学前儿童参与商业性活动、竞赛类活动和其他违背学前儿童年龄特点、身心发展规律的活动。

第三章 幼儿园的规划与举办

第十八条（办园体制） 政府及其有关部门举办，或者军队、国有企业、人民团体、高等学校等事业单位、街道和村集体等集体经济组织等利用财政经费或者国有资产、集体资产举办的幼儿园为公办幼儿园。

前款规定以外的幼儿园为民办幼儿园，其中接受政府支持、执行收费政府指导价的非营利性民办幼儿园为普惠性民办幼儿园。省、自治区、直辖市或者设区的市、自治州人民政府制定普惠性民办幼儿园认定标准，由县级人民政府教育行政部门组织认定。

公办幼儿园和普惠性民办幼儿园为普惠性幼儿园，应当提供普惠性学前教育服务。政府可以向民办幼儿园购买普惠性学前教育服务。

第十九条（规划布局）　县级以上地方人民政府应当根据人口变化和城镇化发展趋势，以县级行政区划为单位制定幼儿园布局规划，将普惠性幼儿园建设纳入城乡公共管理和公共服务设施统一规划，列入本地区控制性详细规划和城市建设规划，并按照教育用地性质划拨土地，不得改变用途。

第二十条（配套建设）　新建居住社区（居住小区）、老城及棚户区改造、易地扶贫搬迁等应当按照国家和地方的相关标准配套建设幼儿园。建设开发单位应当保证配套幼儿园与首期建设的居民住宅区同步规划、同步设计、同步建设、同步验收、同步交付使用，并作为公共服务设施，产权移交地方人民政府，用于举办为公办幼儿园。

配套幼儿园不能满足本区域内适龄儿童入园需求的，县级人民政府应当通过新建、扩建，以及利用公共设施改建等方式统筹解决。

第二十一条（村镇体系）　地方人民政府应当加快构建农村学前教育公共服务体系，保证农村学前儿童接受普惠性学前教育。

公办乡镇中心幼儿园协助县级人民政府教育行政部门对本乡镇其他幼儿园进行管理，并提供业务指导。

第二十二条（单位办园）　鼓励支持企业事业单位、社会团体等举办幼儿园，为本单位职工子女接受学前教育提供便利，并为社会提供普惠性学前教育服务。

第二十三条（特殊教育）　县级以上地方人民政府应当根据本区域内残疾学前儿童的数量、类型和分布情况，统筹实施多种形式的学前特殊教育，推进融合教育。

幼儿园应当接收具有接受普通教育能力的残疾学前儿童入园。鼓励、支持有条件的特殊教育学校、儿童福利机构和康复机构设置幼儿园（班）。

第二十四条（设置条件） 设立幼儿园，应当具备下列基本条件：

（一）有组织机构和章程；

（二）有符合标准的园长、教师以及保育、卫生保健和其他工作人员；

（三）符合国家规定的选址要求，设置在安全区域内；

（四）有符合标准的园舍、安全设施设备及户外场地；

（五）有必备的办学资金和稳定的经费来源；

（六）符合法律法规规定的其他条件。

第二十五条（设立程序） 设立幼儿园应当由县级人民政府教育行政部门依法进行审批，取得办学许可后，按照有关法律、行政法规的规定进行相应法人登记。

第二十六条（举办限制） 任何组织或者个人不得利用财政经费、国有资产、集体资产举办或者支持举办营利性幼儿园。

公办幼儿园不得转制为民办幼儿园。公办幼儿园不得举办或者参与举办营利性民办幼儿园和其他教育机构。

第二十七条（逐利限制） 社会资本不得通过兼并收购、受托经营、加盟连锁、利用可变利益实体、协议控制等方式控制公办幼儿园、非营利性民办幼儿园。

幼儿园不得直接或者间接作为企业资产上市。上市公司及其控股股东不得通过资本市场融资投资营利性幼儿园，不得通过发行股份或者支付现金等方式购买营利性幼儿园资产。

第四章　保育与教育

第二十八条（保教原则） 幼儿园应当坚持保育与教育相结合的原则，面向全体儿童，尊重个体差异，注重习惯养成，以游戏为基本活动，创设良好的生活和活动环境，使学前儿童获得有益于身心发展的经验。

第二十九条（卫生保健） 幼儿园应当把保护儿童生命安全和身心健康放在首位，建立科学合理的一日生活制度，做好儿童营养膳食、体格锻炼、健康检查和幼儿园卫生消毒、传染病预防与控制、常见病预防与管理、食品安全等卫生保健管理工作，加强安全与健康教育，促进儿童身体正常发育和心理健康。

幼儿园对体弱和残疾学前儿童应当予以特殊照顾。

第三十条（安全保障） 幼儿园对学前儿童在园期间的人身安全负有保护责任，应当落实安全责任制相关规定，建立健全安全管理制度和安全责任制度，完善安全措施和应急反应机制。发生突发事件或者紧急情况，应当优先保护学前儿童人身安全，立即采取紧急救助和避险措施，并及时向有关部门报告。

禁止在幼儿园内设置危险建筑物和设施设备，禁止在幼儿园周边区域设置有危险、有污染、影响采光的建筑和设施。

幼儿园应当购买责任保险。有条件的地方可以引导、支持为学前儿童购买在园期间人身意外保险，分担安全风险。

第三十一条（保教内容） 幼儿园应当按照国家有关规定，根据学前儿童年龄特点和身心发展规律，科学实施保育与教育活动。

国务院教育行政部门制定幼儿园教育指导纲要和学前儿童学习与发展指南，地方各级人民政府教育行政部门依据职责组织实施，加强学前教育教研和业务指导。

第三十二条（保教方式） 幼儿园应当以儿童的生活为基础，最大限度地支持和满足儿童通过亲近自然、实际操作、亲身体验等方式获取经验的需要，促进儿童在健康、语言、社会、科学、艺术各方面协调发展。

幼儿园应当使用国家通用语言文字进行保育教育活动。

第三十三条（课程资源） 幼儿园应当配备符合国家和地方有关标准的玩具、教具和幼儿图画书，不得使用教科书。

在幼儿园推行使用的课程教学类资源应当依法进行审定，具体办法由国务院教育行政部门制定。

幼儿园应当充分利用家庭、社区教育资源，拓展儿童生活和学习空间。

第三十四条（家园共育） 幼儿园应当主动与父母或者其他监护人交流儿童身心发展状况，指导开展科学育儿。父母或者其他监护人应当积极配合、支持幼儿园开展保育教育。

第三十五条（幼小衔接） 幼儿园与小学应当互相衔接配合，共同帮助儿童做好入学准备和入学适应。

第三十六条（内部管理） 幼儿园实行园长负责制。幼儿园园长由其举办者或者决策机构依法任命或者聘任，并报主管教育行政部门备案。

幼儿园应当建立教职工大会制度或者教职工代表大会制度，依法加强民主管理和监督。幼儿园应当设立家长委员会，家长委员会参与幼儿园重大事项决策、日常管理与监督。

第三十七条（收费制度） 幼儿园收取的费用主要用于保育教育活动、保障教职工待遇和改善办园条件。各类收费应当专款专用。

幼儿园实行收费公示制度，收费项目和标准、服务内容、退费规则等应当向家长公示，接受社会监督。

第三十八条（经费管理） 幼儿园应当依法建立健全财务、会计及资产管理制度，合理使用经费，严格经费管理，提高经费使用效益。

幼儿园应当按照规定实行财务公开，接受审计和社会监督。民办幼儿园每年应当向当地教育行政部门和登记机关提交经审计的财务报告，并公布审计结果。

第三十九条（禁止行为） 幼儿园不得教授小学阶段的教育内容，不得开展违背学前儿童身心发展规律的活动。

幼儿园不得违反国家规定收取费用，不得向学前儿童及其家长组织征订教科书和教辅材料，推销或者变相推销商品、服务等。

校外培训机构等其他教育机构不得对学前儿童开展半日制或者全日制培训，不得实施前款规定的行为。

第五章 教师和其他工作人员

第四十条（教师权责） 幼儿园教师享有法律规定的权利，履行法律规定的义务。幼儿园教师应当热爱儿童，具备专业能力，为人师表，忠诚于学前教育事业。全社会应当尊重幼儿园教师。

第四十一条（教师资质） 国家实行幼儿园教师资格制度。

幼儿园教师应当取得幼儿园教师资格；已取得其他教师资格的，经省、自治区、直辖市人民政府教育行政部门组织的专业培训并取得合格证书后，方可在幼儿园任教。

第四十二条（职务评聘） 幼儿园教师职务分为初级、中级、副高级和正高级职务，由教育行政部门会同有关部门组织专门评聘。

幼儿园教师的职务评审标准应当符合学前教育的专业特点和要求。

第四十三条（园长资质） 国家实行幼儿园园长任职资格制度。幼儿园园长应当具有幼儿园教师资格、大学专科以上学历、五年以上幼儿园教师或者幼儿园管理工作经历，并经省级教育行政部门组织的园长岗位培训取得合格证书。

幼儿园园长实行园长职级制，具体办法由省、自治区、直辖市人民政府制定。

第四十四条（其他工作人员） 幼儿园应当按照标准配备保育员、卫生保健人员。

幼儿园根据需要聘用必要的财务、后勤服务、安全保卫和其他工作人员。

第四十五条（人员配备） 国务院教育行政部门会同有关部门制定幼儿园人员配备标准。省、自治区、直辖市人民政府制定公办幼儿园教职工基本编制标准，地方各级编制部门依据基本标准和配备标准核定公办幼儿园教职工编制并进行动态调整。

地方人民政府教育行政部门会同人力资源社会保障行政部门及时补充公办幼儿园教师，并应当优先满足少数民族地区、农村公办幼儿园的需要。

幼儿园及其举办者应当按照国家和地方相关标准配足配齐教师和其他工作人员。

第四十六条（职业规范） 幼儿园教师、保育员、卫生保健人员和其他工作人员应当身心健康，遵守法律、法规和职业道德规范，尊重、爱护和平等对待学前儿童。

第四十七条（聘任合同） 幼儿园教师实行聘任制。幼儿园应当与教职工签订聘用合同或者劳动合同，并报主管教育行政部门备案。

第四十八条（工资福利） 幼儿园及其举办者应当按照国家相关规定保障教师和其他工作人员的工资福利、社会保险待遇，改善工作和生活条件。

县级以上地方人民政府应当将公办幼儿园教师工资纳入财政保障范畴。民办幼儿园应当参照当地公办幼儿园同类教师工资收入水平合理确定教师薪酬标准，依法保障教师工资待遇，依法缴纳社会保险。

第四十九条（其他待遇） 幼儿园教师在职称评定、岗位聘任（用）等方面享有与中小学教师同等的待遇。符合条件的幼儿园教师可以按规定享受艰苦边远地区津贴、乡镇工作补贴等津贴、补贴。承担特殊教育任务的幼儿园教师按规定享受特殊教育津贴。

第五十条（从业禁止） 幼儿园聘用教师、保育员、卫生保健人员或者其他工作人员前，应当进行背景查询，有以下情形之一的，不得聘用：

（一）被剥夺政治权利或者有犯罪记录的；

（二）因实施虐待儿童、性侵害、性骚扰等行为被处以治安管理处罚或者行政处分的；

（三）有吸毒、酗酒、赌博等违法或者不良行为记录的；

（四）患有精神性疾病或者有精神病史的；

（五）有严重违反师德行为的；

（六）有其他可能危害儿童身心安全，不宜从事学前教育工作情形的。

幼儿园已经聘任前款规定人员的，应当依法予以开除或者解聘；对患有传染性疾病或者其他不适合从事学前教育工作疾病的，应当不予聘用；

在岗期间患病的应当立即离岗治疗，治愈后方可上岗工作。

有本条第一款规定行为的个人不得举办幼儿园，已经举办的，应当依法变更举办者。

第五十一条（师资培养） 省、自治区、直辖市人民政府应当根据普及学前教育的需要，制定学前教育师资培养规划，支持高等学校设立学前教育专业，提高培养层次，扩大培养规模。各级人民政府制定公费师范生培养计划，应当专项安排学前教育专业培养计划，并根据需要调整。

国务院教育行政部门应当制定高等学校学前教育专业设置标准、质量保证标准和课程教学标准体系，组织实施学前教育专业质量认证，建立培养质量保障机制。

第五十二条（在职培训） 县级以上人民政府教育行政部门应当制订幼儿园园长和教师的培训规划，建立培训支持服务体系，开展多种形式的专业培训。县级以上人民政府卫生健康部门应当会同有关部门制订并实施保育员和卫生保健人员的培训规划。

第六章 管理与监督

第五十三条（政府统筹） 省、自治区、直辖市以及设区的市、自治州人民政府负责统筹学前教育工作，健全投入机制，明确分担责任，制定政策并组织实施。县级人民政府对学前教育发展负主体责任，负责制定本地学前教育发展规划和幼儿园布局规划，负责公办幼儿园的建设、运行、教师配备补充和工资待遇保障，对幼儿园等学前教育机构进行监督管理。

乡（镇）政府、城市街道办事处应当支持本辖区内学前教育发展。

第五十四条（部门职责） 县级以上人民政府教育行政部门负责学前教育管理和业务指导工作，建立相应的管理机构，配备管理和教研人员，加强对学前教育的监督管理和科学指导。县级以上人民政府卫生行政部门负责幼儿园卫生保健的监督检查和业务指导工作。

县级以上人民政府及发展改革、财政、编制、人力资源社会保障、自然资源、住房城乡建设、民政、市场监管等相关职能部门在各自职责范围内负责学前教育管理工作，履行规划制定、资源配置、经费投入、人员配备、待遇保障、幼儿园登记等方面责任，依法加强对幼儿园举办、教职工配备、收费行为、安全防护、经费使用、财务管理等方面的监管。

第五十五条（安全管理） 县级人民政府及相关部门应当加强对幼儿园安全保卫的监督，维护幼儿园周边秩序，及时排查和消除安全隐患，建立幼儿园安全风险防控体系，依法保障学前儿童与幼儿园的安全。

第五十六条（收费管理） 省、自治区、直辖市人民政府制定幼儿园收费管理办法，根据办园成本、经济发展水平和群众承受能力等因素，合理确定公办幼儿园收费标准、普惠性民办幼儿园最高收费标准和其他非营利性民办幼儿园的收费政府指导价，并建立定期动态调整机制。

营利性民办幼儿园收费标准由幼儿园根据核算的生均成本合理确定。省、自治区、直辖市人民政府可以根据实际制定具体办法，对举办者获得收益的合理范围作出规定。

县级以上地方人民政府及相关部门依法对营利性民办幼儿园实行价格指导和成本审核，加强对公办幼儿园和非营利性幼儿园收费的监管，遏制超成本过高收费。

第五十七条（经费管理） 县级以上人民政府应当建立健全学前教育经费预算管理和审计监督制度。

任何组织和个人不得侵占、挪用学前教育经费，不得向幼儿园非法收取或者摊派费用。

第五十八条（信息公示） 县级人民政府教育行政部门应当健全各类幼儿园基本信息备案及公示制度，建立信息公示平台，定期向社会公布并更新政府学前教育财政投入、幼儿园规划举办等方面的信息，以及各类幼儿园教师和其他工作人员的资质和配备、招生、经费收支、收费标准、保育教育质量等方面信息。

第五十九条（督导问责）　县级以上人民政府教育督导机构对本级政府有关职能部门和下级人民政府履行学前教育发展责任和管理职责情况进行督导。

县级以上地方人民政府教育督导机构负责对所辖区域内幼儿园的办园行为进行督导。

督导报告应当定期向社会公开。

第六十条（质量监测）　国务院教育行政部门制定幼儿园保教质量评估指南。省、自治区、直辖市人民政府教育行政部门应当完善幼儿园质量评估标准，健全幼儿园质量评估监测体系，将各类幼儿园纳入质量评估范畴，并向社会公布评估结果。

第七章　投入与保障

第六十一条（投入机制）　学前教育实行政府投入为主、家庭合理负担，其他多渠道筹措经费的机制。幼儿园经费由举办者依法筹措，确保稳定的经费来源。

国务院和地方各级人民政府应当逐步提高学前教育财政投入和支持水平，保证学前教育财政经费在同级教育财政经费中占合理比例。

第六十二条（财政分担）　学前教育财政补助经费按照事权划分的原则列入各级预算。

国务院和省、自治区、直辖市人民政府统筹安排学前教育资金，重点扶持农村地区、革命老区、边疆地区、民族地区和贫困地区发展学前教育。

第六十三条（经费保障）　地方各级人民政府应当科学核定办园成本，以提供普惠性学前教育服务为衡量标准，统筹制定财政补助和收费政策，合理确定分担比例。

省、自治区、直辖市人民政府制定并落实公办幼儿园生均财政拨款标准或者生均公用经费标准，以及普惠性民办幼儿园生均财政补助标准。

残疾学前儿童的生均财政拨款标准和生均公用经费标准应当考虑保育教育和康复需要适当提高。

第六十四条（支持普惠） 地方人民政府应当通过财政补助、政府购买服务、减免租金、派驻公办教师、培训教师、教研指导等多种方式，支持普惠性民办幼儿园发展。

第六十五条（社会投入） 国家鼓励企业事业单位、社会团体及其他社会组织和个人向学前教育捐赠。

第八章　法律责任

第六十六条（政府责任） 国务院有关部门和地方各级人民政府违反本法的规定，未履行学前教育管理和保障职责的，由国务院或者上级人民政府责令限期改正；情节严重的，对直接负责的主管人员和其他直接责任人员依法给予处分。

第六十七条（领导责任） 有下列情形之一的，由上级人民政府或者有关部门根据职责分工，责令限期改正；情节严重的，对直接负责的主管人员和其他直接责任人员依法给予处分：

（一）未按照规定制订、调整幼儿园布局规划，未按规定规划居住区配套幼儿园，或者将新建居住社区配套幼儿园办成营利性民办幼儿园的；

（二）未按规定划拨普惠性幼儿园建设用地，或者幼儿园建设不符合国家规定的办园标准、选址要求和建设标准的；

（三）未按规定核定教师编制、及时补充公办幼儿园教师的；

（四）未按照规定制定并落实公办幼儿园生均财政拨款标准或者生均公用经费标准、普惠性民办幼儿园补助标准的；

（五）利用财政资金、国有资产、集体资产举办营利性幼儿园，或者改变、变相改变公办幼儿园性质的；

（六）截留、挤占或者挪用幼儿园经费，或者向幼儿园非法收取或者摊派费用的。

第六十八条（建设责任） 居住社区（居住小区）建设开发单位未按照规定建设、移交居住区配套幼儿园，或者改变居住区配套幼儿园性质和用途的，由县级以上地方人民政府责令限期改正；拒不改正的，责令限期补交出让金；拒不补交的，可以申请人民法院强制执行。

第六十九条（擅自举办） 擅自举办幼儿园或者招收学前儿童实施半日制、全日制培训的，由县级人民政府责令停止改正，并给予1万元以上20万元以下罚款；有违法所得的，没收违法所得；非法举办幼儿园或者非法实施学前教育的组织和个人，以及侵害幼儿园权益或者不履行本法职责的幼儿园举办者、实际控制人纳入联合惩戒名单，五年内不得申请举办幼儿园。

第七十条（机构责任） 幼儿园违反本法有下列情形之一的，由县级以上地方人民政府有关主管部门责令限期改正，情节严重的给予停止招生、吊销办学许可的处罚：

（一）因管理疏忽或者放任发生虐待、体罚或者变相体罚、侮辱、性侵害等损害学前儿童身心健康的行为的；

（二）开展违背学前儿童身心发展规律活动的；

（三）未及时消除安全隐患，发生安全责任事故的；

（四）未按规定配备幼儿园教师和其他工作人员的，或者聘用不符合本法规定人员的；

（五）未按规定保障教职工工资福利待遇的；

（六）违反国家和地方规定收取费用的，克扣、挪用伙食费的；

（七）违规取得办学收益的；

（八）提供虚假文件或者信息，发布虚假招生简章的；

（九）违规开展小学学科内容及其他不符合学前儿童身心发展水平内容培训的。

幼儿园举办者、实际控制人通过前款行为获得违法所得的，没收违法所得，并可给予违法所得额 1 倍以上 5 倍以下的罚款；构成犯罪的，依法追究刑事责任。

第七十一条（逐利责任） 上市公司有下列行为之一的，由上市公司的管理部门责令改正，有违法所得的，没收违法所得，并可处以 30 万元以上 100 万元以下罚款；对直接责任人员和上市公司实际控制人、控股股东给予警告等处罚：

（一）将幼儿园资产直接或者间接作为企业资产上市的；

（二）通过资本市场融资投资营利性幼儿园的；

（三）通过发行股份或者支付现金等方式购买营利性幼儿园资产的。

第七十二条（人员责任） 幼儿园教师及其他工作人员有下列情形之一的，由主管部门视情节给予当事人及幼儿园负责人处分；情节严重的，撤销其资格证书，终身不得从业；构成违反治安管理行为的，由公安机关依法给予治安管理处罚；构成犯罪的，依法追究刑事责任：

（一）体罚或者变相体罚儿童的；

（二）歧视、侮辱、虐待、性侵害儿童的；

（三）违反职业道德、职业规范或者以其他手段损害儿童身心健康，造成不良后果的；

（四）不具有从业资质、未获得任职资格而担任教师职务的。

第七十三条（侵权责任） 违反本法，有下列情况之一的，依照有关法律、行政法规的规定予以处罚；造成人身财产损失或者其他损害的，依法承担民事责任；构成犯罪的，依法追究刑事责任：

（一）侵犯幼儿园教职工、学前儿童合法权益的；

（二）侵占或者破坏幼儿园的校舍、场地、教学设备等财产的；

（三）在幼儿园周边区域设置有危险、有污染、影响幼儿园采光的建筑和设施的；

（四）影响幼儿园正常保教秩序的；

（五）其他侵害幼儿园及其教职工、学前儿童合法权益的行为。

第九章 附则

第七十四条（其他适用） 小学、特殊教育学校、儿童福利机构、康复机构等附设的幼儿园（班）等学前教育机构适用本法。

第七十五条（实施日期） 本法自 年 月 日起实施。

参考文献

1. 鲍威:《大学的门槛:升学选择背后的约束因素与分析》,《教育发展研究》2010年第17期。

2. 边雅静、沈利生:《人力资本对我国东西部经济增长影响的实证分析》,《数量经济技术经济研究》2004年第12期。

3. 蔡昉:《人口转变、人口红利与刘易斯转折点》,《经济研究》2010年第4期。

4. 蔡迎旗、冯晓霞:《政府财政投资幼儿教育的合理性——来自国外的教育经济学分析》,《比较教育研究》2007年第4期。

5. 陈纯槿、范洁琼:《我国学前教育综合发展水平的省际比较与分析》,《学前教育研究》2018年第12期。

6. 陈纯槿、柳倩:《学前教育对学生15岁时学业成就的影响——基于国际学生评估项目上海调查数据的准实验研究》,《学前教育研究》2017年第1期。

7. 陈光、刘颖、李仕明等:《高等教育贡献率研究的理论模型与实证分析》,《中国高教研究》2011年第3期。

8. 崔玉平:《教育对经济增长贡献率的估算方法综述》,《清华大学教育研究》1999年第1期。

9. 崔玉平:《中国高等教育对经济增长率的贡献》,《北京师范大学学报》(社会科学版)2000年第1期。

10. 崔世泉、袁连生、田志磊:《政府在学前教育发展中的作用——来自经济学理论和实践经验的分析》,《学前教育研究》2011 年第 5 期。

11. 邸俊鹏、袁燕、张馨月:《教育程度、消费倾向与消费结构——基于分位数回归的实证分析》,《上海经济研究》2019 年第 2 期。

12. 丁小浩:《我国专科与本科毕业生在劳动力市场上的相对位置和比较优势分析》,《北京大学教育评论》2004 年第 2 期。

13. 杜凤莲、董晓媛:《转轨期女性劳动参与和学前教育选择的经验研究:以中国城镇为例》,《世界经济》2010 年第 2 期。

14. 杜凤莲、张胤钰、董晓媛:《儿童照料方式对中国城镇女性劳动参与率的影响》,《世界经济文汇》2018 年第 3 期。

15. 杜凤莲:《家庭结构、儿童看护与女性劳动参与:来自中国非农村的证据》,《世界经济文汇》2008 年第 2 期。

16. 杜育红、赵冉:《教育对经济增长的贡献——理论与方法的演变及其启示》,《北京师范大学学报》(社会科学版)2020 年第 4 期。

17. 杜育红:《人力资本理论:演变过程与未来发展》,《北京大学教育评论》2020 年第 1 期。

18. 方超、黄斌:《学前教育对青少年成就发展的影响——基于 CEPS 数据的实证研究》,《教育学报》2020 年第 1 期。

19. 方晨晨:《家庭背景、课外补习与学生非认知能力的关系研究——基于中国教育追踪调查数据的经验证据》,《当代教育论坛》2018 年第 4 期。

20. 方海永:《受教育程度和城镇居民消费水平关系的研究——从人均收入, 人均支出, 消费结构三个方面》,《企业技术开发》(中旬刊) 2012 年第 2 期。

21. 丰璐、孙立建:《基于 GARCH 模型族的外汇汇率的波动性分析》,《统计与决策》2009 年第 7 期。

22. 封进、艾静怡、刘芳:《退休年龄制度的代际影响——基于子代生育时间选择的研究》,《经济研究》2020 年第 9 期。

23. 盖笑松、闫裕：《国外社会经济地位不利儿童的发展促进项目》，《外国教育研究》2007 年第 12 期。

24. 甘肃省社会科学院历史研究室：《陕甘宁革命根据地史料选辑（第一辑）》，甘肃人民出版社，1981。

25. 高雪姮、闵维方：《学前教育对婚育女性劳动参与的影响》，《大学教育评论》2022 年第 2 期。

26. 龚欣、李贞义：《学前教育经历对初中生非认知能力的影响：基于 CEPS 的实证研究》，《教育与经济》2018 年第 4 期。

27. 龚欣、曲海滢：《高质量学前教育体系：基本构成、主要特征及建设路径》，《现代教育管理》2021 年第 11 期。

28. 谷晶双：《学龄前儿童照管方式对女性劳动供给的影响研究》，《中央财经大学学报》2020 年第 12 期。

29. 顾昕、赵琦：《经济全球化与中国地方政府教育支出——基于省级面板数据的实证分析》，《教育研究》2019 年第 10 期。

30.《关于人民公社若干问题的决议（中国共产党第八届中央委员会第六次全体会议通过）》，《中国农业科学》1959 年第 1 期。

31. 郭丛斌、闵维方：《家庭经济和文化资本对子女教育机会获得的影响》，《高等教育研究》2006 年第 11 期。

32. 郭丛斌、侯华伟：《教育规模及教育机会公平对收入分配的影响》，《教育科学》2005 年第 2 期。

33. 郭丛斌、闵维方：《中国城镇居民教育与收入代际流动的关系研究》，《教育研究》2007 年第 5 期。

34. 郭庆科、姜增生：《情绪与社会能力测评与培养的重要意义》，《教育科学》2009 年第 2 期。

35. 国家统计局：《中国统计年鉴 2021》，中国统计出版社，2021。

36. 杭永宝：《中国教育对经济增长贡献率分类测算及其相关分析》，《教育研究》2007 年第 2 期。

37. 贺丹、张许颖、庄亚儿等:《2006~2016年中国生育状况报告——基于2017年全国生育状况抽样调查数据分析》,《人口研究》2018年第6期。

38. 胡江南:《教育对居民消费结构的影响分析》,湖南师范大学,硕士学位论文,2017。

39. 黄国英、谢宇:《认知能力与非认知能力对青年劳动收入回报的影响》,《中国青年研究》2017年第2期。

40. 加里·斯坦利·贝克尔:《家庭论》,王献生、王宇译,商务印书馆,2005。

41. 贾晋、李雪峰、王慧:《赢在起跑线?——学前教育经历与青少年多维能力发展的实证研究》,《教育与经济》2018年第6期。

42. 江涛:《舒尔茨人力资本理论的核心思想及其启示》,《扬州大学学报》(人文社会科学版)2008年第6期。

43. 江夏:《"准公共产品"抑或"公共服务"——不同视域中的学前教育属性及其供给差异》,《教育理论与实践》2017年第11期。

44. 姜猛:《舒尔茨人力资本投资理论对我国的启示》,《现代经济信息》2016年第10期。

45. 姜勇、李芳、庞丽娟:《普惠性学前教育的内涵辨析与发展路径创新》,《学前教育研究》2019年第11期。

46. 金锐锋:《学龄前儿童照料支持对职业女性二孩生育意愿的影响研究》,南京大学,硕士学位论文,2021。

47. 凯恩斯:《就业、利息和货币通论》,高鸿业译,商务印书馆,1999。

48. 寇崇玲:《红色的政权的第一个托幼文献及其实施》,《幼儿教育》1986年第6期。

49. 乐君杰、胡博文:《非认知能力对劳动者工资收入的影响》,《中国人口科学》2017年第4期。

50. 李春玲:《文化水平如何影响人们的经济收入——对目前教育的经

济收益率的考查》，《社会学研究》2003 年第 3 期。

51. 李放、马洪旭：《中国共产党百年托幼服务供给研究：变迁历程、演进逻辑与未来展望》，《社会保障研究》2021 年第 5 期。

52. 李红伟：《中国城镇居民家庭教育消费实证研究》，《教育与经济》2000 年第 4 期。

53. 李军凯：《大学生就业能力的结构及影响因素研究》，《中国青年研究》2012 年第 11 期。

54. 李玲、蒋洋梅、孙倩文：《新人力资本理论下学前教育经历对初中生能力发展的影响》，《学前教育研究》2020 年第 1 期。

55. 李炜、岳昌君：《2007 年高校毕业生就业影响因素分析》，《清华大学教育研究》2009 年第 1 期。

56. 李宪印、杨娜、刘钟毓：《大学生学业成就的构成因素及其实证研究——以地方普通高等学校为例》，《教育研究》2016 年第 10 期。

57. 李晓曼、曾湘泉：《新人力资本理论——基于能力的人力资本理论研究动态》，《经济学动态》2012 年第 11 期。

58. 李晓曼、于佳欣、代俊廷等：《生命周期视角下新人力资本理论的最新进展：测量，形成及作用》，《劳动经济研究》2019 年第 6 期。

59. 李舟、周超：《对舒尔茨人力资本理论的理解与思考》，《江南论坛》2019 年第 6 期。

60. 李晖：《学前教育普惠性研究综述》，《教育研究与实验》2015 年第 5 期。

61. 《联合国儿基会报告显示仅 15 国制定儿童早期发展政策》，《中国教育报》2017 年 9 月 29 日。

62. 林小莉、孙伦轩：《教育如何影响人们的品牌消费态度——以主观社会经济地位为中介的实证考察》，《教育文化论坛》2018 年第 4 期。

63. 刘斌、赵晓斐：《制造业投入服务化与女性就业》，《中南财经政法大学学报》2020 年第 1 期。

64. 刘国艳、陈圆圆、陈玮玮:《教育公平视角下不同家庭背景幼儿教育机会获得研究——基于深圳市的实证调查数据》,《教育与经济》2016年第5期。

65. 刘建发、吴传毅:《学前教育财政投入立法的思考》,《北京行政学院学报》2012年第1期。

66. 刘金菊:《中国城镇女性的生育代价有多大?》,《人口研究》2020年第2期。

67. 刘靖:《对隔代抚养家庭儿童亲子关系的社会工作实务研究》,吉林大学,硕士学位论文,2014。

68. 刘丽:《国外幼儿教育理论研究述要》,《学术界》2014年第5期。

69. 刘强:《人力资本对技术创新全要素生产率增长的实证研究》,江西财经大学,硕士学位论文,2017。

70. 刘焱:《普惠性幼儿园发展的路径与方向》,《教育研究》2019年第3期。

71. 刘焱、赵军海、张丽:《学前一年教育效能的增值评价研究》,《教育学报》2013年第3期。

72. 刘智勇、李海峰、胡永远等:《人力资本结构高级化与经济增长——兼论东中西部地区差距的形成和缩小》,《经济研究》2018年第3期。

73. 罗容海:《卢乐山:新中国幼教拓荒者》,《光明日报》2012年12月17日。

74. 马静:《女性劳动参与率影响因素的实证分析》,复旦大学,硕士学位论文,2011。

75.《马克思恩格斯全集(中文版)》,人民出版社,1972。

76. 马骁、徐浪:《我国高等教育对经济增长贡献的数量研究》,《对外经济贸易大学学报》(国际商务版)2002年第3期。

77. 毛盛勇、刘一颖:《高等教育劳动力与中国经济增长——基于1999-2007年的面板数据分析》,《统计研究》2010年第5期。

78. 毛中根、孙武福、洪涛:《中国人口年龄结构与居民消费关系的比较分析》,《人口研究》2013年第3期。

79. 闵维方、丁小浩、文东茅等:《2005年高校毕业生就业状况的调查分析》,《高等教育研究》2006年第1期。

80. 闵维方、余继、吴嘉琦:《教育在扩大内需拉动经济增长中的作用》,《教育研究》2021年第5期。

81. 闵维方:《教育促进经济增长的作用机制研究》,《北京大学教育评论》2017年第3期。

82. 闵维方、马莉萍编著《教育经济学》,北京大学出版社,2020。

83. 闵维方:《人力资本理论的形成、发展及其现实意义》,《北京大学教育评论》2020年第1期。

84. 欧文·费雪:《资本和收入的性质》,谷宏伟、卢欣译,商务印书馆,2017。

85. 潘崇、马晓雪:《清末女子教育发展的困境——以湖北幼稚园附设女学堂为例》,《河南理工大学学报》(社会科学版)2009年第2期。

86. 庞丽娟、洪秀敏主编《中国学前教育发展报告》,北京师范大学出版社,2012。

87. 庞丽娟、胡娟、洪秀敏:《论学前教育的价值》,《学前教育研究》2003年第1期。

88. 庞丽娟、孙美红、王红蕾:《建立我国面向贫困地区和弱势儿童的学前教育基本免费制度的思考与建议》,《教育研究》2016年第10期。

89. 庞丽娟:《中国教育改革30年:学前教育卷》,北京师范大学出版社,2009。

90. 庞丽娟、王红蕾、杨大伟:《创新完善我国普惠性民办园政策:新时代的思考与建议》,《中国教育学刊》2021年第11期。

91. 彭俊英、高群、肖杰:《西部农村幼儿园教育效益分析与政策建议》,《学前教育研究》2011年第7期。

92. 彭雅南、杜德斌、陈建成:《代际依赖、代际支持与女性劳动参与——基于 CFPS 数据的分析》,《生产力研究》2021 年第 5 期。

93. 齐明珠:《我国 2010~2050 年劳动力供给与需求预测》,《人口研究》2010 年第 5 期。

94. 裘指挥、张丽、胡新宁:《农村地区构建学前教育公共服务体系的成效、问题与对策——基于中部地区 N 市的调研》,《教育研究》2016 年第 6 期。

95. 秦旭芳、王默:《学前教育普惠政策的价值分析》,《教育研究》2011 年第 12 期。

96. 沈德立:《非智力因素的理论与实践》,教育科学出版社,1997。

97. 沈可、章元、鄢萍:《中国女性劳动参与率下降的新解释:家庭结构变迁的视角》,《人口研究》2012 年第 5 期。

98. 史慧中:《中华人民共和国幼儿教育 50 年大事记 (一) 社会主义改造时期的幼儿教育 (上)》,《幼儿教育》1999 年第 10 期。

99. 史丽晶、吴珍妮、刘建新:《高中分层教学的实施现状与对策——以重庆市两所高中为例》,《教育导刊》2010 年第 8 期。

100. 史薇:《隔代照料对城市双职家庭婴幼儿照护服务需求的影响——兼论家庭经济收入的调节效应》,《消费经济》2019 年第 6 期。

101. 斯蒂芬·P.罗宾斯:《组织行为学 (第 10 版)》,孙健敏、李原译,中国人民大学出版社,2005。

102. 斯特鲁米林:《国民经济的教育意义》,《计划经济》(俄文版)1924 年第 9 期。

103. 宋健、周宇香:《中国已婚妇女生育状况对就业的影响——兼论经济支持和照料支持的调节作用》,《妇女研究论丛》2015 年第 4 期。

104. 宋乃庆、郑文虎、江长州:《我国学前教育投入对经济增长的贡献率研究》,《教育与教学研究》2019 年第 5 期。

105. 宋月萍:《照料责任的家庭内化和代际分担:父母同住对女性劳

动参与的影响》,《人口研究》2019 年第 3 期。

106. 宋占美、刘小林:《城市低收入家庭学前教育投资现状及其政策补偿建议》,《学前教育研究》2013 年第 3 期。

107. 宋伟、袁爱玲:《正确认识学前教育普惠性的内涵》,《教育导刊》(下半月)2012 年第 6 期。

108. 索长清:《普惠性学前教育政策的价值诉求》,《教育导刊》(下半月)2013 年第 3 期。

109. 唐科莉:《OECD: 促进社交和情感技能培养》,《基础教育参考》2015 年第 21 期。

110. 唐一鹏、王维懿、胡咏梅:《学前教育与未来学业成就——基于PISA2012 的实证研究》,《外国教育研究》2016 年第 5 期。

111. 陶涛、刘雯莉、孙铭涛:《代际交换、责任内化还是利他主义——隔代照料对老年人养老意愿的影响》,《人口研究》2018 年第 5 期。

112. 田景正、刘莹:《民国中后期我国学前教育的平民化试验探索》,《教育文化论坛》2019 年第 3 期。

113. 田青、马健、高铁梅:《我国城镇居民消费影响因素的区域差异分析》,《管理世界》2008 年第 7 期。

114. 田艳芳、卢诗语、张苹:《儿童照料与二孩生育意愿——来自上海的证据》,《人口学刊》2020 年第 3 期。

115. 涂荣珍、张雯闻、黄大乾:《学前教育的价值与不平等现状：基于CEPS 的实证研究》,《学前教育研究》2017 年第 10 期。

116. 王春超、钟锦鹏:《同群效应与非认知能力——基于儿童的随机实地实验研究》,《经济研究》2018 年第 12 期。

117. 王春元:《政府教育支出分配、经济增长及教育政策取向》,《财经论丛》2010 年第 3 期。

118. 王广州:《中国劳动力就业状况及变化特征研究》,《中国人口科学》2020 年第 2 期。

119. 王海英：《从特权福利到公民权利——解读〈国务院关于当前发展学前教育的若干意见〉中的普惠性原则》，《幼儿教育》2011 年第 Z3 期。

120. 王晶、杨小科：《城市化过程中家庭照料分工与二孩生育意愿研究》，《公共行政评论》2017 年第 2 期。

121. 王蕾、贤悦、张偲琪等：《中国农村儿童早期发展：政府投资的效益——成本分析》，《华东师范大学学报》(教育科学版)2019 年第 3 期。

122. 王明杰、郑一山：《西方人力资本理论研究综述》，《中国行政管理》2006 年第 8 期。

123. 王蓉、丁小浩、岳昌君等：《努力构筑我国公共教育财政体制》，《教育发展研究》2003 年第 Z1 期。

124. 王善迈：《社会主义市场经济条件下的教育资源配置方式》，《教育与经济》1997 年第 3 期。

125. 王亚楠、钟甫宁：《1990 年以来中国人口出生水平变动及预测》，《人口与经济》2017 年第 1 期。

126. 王艺芳、姜勇：《我国普惠性学前教育公共服务发展水平的测评与分析》，《湖南师范大学教育科学学报》2022 年第 4 期。

127. 王增武、张晓东：《人力资本理论文献综述》，《江苏师范大学学报》(哲学社会科学版)2022 年第 3 期。

128. 吴春颖、王晓芬：《公平与效率：处境不利儿童学前教育的社会经济价值》，《教育评论》2020 年第 8 期。

129. 吴荔红：《学前教育的比较研究与国际借鉴——"入园难，入园贵"问题之策》，《求索》2010 年第 12 期。

130. 西奥多·W. 舒尔茨：《论人力资本投资》，吴珠华等译，北京经济学院出版社，1990。

131. 西奥多·W. 舒尔茨：《人力投资：人口质量经济学》，贾湛、施伟等译，华夏出版社，1990。

132. 肖雅勤：《隔代照料对老年人健康状况的影响——基于 CHARLS

的实证研究》，《社会保障研究》2017 年第 1 期。

133. 熊明安、周洪宇：《中国近现代教育实验史》，山东教育出版社，2001。

134. 熊瑞祥、李辉文：《儿童照管、公共服务与农村已婚女性非农就业——来自 CFPS 数据的证据》，《经济学》(季刊)2017 年第 1 期。

135. 徐晓：《学前教育财政投入对女性就业的促进效应——基于我国省级面板数据的实证检验》，《财政科学》2021 年第 9 期。

136. 雅各布·明塞尔：《人力资本研究》，张凤林译，中国经济出版社，2001。

137. 杨建芳、龚六堂、张庆华：《人力资本形成及其对经济增长的影响——一个包含教育和健康投入的内生增长模型及其检验》，《管理世界》2006 年第 5 期。

138. 杨婷婷：《教育投入与我国经济发展研究》，中国社会科学院研究生院，博士学位论文，2020。

139. 叶茂林、郑晓齐、王斌：《教育对经济增长贡献的计量分析》，《数量经济技术经济研究》2003 年第 1 期。

140. 殷俊、周翠俭：《基于儿童照顾福利的城镇女性就业权益保障问题探析》，《社会保障研究》2020 年第 6 期。

141. 喻本伐：《中国幼儿教育史》，大象出版社，2000。

142. 袁玉芝、赵仪：《学前教育对初中生认知能力的影响研究——基于 CEPS 数据的经验分析》，《教育科学研究》2019 年第 11 期。

143. 岳爱、蔡建华、白钰等：《中国农村贫困地区 0—3 岁婴幼儿面临的挑战及可能的解决方案》，《华东师范大学学报》(教育科学版)2019 年第 3 期。

144. 岳昌君、文东茅、丁小浩：《求职与起薪：高校毕业生就业竞争力的实证分析》，《管理世界》2004 年第 11 期。

145. 赫克曼、罗斯高：《世界经验对中国儿童早期发展的启示——罗

斯高 (Scott Rozelle) 与詹姆斯·赫克曼 (James Heckman) 的问答录》,《华东师范大学学报》(教育科学版)2019 年第 3 期。

146. 詹鹏、毛逸波、李实:《城镇女性劳动供给长期趋势研究：来自教育扩张和生育行为的解释》,《中国工业经济》2021 年第 8 期。

147. 张碧钰:《幼儿教育对个体认知能力发展的影响》,浙江大学,硕士学位论文,2020。

148. 张纯:《战时儿童保育会研究 (1938~1946)》,华中师范大学,博士学位论文,2013。

149. 张帆:《中国的物质资本和人力资本估算》,《经济研究》2000 年第 1 期。

150. 张冀飞、黄洪:《学前教育财政投入的国际经验研究——基于 OECD 主要发达国家的分析》,《现代教育管理》2016 年第 11 期。

151. 张荐华、薛勇军:《人力资本对经济增长贡献的计量分析——以云南省为例》,《思想战线》2009 年第 6 期。

152. 张学敏、何酉宁:《受教育程度对居民消费影响研究》,《教育与经济》2006 年第 3 期。

153. 张杨波:《代际冲突与合作——幼儿家庭照料类型探析》,《学术论坛》2018 年第 5 期。

154. 曾泉毅:《公共产品背景下政府发展学前教育的经济分析》,《特区经济》2014 年第 4 期。

155. 曾晓东、范昕、周惠:《学前教育困惑与抉择——入园何时不再难》,江苏教育出版社,2011。

156. 郑子莹:《我国学前教育普惠性概念的建构及政府责任》,《四川教育学院学报》2012 年第 11 期。

157. 郑磊、翁秋怡、龚欣:《学前教育与城乡初中学生的认知能力差距——基于 CEPS 数据的研究》,《社会学研究》2019 年第 3 期。

158. 中国经济增长前沿课题组:《中国经济转型的结构性特征、风险与效率提升路径》，《经济研究》2013 年第 10 期。

159. 中国学前教育研究会编《中华人民共和国幼儿教育重要文献汇编》，北京师范大学出版社，1999。

160. 中华人民共和国教育部计划财务司编《中国教育成就统计资料（1949—1983）》，人民教育出版社，1984。

161. 周国富、李时兴：《基于教育阶段性特征的内生增长模型及其检验》，《统计与决策》2012 年第 9 期。

162. 周浩波主编《区域学前教育多元化发展模式研究》，辽宁人民出版社，2015。

163. 周新芳：《人力资本理论文献综述》，《现代经济信息》2008 年第 1 期。

164. 周垚：《学前教育机会与义务教育结果不平等——来自 CEPS 的经验证据》，《学前教育研究》2020 年第 1 期。

165. 朱智贤：《儿童心理学》，人民教育出版社，2003。

166. A.Bandura, Self-efficacy: Toward a Unifying Theory of Behavioral Change[J]. *Psychological Review*, 1977, 84(2): 191.

167. A.Barandiaran, A. Muela,E.L.de Arana, et al., Exploratory Behaviour, Emotional Well Being and Childcare Quality in Preschool Education[J]. *Anales de Psicología*, 2015, 31(2): 570-578.

168. A.J.Reynolds, J.A.Temple, S.R.Ou, et al., School-based Early Childhood Education and Age-28 Well-being: Effects by Timing, Dosage, and Subgroups[J]. *Science*, 2011, 333(6040): 360-364.

169. A.J.Reynolds, S.R.Ou, J.W.Topitzes, Paths of Effects of early Childhood Intervention on Educational Attainment and Delinquency: A Confirmatory Analysis of the Chicago Child‐Parent Centers[J]. *Child Development*, 2004, 75(5): 1299-1328.

170. A.Mingat, J.P.Tan, Education in Asia[J].The World Bank,

Washington D.C. 1992:76.

171. A.R.Jensen, How Much Can We Boost IQ and Scholastic Achievement?[J]. *Harvard Educational Review*, 1969, 39 (1): 1-123.

172. A.Rolnick, R.Grunewald, Early Childhood Development: Economic Development with a High Public Return[J]. *The Region*, 2003, 17(4): 6-12.

173. B. R.Delalibera, P. C.Ferreira, Early Childhood Education and Economic Growth[J]. FGV EPGE Economics Working Papers (Ensaios Economicos da EPGE), 2018.

174. B.E.Andersson, Effects of Day-Care on Cognitive and Socioemotional Competence of Thirteen-Year-Old Swedish Schoolchildren[J]. *Child Development*, 1992, 63(1): 20-36.

175. B.Hart, T. R.Risley, *Meaningful Differences in the Everyday Experience of Young American Children*[M]. Baltimore, MD: Paul H Brookes Publishing, 1995.

176. B.Hayslip Jr, P. L.Kaminski, Grandparents Raising Their Grandchildren: A Review of the Literature and Suggestions for Practice[J]. *The Gerontologist*, 2005, 45(2): 262-269.

177. C.Gordon, K.Michael, University of Toronto at Scarborough, Financing ECEC Services in OECD Countries.18-2. http://www.oecd.org/edu/earlychildhood.22-24th, January2003.

178. C.H.I. Wei, The Role of Human Capital in China's Economic Development: Review and New evidence[J]. *China Economic Review*, 2008, 19(3): 421-436.

179. C.Liu, J.M.Armer, Education's Effect on Economic Growth in Taiwan[J]. *Comparative Education Review*, 1993, 37(3): 304-321.

180. C.Tsamadias, P.Prontzas, The Effect of Education on Economic

Growth in Greece over the 1960–2000 Period[J]. *Education Economics*, 2012, 20(5): 522-537.

181. D. Asteriou, G. M. Agiomirgianakis, Human Capital and Economic Growth: Time Series Evidence from Greece[J]. *Journal of Policy Modeling*, 2001, 23(5): 481-489.

182. D.C.Ribar, Child Care and the Labor Supply of Married Women: Reduced form Evidence[J]. *Journal of Human Resources*, 1992: 134-165.

183. D.M.Blau, P.K.Robins, Child-care Costs and Family Labor Supply[J]. *The Review of Economics and Statistics*, 1988: 374-381.

184. D.Verry, An Economic Framework for the Evaluation of Child Care Policy. Gordon Cleveland and Michael Krashinsky University of Toronto at Scarborough. Financing ECEC Services in OECD Countries. 9-10. http://www.oecd.org/edu/earlychildhood, 22-24th. January 2003.

185. D.Zhang, X.Li, J.Xue, Education Inequality between Rural and Urban Areas of the People's Republic of China, Migrants'Children Education, and some Implications[J]. *Asian Development Review*, 2015, 32(1): 196-224.

186. E. F.Denison, The Sources of Economic Growth in the US and the Alternatives before Us[J]. *Committee for Economic Development*, 1962.

187. E.Flamholtz, Human Resource Accounting: A Review of Theory and Research[J]. *Journal of Management Studies*, 1974.

188. E.I.Knudsen, J.J.Heckman, J.L.Cameron, et al. Economic, Neurobiological, and Behavioral Perspectives on Building America's Future Workforce[J]. *Proceedings of the National Academy of Sciences*, 2006, 103(27): 10155-10162.

189. E.W.Tallman, P.Wang, Human Capital and Endogenous Growth Evidence from Taiwan[J]. *Journal of Monetary Economics*, 1994, 34(1): 101-124.

190. Ellsworth, Jeanne, and Lynda J. Ames, Hope and Challenge: Head Start Past, Present, Future, Critical Perspectives on Project Head Start: Revisioning the Hope and Challenge (1998): 334.

191. F. A.Campbell, B. H.Wasik, E.Pungello, et al., Young Adult Outcomes of the Abecedarian and CARE early Childhood Educational Interventions[J]. *Early Childhood Research Quarterly*, 2008, 23(4): 452-466.

192. F. A.Campbell, C. T.Ramey, Cognitive and School Outcomes for High-risk African-American Students at Middle Adolescence: Positive Effects of Early Intervention[J]. *American Educational Research Journal*, 1995, 32(4): 743-772.

193. F. D.Blau, L. M.Kahn, J.Waldfogel, Understanding Young Women's Marriage Decisions: The Role of Labor and Marriage Market Conditions[J]. *ILR Review*, 2000, 53(4): 624-647.

194. F.Cunha, J. J.Heckman, Formulating, Identifying and Estimating the Technology of Cognitive and Noncognitive Skill Formation[J]. *The Journal of Human Resources*, 2008, 43 (4): 738-782.

195. F.Cunha, J. J.Heckman, S. M.Schennach, Estimating the Technology of Cognitive and Noncognitive Skill Formation[J]. *Econometrica*, 2010, 78(3): 883-931.

196. F.Cunha, J.Heckman, The Technology of Skill Formation[J]. *American Economic Review*, 2007, 97 (2): 31-47.

197. F.Du, X.Dong, Why Do Women Have Longer Durations of Unemployment than Men in Post-restructuring Urban China?[J]. *Cambridge Journal of Economics*, 2009, 33(2): 233-252.

198. F.Du, X.Dong, Women's Employment and Child Care Choices in Urban China during the Economic Transition[J]. *Economic Development and Cultural Change*, 2013, 62(1): 131-155.

199. F.E. Aboud，& A.K. Yousafzai，Global Health and Development in Early Childhood. *Annual Review of Psychology*，2015，66：433-457.

200. G. J.Duncan, C. J.Dowsett, A.Claessens, et al., School Readiness and later Achievement[J]. *Developmental Psychology*, 2007, 43(6): 1428-1446.

201. G. J.Duncan, J. Brooks-Gunn, Income Effects across the Life Span: Integration and Interpretation[J]. *Consequences of Growing Up Poor*, 1997: 596-610.

202. G.Balleyguier, E. C.Melhuish, The Relationship between Infant Day Care and Socio-emotional Development with French Children Aged 3–4 Years[J]. *European Journal of Psychology of Education*, 1996, 11(2): 193-199.

203. G.Dahl, L.Lochner，The Impact of Family Income on Child Achievement[J]. *NBER Working Paper*, 2005, 11279.

204. G.Di Gessa, K.Glaser, D.Price, et al., What Drives National Differences in Intensive Grand-parental Childcare in Europe?[J]. *Journals of Gerontology Series B: Psychological Sciences and Social Sciences*, 2016, 71(1): 141-153.

205. G.E.Lipps, J.Yiptong-Avila, From Home to School: How Canadian Children Cope [National Longitudinal Survey of Children & Youth][J]. *Education Quarterly Review*, 2000, 6(2): 51.

206. G.Farkas, Cognitive Skills and Noncognitive Traits and Behaviors in Stratification Processes[J]. *Annual Review of Sociology*, 2003, 29(1): 541-562.

207. G.Huang, Y.Xie, H.Xu, Cognitive Ability: Social Correlates and Consequences in Contemporary China[J]. *Chinese Sociological Review*, 2015, 47(4): 287-313.

208. G.Psacharopoulos, A.M.Arriagada, Educational Composition of the Labour Force: An International Comparison[J]. *International Labour Review*, 1986, 125 (5): 561-574.

209. G.Psacharopoulos, Time Trends of theReturns to Education: Crossnational Evidence[J]. Economics of Education Review, 1989, 8(3): 225-231.

210. G.S.Becker, Investment in Human Capital: A Theoretical Analysis[J]. *Journal of Political Economy*, 1962, 70 (5, Part 2): 9-49.

211. G.S.Becker, Nobel Lecture: The Economic Way of Looking at Behavior[J]. *Journal of Political Economics*, 1992, 101 (3): 358-409.

212. G.S.Becker, *Human Capital (2rd Edition)*[M]. New York: Columbia University Press, 1975.

213. G.Yuen, Markets, Choice of Kindergarten, Mothers' Care Responsibilities, and the Voucher Scheme in Hong Kong[J]. *Children and Youth Services Review*, 2015, 48: 167-176.

214. H.Goelman, L.Anderson, P.Kershaw, et al., Expanding Early Childhood Education and Care Programming: Highlights of a Literature Review, and Public Policy Implications for British Columbia, November 2008.

215. H.Li, P.Loyalka, S.Rozelle, et al. Human Capital and China's Future Growth[J]. *Journal of Economic Perspectives*, 2017, 31(1): 25-48.

216. H.Rindermann, J.Thompson, Cognitive Capitalism: the Effect of Cognitive Ability on Wealth, as Mediated through Scientific Achievement and Economic Freedom [J]. *Psychol Sc1*, 2011, 22 (6): 754-763.

217. H.S.Friedman, M. L.Kern, C. A.Reynolds, Personality and Health, Subjective Well‐being, and Longevity[J]. *Journal of Personality*, 2010, 78(1): 179-216.

218. Hauser, M.Robert, M. H.Huang, Trends in Black-White Test-Score

Differentials[R]. Institute for Research on Poverty, University of Wisconsin-Madison, 1996.

219. Herrnstein, J.Richard,THE Idea of Quality IQ in the Meritocracy[M]. Boston and Toronto: Little, Brown &Co.. 1973.

220. J. J.Heckman, A. B.Krueger, Inequality in America: What Role for Human Capital Policies?[J].*MIT Press Books*, 2005(3).

221. J. J.Heckman, C. O.Corbin, Capabilities and Skills[J]. *Journal of Human Development and Capabilities*, 2016, 17(3): 342-359.

222. J. J.Heckman, D. V.Masterov, The Productivity Argument for Investing in Young Children[C]. 2007: 446-493.

223. J. J.Heckman, J.Stixrud, S.Urzua，The Effects of Cognitive and Noncognitive Abilities on Labor Market Outcomes and Social Behavior[J]. *Journal of Labor Economics*, 2006, 24(3): 411-482.

224. J. J.Heckman, L. K.Raut, Inter-generational Long-term Effects of Preschool-structural Estimates from a Discrete Dynamic Programming Model[J]. *Journal of Econometrics*, 2016, 191(1): 164-175.

225. J. J.Heckman, P.Carneiro, Human Capital Policy (No. w9495)[J]. National Bureau of Economic Research, 2003.

226. J. J.Heckman, S. H.Moon, R.Pinto, et al. The Rate of Return to the High Scope Perry Preschool Program[J]. *Journal of Public Economics*, 2010 (1): 114-128．

227. J. J.Heckman, Y.Rubinstein，The Importance of Non-cognitive Skills: Lessons from the GED Testing Program[J]. *American Economic Review*, 2001, 91(2): 145-149.

228. J. J.Heckman，*Giving Kids a Fair Chance*[M]. Cambridge, MA: MIT Press, Boston Review Books, 2013.

229. J. R.Berrueta-Clement，Changed Lives: The Effects of the Perry

Preschool Program on Youths through Age 19. Monographs of the High/Scope Educational Research Foundation, Number Eight[M]. Monograph Series, High/Scope Foundation, 600 North River Street, Ypsilanti, MI 48197, 1984.

230. J. S.Coleman, *Equality of Educational Opportunity* [J]. US Office of Education, Washington, DC,1966.

231. J.B.Gelbach, Public Schooling for Young Children and Maternal Labor Supply[J]. *American Economic Review*, 2002, 92(1): 307-322.

232. J.B.Isaacs Cost-effective Investments in Children[J]. *Washington DC*, Brookings Institution(www.brooking.edu),2007.

233. J.Blanden, P.Gregg, L.Macmillan, Accounting for Inter-generational Income Persistence: Noncognitive Skills, Ability and Education[J]. *The Economic Journal*, 2007, 117(519): C43-C60.

234. J.E.Stiglitz, The Theory of "Screening", Education, and the Distribution of Income[J]. *The American Economic Review*, 1975, 65: 283-300.

235. J.Heckman, Effects of Child-care Programs on Women's Work Effort[J]. *Journal of Political Economy*, 1974, 82(2): 136-163.

236. J.Heckman, R.Pinto, P.Savelyev, Understanding the Mechanisms through which An Influential Early Childhood Program Boosted Adult Outcomes[J]. *American Economic Review*, 2013, 103(6): 2052-86.

237. J.Heckman, S.H.Moon, R.Pinto, et al., Analyzing Social Experiments as Implemented: A Re-examination of the Evidence from the High Scope Perry Preschool Program[J]. *Quantitative Economics*, 2010, 1 (1): 1-46.

238. J.Hoddinott, J.A.Maluccio, J.R.Behrman, et al., The Impact of Nutrition during Early Childhood on Income, Hours Worked, and Wages of Guatemalan Adults[J]. *Lancet*, 2008, 371(9610): 411-416.

239. J.J.Heckman，Policies to Foster Human Capital[J]. *Research in Economics*, 2000, 54 (1): 3-56.

240. J.J.Heckman，Skill Formation and the Economics of Investing in Disadvantaged Children[J]. *Science*, 2006, 312(5782): 1900-1902.

241. J.M.Ritzen, D.R.Winkler, The Production of Human Capital Over Time[J]. *Review of Economics and Statistics*. 1977, 59(4).

242. J.Mincer, The Production of Human Capital and the Life of Earnings[J]. *Journal of Labor Economics*, 1994, 15(1):26-47.

243. J.Mincer, *Schooling, Experiences and Earnings*[M]. New York: Columbia University Press, 1974.

244. J.Pereira, M.S.Aubyn, What Level of Education Matters Most for Growth?: Evidence from Portugal[J]. *Economics of Education Review*, 2009, 28(1): 67-73.

245. J.R.Behrman, M. C.Calderon, S. H.Preston, et al., Nutritional Supplementation in Girls Influences the Growth of Their Children: Prospective Study in Guatemala[J]. *The American Journal of Clinical Nutrition*, 2009, 90(5): 1372-1379.

246. J.Wehner, B.Kelly, S.Prentice, Rural and Northern Childcare: A Summary of Economic and Social Evidence from Manitoba[J]. Winnipeg: Government of Canada Rural Secretariat, Rural Team Manitoba's Women's Group, 2008.

247. J.Zhai, D.O.History, Childhood in Collectivist Era: Village Day cares During The Great Leap Forward[J]. *Journal of Chinese Women' Studies*, 2017, (2).

248. J.Zhu, C.Wang, Contemporary Early Childhood Education and Research in China, in B.Spodek and O.Saracho eds., International Perspective on Research in Early Childhood Education, 2005, Greenwich, CT, U.S.,

Information Age Publishing.

249. K. Burger, How Does Early Childhood Care and Education Affect Cognitive Development? An International Review of the Effects of Early Interventions for Children from Different Social Backgrounds. *Early Childhood Research Quarterly*, 2010, 25 (2): 140-165.

250. K.Coneus, M.Laucht, The Effect of Early Noncognitive Skills on Social Outcomes in Adolescence[J]. *Education Economics*, 2014, 22 (2): 112-140.

251. K.Gyimah-Brempong, O.Paddison, Mitiku W. Higher Education and Economic Growth in Africa[J]. *The Journal of Development Studies*, 2006, 42(3): 509-529.

252. K.Li, Y.Pan, B.Hu, et al., Early Childhood Education Quality and Child Outcomes in China: Evidence from Zhejiang Province[J]. *Early Childhood Research Quarterly*, 2016, 36: 427-438.

253. Lawrence Schweinhart, J. The High/Scope Perry Preschool Study Through Age 40: Summary, Conclusions, and Frequently Asked Questions, High/Scope Educational Research Foundation, 2004.

254. L. R.Goldberg, An Alternative Description of Personality: The Big-five Factor Structure[J]. *Journal of Personality and Social Psychology*, 1990, 59 (6), 1216-1229.

255. L.R.Goldberg, The Development of Markers for the Big-five Factor Structure[J]. *Psychological Assessment*, 1992, 4(1): 26-42.

256. L. Rachel Ngai, and Barbara Petrongolo, Gender Gaps and the Rise of the Service Economy[J]. *American Economic Journal: Macroeconomics*, 2017, 9(4): 1-44.

257. L.Borghans, A. L.Duckworth, J. J.Heckman, et al., The Economics and Psychology of Personality Traits[J]. *Journal of Human Resources*, 2008,

43 (4): 972-1059.

258. L.J.Schweinhart, Benefits, Costs, and Explanation of the High/ Scope Perry Preschool Program[J]. *Published by U.S. Department of Education Office of Educational Research and Improvement, Tampa*, 2003: 4-5.

259. L.J.Schweinhart, D.P.Weikart, M.Hohmann, The High/Scope Preschool Curriculum: What Is It? Why Use It?[J]. *Journal of At-Risk Issues*, 2002, 8(1): 13-16.

260. L.J.Schweinhart, D.P.Weikart, The High/Scope Perry Preschool Study: Implications for early Childhood Care and Education[J]. *Prevention in Human Services*, 1990, 7(1): 109-132.

261. L.J.Schweinhart, The High/Scope Approach: Evidence that Participatory Learning in Early Childhood Contributes to Human Development [J]. *The Crisis in Youth Mental Health*, 2006: 207-227.

262. M. A.Clements, A. J.Reynolds, E.Hickey, Site-level Predictors of Children's School and Social Competence in the Chicago Child–Parent Centers[J]. *Early Childhood Research Quarterly*, 2004, 19(2): 273-296.

263. M. Almund, A. L. Duckworth, J. J. Heckman, et al., Personality Psychology and Economics[A]. In E. Hanushek, S. Machin, L.Woessmann (eds.). Handbook of Economics of Education[C]. North-Holland Press, 2011, 117-150.

264. M. K. L.Blackburn, D.Neumark, Omitted-ability Bias and the Increase in the Return to Schooling[J]. *Journal of Labor Economics*, 1993, 11(3): 521-544.

265. M.E.García, Z.Kuehn, With Strings Attached: Grandparent-Provided Child Care and Female Labor Market Outcomes[J]. *Review of Economic Dynamics*, 2017, (23): 80-98.

266. M.Gunderson, W. C.Riddell, Economics of Women's Wages in Canada[J]. *International Review of Comparative Public Policy*, 1990, 3.

267. M.M. Black, & P.J. Surkan, Child Development and Maternal Wellbeing:Family Perspectives for Low-income and Middle-income Countries. *The Lancet Global Health*, 2015, 3 (8): e426-e427.

268. M.Maurer-Fazio, J.Hughes, D.Zhang, An Ocean Formed from One Hundred Rivers: the Effects of Ethnicity, Gender, Marriage, and Location on Labor Force Participation in Urban China[J]. *Feminist Economics*, 2007, 13(3-4): 159-187.

269. M.Maurer-Fazio, R.Connelly, L.Chen, et al., Childcare, Elder Care, and Labor Force Participation of Married Women in Urban China, 1982–2000[J]. *Journal of Human Resources*, 2011, 46(2): 261-294.

270. M.Maurer-Fazio, R.Connelly, L.Chen, et al., Childcare, Eldercare and Labor Force Participation of Urban Women 1982-2000[C]//ASSA Conference, San Francisco, January. 2009, 3.

271. M.Nores, W.S.Barnett, Benefits of early Childhood Interventions Across the World:(Under) Investing in the very Young[J]. *Economics of Education Review*, 2010, 29(2): 271-282.

272. M.Spence, Job Market Signaling[J]. *The Quarterly Journal of Economics*, 1973, 87 (3): 355-374.

273. N.Gemmell, Evaluating the Impacts of Human Capital Stocks and Accumulation on Economic Growth: Some New Evidence[J]. *Oxford Bulletin of Economics and Statistics*, 1996, 58(1): 9-28.

274. N.Khor, L.Pang, C.Liu, et al., China's Looming Human Capital Crisis: Upper Secondary Educational Attainment Rates and the Middle-income Trap[J]. *The China Quarterly*, 2016, 228: 905-926.

275. N.Rao, J.Sun, J.Zhou, et al., Early Achievement in Rural China:

The Role of Preschool Experience[J]. *Early Childhood Research Quarterly*, 2012, 27(1): 66-76.

276. National Research Council, *Early Childhood Intervention: Views From the Field: Report of A Workshop*[M]. Washington DC: National Academies Press, 2000.

277. O. Attanasio, S.Grantham-McGregor, E.Fitzsimons, et al. Enriching the Home Environment of Low-income Families in Colombia: a Strategy to Promote Child Development at Scale[R]. Mathematical Policy Research, 2013.

278. P. B.Doeringer, M. J.Piore, Internal Labor Market and Manpower Analysis[M]. Lexington, MA: Heath Publishing, 1971.

279. P. Gertler, J. Heckman, R. Pinto, A. Zanolini, C. Vermeersch, S. Walker, & S. Grantham-McGregor, Labor Market Returns to an Early Childhood Stimulation Intervention in Jamaica.Science, 2014, 344 (6187): 998-1001.

280. P. T.Costa, R. R.McCrae, Normal Personality Assessment in Clinical Practice: The NEO Personality Inventory[J]. *Psychological Assessment*, 1992, 4(1): 5.

281. P.E.Petrakis, D.Stamatakis, Growth and Educational Levels: a Comparative Analysis[J]. *Economics of Education Review*, 2002, 21(5): 513-521.

282. P.M.Romer, Increasing Returns and Long-run Growth[J]. *Journal of Political Economy*, 1986, 94: 1002-1037.

283. P.M.Romer, Endogenous Technology Change[J]. *Journal of Political Economy*, 1990, 98: 1546-1558.

284. P.Morris, G.J.Duncan, E.Clark-Kauffman, Child Well-being in An Era of Welfare Reform: the Sensitivity of Transitions in Development to

Policy Change[J]. *Developmental Psychology*, 2005, 41(6): 919-932.

285. P.Moss, C.Tilly, Skills and Race in Hiring: Quantitative Findings from Face-to-face Interviews[J]. *Eastern Economic Journal*, 1995, 21(3): 357-374.

286. P.Pegkas, The Link between Educational Levels and Economic Growth: A Neoclassical Approach for the Case of Greece[J]. *International Journal of Applied Economics*, 2014, 11(2): 38-54.

287. P.Sammons, Do the Benefits of Pre-school Last?[J]. Kathy Sylva, Edward Melhuish, Pam Sammons, Siraj-Blatchford, Iram, and Taggart, Brenda, eds., *Early Childhood Matters: Evidence from the Effective Pre-school and Primary Education Project*[M]. New York: Routledge, 2010: 114-48.

288. P.Sammons, K.Sylva, E.C.Melhuish, et al., Influences on Students' Social-behavioralDevelopment at Age 16: Effective Pre-school, Primary &Secondary Education Project (EPPSE)[J]. *Biochimica Et*,2014(9).

289. Q. Abbas, Z. M. Nasir, Endogenous Growth and Human Capital: A Comparative Study of Pakistan and Sri Lanka [with comments][J]. *The Pakistan Development Review*, 2001: 987-1007.

290. R.Blandy, Marshall on Human Capital: A Note[J]. *Journal of Political Economy*, 1967, 75(6): 874-875.

291. R.Chetty, J. N.Friedman, N.Hilger, et al., How Does Your Kindergarten Classroom Affect Your Earnings? Evidence from Project STAR[J]. *The Quarterly Journal of Economics*, 2011, 126(4): 1593-1660.

292. R.Connelly, The Effect of Child Care Costs on Married Women's Labor Force Participation[J]. *The Review of Economics and Statistics*, 1992: 83-90.

293. R.F.Ferguson, *New Evidence on the Growing Value of Skill and*

Consequences for Racial Disparity and Returns to Schooling[M]. Malcolm Wiener Center for Social Policy, John F. Kennedy School of Government, Harvard University, 1993.

294. R.H.Hermanson, *Accounting for Human Assets*[M]. Business Pub. Division, College of Business Administration, Georgia State University, 1986.

295. R.J.Barro, J. W.Lee, A New Data Set of Educational Attainment in the World, 1950–2010[J]. *Journal of Development Economics*, 2013, 104.

296. R.J.Herrnstein, C.A.Murray, *The Bell Curve: Reshaping of American Life by Differences in Intelligence*[M]. New York: Free Press, 1994.

297. R.K.Merton, *Social Theory and Social Structure*[M]. New York:The Free Press, 1957.

298. R.Lucas, On the Mechanics of Economic Development[J]. *Journal of Monetary Economics*, 1998, 22: 3-42.

299. R.Luo, L.Zhang, C.Liu, et al., Behind before They begin: The Challenge of Early Childhood Education in Rural China[J]. *Australasian Journal of Early Childhood*, 2012, 37(1): 55-64.

300. R.Martorell, Undernutrition during Pregnancy and Early Childhood and its Consequences for Cognitive and Behavioral Development[J]. *Early Child Development: Investing in Our Children's Future*, 1997: 39-83.

301. R.Murnane, J.B.Willett, F.Levy, The Growing Importance of Cognitive Skills in Wage Determination. NBER Working Paper,No.5076, 1995.

302. S. Naudeau, S. Martinez, P. Premand, & D. Filmer, Chapter 1:Cognitive development among young children in low-income countries. In Editor (Eds.) , No Small Matter:The Impact of Poverty, Shocks, and Human Capital Investments in Early Childhood Development (pp.9-50). Washington DC:The World Bank, 2011.

303. S.A.Phipps, M.Gunderson, L.Muszynski, et al., Women and Labour Market Poverty[J]. *Canadian Public Policy*, 1992, 18(2): 243.

304. S.Berlinski, S.Galiani, P.Gertler, The Effect of Pre-primary Education on Primary School Performance[J]. *Journal of Public Economics*, 2009, 93(1-2): 219-234.

305. S.Berlinski, S.Galiani, The Effect of a Large Expansion of Pre-primary School Facilities on Preschool Attendance and Maternal Employment[J]. *Labour Economics*, 2007, 14(3): 665-680.

306. S.Bowles, H.Gintis, M.Osborne, Incentive-enhancing Preferences: Personality, Behavior, and Earnings[J]. *American Economic Review*, 2001, 91(2): 155-158.

307. S.Bowles, H.Gintis, M.Osborne, The Determinants of Earnings: A Behavioral Approach[J]. *Journal of Economic Literature*, 2001, 39(4): 1137-1176.

308. S.Bowles, H.Gintis, *Schooling in Capitalist America*[M]. New York: Basic Books, 1976: 132-251.

309. S.Esim, Contribution of Secondary Education to Economic Development in S. Korea, Malaysia, and Thailand[J]. Second Draft, Education and Social Policy Department, The World Bank, 1994.

310. S.Loeb, M.Bridges, D.Bassok, et al., How Much Is Too Much? The Influence of Preschool Centers on Children's Social and Cognitive Development[J]. *Economics of Education Review*, 2007, 26(1): 52-66.

311. S.Self, R.Grabowski, Does Education at All Levels Cause Growth? India, ACase Study[J]. *Economics of Education Review*, 2004, 23(1): 47-55.

312. S.Villa. Determinants of Growth in Italy. A Time Series Analysis[R]. Dipartimento di Scienze Economiche, Matematiche e Statistiche, Universita' di Foggia, 2005.

313. S.Zhang, Effects of Attending Preschool on Adolescents' Outcomes:

Evidence from China[J]. *Applied Economics*, 2017, 49(27): 2618-2629.

314. T.C.Lin, Alternative Measure for Education Variable in An Empirical Economic Growth Model: Is Primary Education Less Important[J]. *Economics Bulletin*, 2006, 15(15): 1-6.

315. T.Cox, *Combating Educational Disadvantage: Meeting the Needs of Vulnerable*[J]. Children. London: Falmer Press, 2000.

316. T.G.O'Connor, M.Rutter, C.Beckett, et al., The Effects of Global Severe Privation on Cognitive Competence: Extension and Longitudinal Follow-up[J]. *Child Development*, 71 (2): 376-390.

317. T.J.Bartik, *Investing in Kids: Early Childhood Programs and Local Economic Development*[M]. Kamalazoo: W.E. Upjohn Institute, 2011.

318. T.K.Viitanen, Cost of Childcare and Female Employment in the UK[J]. *Labour*, 2005, 19: 149-170.

319. T.W.Schultz, *Education and Economic Growth*[M]. Chicago: University of Chicago Press, 1961.

320. T.W.Schultz, *The Economic Value of Education*[M]. New York: Columbia University Press, 1963: 10-11.

321. V. C.Crandall, P. E.McGhee, Expectancy of Reinforcement and Academic Competence[J]. *Journal of Personality*, 1968, 36(4): 635-648.

322. V.Nee, A Theory of Market Transition: From Redistribution to Markets in State Socialism[J]. *American Sociological Review*, 1989: 663-681.

323. Wehner J, Kelly B, Prertice S. Rural and Northern Childcare: A Summery of Economic and Sociel Euideree from Manifoba[J]. Winnipeg: Govenment of Canaela Rural Secreteriect, Rural Team Manitola's Woment's Group, 2008.

324. W. T.Gormley Jr, D.Phillips, T.Gayer, Preschool Programs Can Boost School Readiness[J]. *Science*, 2008, 320(5884): 1723-1724.

325. W.S.Barnett, Benefits of Compensatory Preschool Education[J]. *Journal of Human Resources*, 1992, 27(2).

326. W.W.McMahon, Education and Growth in East Asia[J]. *Economics of Education Review*, 1998, 17(2): 159-172.

327. W.W.McMahon, The Socialand External Benefits of Education[M]// Johnes G, Johnes J. International Handbook on the Economics of Education. UK: Edward Elgar Publishing, 2004: 211-259.

328. World Bank. Early Childhood Development and Education in China: Breaking the Cycle of Poverty and Improving Future Competitiveness. World Bank Report No.53746-CN, 2011.

329. X.Dong, J.Yang, F.Du, et al., Women's Employment and Public Sector re-structuring: the Case of Urban China in Grace O.M.Lee and Malcolm Warner, eds., *Unemployment in China, Economy, Human Resources and Labor Markets*[M]. London: Routledge, 2006, 87-107.

330. X.Gong, D.Xu, W. J.Han, The Effects of Preschool Attendance on Adolescent Outcomes in Rural China[J]. *Early Childhood Research Quarterly*, 2016, 37: 140-152.

331. Y.Song, X.Dong, Childcare Costs and Migrant and Local Mothers' Labor Force Participation in Urban China[J]. *Feminist Economics*, 2018, 24(2): 122-146.

332. Z.Griliches, W. M.Mason, Education, Income, and Ability[J]. *Journal of Political Economy*, 1972, 80(3, Part 2): S74-S103.

333. Z.Guo, S.Gietel-Basten, B.Gu, The Lowest Fertility Rates in the World? Evidence from the 2015 Chinese 1% Sample Census[J]. *China Population and Development Studies*, 2019, 2(3): 245-258.

图书在版编目（CIP）数据

三岁看"大"：学前教育与经济增长的作用机制 /
高雪妲著 .-- 北京：社会科学文献出版社，2024.8.（2025.9 重印）
（创新教育文库）.--ISBN 978-7-5228-3914-1

Ⅰ .G61

中国国家版本馆 CIP 数据核字第 2024R26X02 号

·创新教育文库·

三岁看"大"：学前教育与经济增长的作用机制

著　　者 / 高雪妲

出 版 人 / 冀祥德
组稿编辑 / 任文武
责任编辑 / 郭　峰
责任印制 / 岳　阳

出　　版 / 社会科学文献出版社·生态文明分社（010）59367143
　　　　　　地址：北京市北三环中路甲29号院华龙大厦　邮编：100029
　　　　　　网址：www. ssap. com. cn
发　　行 / 社会科学文献出版社（010）59367028
印　　装 / 唐山玺诚印务有限公司

规　　格 / 开　本：787mm×1092mm　1/16
　　　　　　印　张：20.75　字　数：300千字
版　　次 / 2024年8月第1版　2025年9月第2次印刷
书　　号 / ISBN 978-7-5228-3914-1
定　　价 / 98.00元

读者服务电话：4008918866

△ 版权所有 翻印必究